ANDREAS ALTMANN

Dies beschissen
schöne Leben

ANDREAS ALTMANN

Dies beschissen schöne Leben

Geschichten eines Davongekommenen

Piper München Zürich

Mehr über unsere Autoren und Bücher:
www.piper.de

www.andreas-altmann.com

Ein Teil dieser Geschichten erschien erstmals 2005 unter dem Titel »getrieben« im Verlag Solibro, Münster

ISBN 978-3-492-05554-3
2. Auflage 2013
© Piper Verlag GmbH, München 2013
Gesetzt aus der Swift
Satz: Fotosatz Amann, Aichstetten
Druck und Bindung: GGP Media GmbH, Pößneck
Printed in Germany

Wenn ich etwas von Kind an, und ohne jeden Lehrer, weiß, so: daß nichts auf der Welt zu haben ist, du nicht und niemand. Ich bin ein begeisterter Habenichts.
PETER HANDKE

Etwas vom Anker Losgerissenes und frei Treibendes.
WALT WHITMAN

*Für das Geheimnisvolle und so Geschwungene,
für Dich, für Dich allein*

INHALTSVERZEICHNIS

Vorwort **11**

DIE ABENTEUER

Celeste **15**
Der Clou **46**
Der Dieb / Eine Liebesgeschichte **52**
Der Trip **80**
Der Schrei **86**
Trouble in Seoul **90**
Der Coup **99**
Magic Mushroom **112**
Sieben Nächte im Central Park **119**

SCHREIE UND FLÜSTERN

Warum Reporter? **131**
When a woman loves a man **139**
Jeder Furz ein Abenteuer **148**
Die Beule **152**
Die Leere **154**
Die Hinrichtung einer schönen Geliebten **157**

EROS ODER HÜTET EUCH VOR DEN TRÄUMEN, DIE IN ERFÜLLUNG GEHEN
    Fernando   **174**
    Die Vergewaltigung   **182**
    Neumond   **194**
    Coitus interruptus   **201**
    Magda   **205**
    Monsieur Danger   **214**

LAST EXIT
    Ken Oosterbroek oder Der Mann, von dem ich mir wünschte, er wäre mein Freund   **219**
    Im Angesicht des Todes   **238**

VORWORT

Das wird ein seltsames Vorwort. Hier will der Autor dem Leser vom Buch abraten. Sagen wir, dem falschen Leser. Das wäre im vorliegenden Fall der moralisch einwandfreie Zeitgenosse, der zartnervige, der genitalzonenfreie, der von aller kriminellen Energie erlöste, jener eben, der gern zum »guten Buch« greift. Hier greift er daneben.

Die Schlauen unter uns werden mich sogleich entlarven. Als einen Trickreichen, der hier scheinheilig falschen Alarm schlägt, um die Erregungsindustrie anzukurbeln. Ach Gottchen, wenn es nur so wäre. Nein, mein Warnschuss hat Gründe.

Ganz nah ran, hieß die Devise. Manchem ist das zu nah. Nichts wird hier »überhöht«, nirgends taucht eine »Metaebene« auf, nicht eine Zeile Literatur. Nur Geschichten, die ich erlebt habe, bescheidener formuliert: die mir widerfuhren. Bin eben nur Reporter. Bin sklavisch abhängig von der Realität, von dem, was mir die Welt an Geschenken und Zumutungen überlässt. Und die »reportiere« ich, schreibe sie auf. Schenkt mir die Welt nichts, bin ich am nächsten Tag arbeitslos. Denn noch nie lag ich im Bett und der Plot eines Romans kam über mich. Bis jetzt kam nie etwas, sprich: Immer musste ich das Bett verlassen und »leben«, jeden Satz dieser Seiten »erleben«.

Ich vermute, dass ich diese »Erlebnisse« wohl meiner Jugend verdanke. Über die ich in »Das Scheißleben meines Vaters, …« berichtet habe. Anders gesagt: Meine Lebenswut hat Wurzeln. Wie Trotz, wie Aufmüpfigkeit, wie den unwiderruflichen Schwur, alles anders zu machen, als es mir eingebläut wurde. Meine Geschichten, meine Sprache erzählen ganz nebenbei *auch* davon, wie Verwundungen und Schmähungen – erfahren an Leib und Seele – zu einem umtriebigen Leben anstacheln können.

Die gemeinen Leser werden nach der Lektüre dennoch behaupten, der Inhalt des Buches wäre erfunden. So aberwitzig klingt manches. Wenn die Gemeinen wenigstens diesmal recht hätten. Dann wäre ich ein veritabler Schriftsteller, dann wüsste ich endlich, wie ich meine alten Tage verbringe. Als Geschichtenerfinder, als einer, der die Welt – im Kopf – neu zaubern kann. Auf der Terrasse meiner Finca, irgendwo in Andalusien.

Nein, soweit wird es, werde ich, nicht kommen. Bin ja immer nur ein umtriebiger Schreiber, der als Matrix nicht viel mehr hat als sein bisschen Dasein. Und die Chuzpe – ja, die schon – sich auszuliefern.

Natürlich berichte ich nicht *die* Wahrheit. Gewiss die Wirklichkeit, noch präziser: jene Wirklichkeit, an die ich mich erinnere. Immerhin bin ich verwegen genug und unterschlage nicht meine Abstürze, ja Mittelmäßigkeiten und Feigheiten. Lauter Zustände, die belästigen statt trösten. Ein »Lebenshilfebuch« ist es wohl nicht geworden. Betrug, schwerer Diebstahl, Impotenz, misslungene Nähe, Homosex, Drogen, Hysterie, AIDS, Liebesunfähigkeit. Wer will sich das zumuten?

Oder doch ein Buch, das beim Leben hilft? Weil es von Tatsachen berichtet, denen so viele von uns begegnen. Weil ein Mensch – na ja, der neugierige – wissen will, wie ein anderer handelt und wie er behandelt wird. Und wie er davonkommt. Oder eben nicht. Hier kann er es nachlesen. Und seine Lehren daraus ziehen. Wenn er denn mag.

Dieses Buch – *Dies beschissen schöne Leben* – ist die Neuauflage von *getrieben*, das vor ein paar Jahren in einem anderen Verlag erschien. Für die jetzt vorliegende Ausgabe wurden alle Storys überarbeitet, zudem fünf neue Geschichten eingefügt. Darunter »Die Vergewaltigung«, es dauerte, bis ich einen Verleger fand, der sich traute, diesen Text zu veröffentlichen.

Noch etwas: Ein halbes Dutzend *Essays* stehen auch im Buch. Sie klingen weniger drängend und stürmisch. Damit der Leser sich kurz ausruhen kann vom Fortissimo der Storys. Die ihn vielleicht an den Rand seiner Belastungsfähigkeit treiben. Und wohl oft ungestüme Widerreden hervorrufen.

»Shoppen und Wellness« las ich einst in einer Anzeige. Lockruf einer Stadt. Uff, auf dass mir die Bekanntschaft dieses Orts auf ewig versagt bleiben möge. Wie gut, dass ich einmal mehr einen Zeitgeist verschlafen habe. Mir graut vor der Wohlfühlgesellschaft, ich fordere noch immer überschwängliche Gefühle, will auch in Zukunft zittern vor Freude, wenn eine Aufregung hinter mir liegt. Das gnädige Glück des Frühgeborenen, desjenigen, der vor der Erfindung der Virtualität auf die Welt kam, das ist das meine. Und all jener, die ihr Recht auf ein eigenständiges, eigenwilliges Leben nicht verraten haben. Ihnen ist dieses Buch gewidmet.

DIE ABENTEUER

CELESTE

Liebe soll etwas Verbotenes haben. Das schärft die Wachheit, das Wissen um ihre Verletzbarkeit. Liebe ist ein Geschenk an die Tapferen. Hört die Tapferkeit auf, geht die Liebe weg. Fast ein Jahr lang war Celeste dazu bereit. Heimlich und mutig hielt sie durch.

Als wir uns zum ersten Mal trafen, kam die Amerikanerin gerade aus Malaysia zurück. Mit einem kleinen Umweg über ihren Gynäkologen. Sie wollte wissen, ob sie schwanger war. Von ihrem Freund, mit dem sie in Asien unterwegs war. Und mit dem sie gemeinsam in Paris lebte. Celeste arbeitete als Reporterin, er als Fotograf. Der Befund war negativ. Wäre es anders gewesen, sie hätte es ebenfalls akzeptiert. Sie mochte den Mann.

Einer ihrer Arbeitgeber hatte ihr von mir erzählt. Er wollte, dass sie intensiver schreiben lernte, sie wollte das auch. Und so erwähnte der Mensch meinen Namen. Am nächsten Tag rief Celeste an, sagte »Hi« und den Grund, warum sie mich sprechen wollte. Ihre freche Neugier war bestechend, wir verabredeten uns.

Eine knappe Stunde lang saßen wir im Café *Le Bastille*. Mir fiel auf, wie attraktiv sie war. Kein hübsches Collegeface, nein, ein richtiges Frauengesicht. Good talking. Sie schien intelligent, vif, fleißig. Und auf lässige Weise bescheiden. Da ich keine Ahnung hatte, wie jemands Kunst des Schreibens zu verbessern, zitierte ich einen Großmeister. Henry Miller gab jedem den energischen Rat, es ordentlich mit der Sprache zu treiben. Henry, wörtlich: »Du musst sie jeden Tag ficken, sie watschen und auf den Kopf stellen, sie von vorn und von hinten stoßen. Dann, vielleicht, wird sie Laute von sich geben, die überraschen.«

Celeste verkraftete den Satz, notierte ihn sogar. Als wir uns verabschiedeten, war ich nicht sicher, ob Millers Bemerkung nicht eine Spur zu heftig geklungen hatte. In der Metro wusste ich plötzlich, warum ich ihn ausgesprochen hatte. Ich wollte die Frau provozieren, ihr das Schreiben ausreden. Ich zweifelte an ihrer Stärke, an ihrem Willen, für den Weg zur Spitze stark genug zu sein. Sie schien mir zu versöhnlich, nicht im Besitz dieses Feuers, das gefräßig genug in ihr loderte: damit sie eines Tages bereit war, für alles zu bezahlen. Denn nur wer lodert, hat das Recht zu schreiben.

Seltsamerweise rief sie ein paar Tage später wieder an, schlug den Besuch einer Lesung mit Doris Lessing vor. Wir gingen ins *British Council*. Sie hörte aufmerksam hin, notierte wieder, erinnerte sich hinterher an hundert Details. Irgendwann wurde mir bewusst, dass ich mit einer schönen Amerikanerin durch Paris schlenderte, um ihr beim Reden über Doris Lessing zuzuhören. Während des Sushi-Essens erwähnte sie mehrmals ihren Freund, sprach gut und sanft von ihrer innigen Beziehung. Zwischendurch hatte ich den Eindruck, dass sie die Innigkeit einmal zu oft erwähnte. Als wollte sie mir signalisieren, mich in keine falschen Hintergedanken zu verirren.

Ich musste für drei Wochen verreisen. Bisweilen erinnerte ich mich an Celeste. Ohne sie zu begehren und ohne von ihr zu träumen. Aber ich mochte den Gedanken an jemanden, der Sprache liebte und nach ihr suchte. Zu ihrem Geburtstag schickte ich ihr zwei Zeilen aus einem Rilkegedicht: »Gib deine Schönheit immer hin / ohne Rechnen und Reden. / Sie spricht für dich. Und sagt: Ich bin.« Mit dem Feuer spielen, das wollte ich schon. Dachte ich.

Noch zweimal sahen wir uns. Dann wurde ich nervös.

Entdeckte ich doch etwas Drittes an ihr: Wärme. Kein kaltes Großstadtweib flanierte da neben mir, kein nachdrücklich gepflegter Body mit einem frigiden Herz. Celeste war ein warmer Mensch. Auch das noch.

Dennoch, ich war noch immer guten Willens, das Schwärmen auszuhalten, nichts zu versuchen, um die Träume in die Wirklichkeit zu zerren. Außerdem gab es da einen anderen Mann. Ich wollte phantasieren, nicht sündigen, nicht eindringen.

Sie fing wieder an, jetzt das zweite Mal. Das Telefon klingelte und Celeste verkündete, dass sie umgehend bei mir sein würde. Punkt. Dann hängte sie ein. Dreißig Minuten später betrat sie meine Wohnung und legte sich auf den Futon. Ohne ein Wort der Erklärung.

Kein Handgriff ging mir daneben. Ich verdunkelte etwas, machte Tee, massierte behutsam ihre Stirn. Täuschte sie doch ein leichtes Kopfweh vor. Instinktiv begriff ich, dass es sich um einen Test handelte. Ein schneller Fick war das letzte, was sie sich bei mir abholen wollte. Sie spionierte mich aus, suchte nach Indizien, ob ich grundsätzlich als Mann in Frage käme.

Der Fotograf war noch immer ihr Freund, noch immer lieb, noch immer wichtig. Aber er war das, was die Franzosen »mou« nennen, matt, etwas träge. Zudem ein Schweiger. Kein Teilnehmer, kein Widersprecher, kein Sucher. Nie sprach sie gemein über ihn, aber aus ihren Nebensätzen war unschwer zu erraten, was den beiden fehlte. Eben Leidenschaft, crazyness, so ein heftig sprudelndes Gefühl, verliebt zu sein. Die erste bürgerliche Todsünde – ranzige Routine – hatte die zwei bereits infiziert.

Wir beide waren neu füreinander, wir blühten. Eine schwer zu stillende Sucht nach Kommunikation brach aus. Unter dem Deckmantel der Liebe zur Sprache konnte sie das vor sich, so vermutete ich, rechtfertigen.

Wir trafen eine Reihe von Sicherheitsmaßnahmen. Sieben Minuten von ihrer Wohnung entfernt gab es ein Postamt, bei dem sie meine Briefe an sie abholte. Wollte ich sie telefonisch sprechen, ließ ich es einmal läuten. War sie allein, rief sie zurück. Hob der Fotograf ab, war ich der harmlose Alex, ein mit amerikanischem Akzent plappernder Computerfreak, der Celeste ein neues Programm verkaufen wollte. Oder wir faxten. »Früher gab es Liebesbriefe, heute gibt es Liebesfaxe«, kritzelte ich einmal. Sie antwortete nicht, die größeren Wörter waren ihr suspekt.

Kurz nach Mitternacht, schon im Bett liegend, begannen unsere *pillow talks*. In Paris lagen drei Kilometer zwischen unseren Köpfen, außerhalb von Paris manchmal der halbe Erdumfang. Das Ritual war jedes Mal unaufschiebbar, denn einer von uns hatte tagsüber einen Satz, ein Wort gefunden, worüber jetzt unbedingt geredet werden musste. Bisweilen endeten unsere nächtlichen Diskurse mit dem Geräusch eines blitzschnell aufgelegten Telefonhörers. Der Fotograf war in ihr Schlafzimmer gekommen.

Nach einem dieser Gespräche – ich lag gerade auf einem amerikanischen Kopfkissen – fingen meine Schmerzen an. Ich hatte mich verrechnet. Dass der Fotograf über so ungehinderten Zugang zu ihrem Bett verfügte, verwundete mich plötzlich. Ich hatte mir ursprünglich vorgenommen, ihn zu übersehen, ihm die eher unerotische Aufgabe zukommen zu lassen, sich um den täglichen Grind der Beziehung zu kümmern. Mir wollte ich die Höhepunkte reservieren. Jetzt beschloss ich, den Fotografen zu besiegen. So phantasierte ich.

Ich rannte los. Mit Hilfe der Weltliteratur besang ich ihre Schönheit. Mit Hilfe meiner Versessenheit machte ich ihr den Hof. Wenn ich irgendetwas von dieser Frau begriffen hatte, dann ihr Verlangen nach einem Mann, der verrückt nach ihr war. Ihr Freund war nicht verrückt. Er war *nice*.

Es fiel leicht, von dieser Frau zu singen. Natürlich bin ich Opfer moderner Schönheitsideale: die glatte Haut, die weiblichen Formen, das schöne Gesicht. Doch davon laufen Heerscharen durch Paris. Aber Schönheit wirft mich erst dann um, wenn hinter dem »visage« ein Hirn fiebert. Wenn in den graugrünen Augen Neugier funkelt, so eine Sucht nach Welt und Wissen und Sprache. Sie hatte das, was ein französischer Schriftsteller »la troisième pensée« nannte: die Fähigkeit, blitzschnell zu kombinieren und aus einem ersten und zweiten Gedanken einen dritten, einen neuen, einen überraschenden, zu formulieren.

So besaßen wir nur noch ein Problem: ihren Argwohn. Sie selbst nannte sich eine »one man woman«, eine Frau, die nur zu einem Mann gehören wollte. »You only«, alle anderen Formulierungen ließen sie kalt. Ich aber, so spottete sie, sähe anders aus, bestimmt nicht wie ein »one woman man«. Ich ging nicht darauf ein. Ich hatte noch immer keine Ahnung von den Abgründen ihrer Angst.

Vier Monate nach ihrem ersten *Hi* begann mein Siegeszug. Der Fotograf war ohne sie unterwegs und Celeste allein in Paris. Ich entführte sie und fuhr mit ihr auf ein Schloss nach Chantilly-Gouvieu, eine halbe Stunde außerhalb der Hauptstadt. Zwischen den elegantesten Rennpferden der Welt und einem Märchenwald stand ein Hotel, das mir exquisit genug erschien, um in einer der Schlosskammern unsere erste Nacht zu verbringen.

Wir nannten sie später »the blue night«, weil der hellblaue Nachthimmel durchs Fenster leuchtete. Natürlich lagen wir an allen Körperteilen angezogen im Bett. Immerhin ließen wir unsere Lippen frei, so war lange Zeit, um alle in den letzten hundertzwanzig Nächten versäumten Küsse nachzuholen.

Zwei Tage später landete ich in Kabul. Dort schien es nicht gefährlicher zu sein als in Paris. Die erste Nachricht, die ich via BBC hörte, handelte von einem Bombenanschlag in der Metrostation St. Michel, ganz in der Nähe ihrer Wohnung. Eine Terrorwelle algerischer Fundamentalisten hatte begonnen. Ich vergaß den afghanischen Bürgerkrieg und jagte in Schrecken, die mir neu waren. Über das Satellitentelefon des Roten Kreuzes versuchte ich, sie zu erreichen. Diesmal trat ich – wie vorher besprochen – als indischer Arzt auf, als alter Freund, der sich um Celeste sorgte. Vergebliche Versuche, mit ihr zu sprechen. Ich hinterließ eine Nachricht. Erst Tage später kam ein Fax von ihr durch: Alles o.k.

Die einmonatige Trennung hatte mich wund gerieben. Wäre Sehnsucht ein Volk, dann war ich inzwischen China. Als ich zurückkam, hatten wir ein einziges gemeinsames Frühstück und ein Dutzend heimlicher Küsse. Anschließend begleitete ich sie zum Flughafen, Celeste musste nach Amerika. Ich hielt den Gedanken nur aus, weil wir uns für New York verabredet hatten, zwei Wochen später. Ihr Freund war noch immer ihr Freund und ich noch immer der Mann, auf den sie sich nicht verlassen wollte. Ich gab ihr ein Gedicht von Sheenagh Pugh mit, *Sometimes*. Da stand, was sie jetzt wissen musste: »Sometimes a man aims high, / and all goes well.«

Ich disziplinierte mich mit Arbeit. Bisweilen unterbrochen von dem Gedanken, dass es in Paris pro Quadratmeter mehr begehrenswerte Frauen gab als auf irgendeinem anderen Quadratmeter der Welt. Und dass ich ein paar tausend Meilen weit fliegen würde, um die eine, die einzige, zu treffen, die mir das Herz verwüsten konnte.

Als ich sie am John F. Kennedy Airport wiederfand, römisch elegant in einem italienischen Hosenanzug, mich auf den letzten zehn Metern zu ihr noch einmal daran erinnerte, dass sie zu alledem noch klug war und Wörter liebte, da schwindelte mir für den Bruchteil einer Sekunde und ich begriff, dass solche Höhen einen Preis haben und dass ich dieses Mal bereit war, ihn zu zahlen.

Auf dem Parkplatz stand ihr gelber MG, vor Tagen erst – nach langen Monaten in der Garage von *Grandma* – ausgemottet. Celeste war Waise und Grandma war die Mutter ihrer Adoptivmutter, die den Säugling vor siebenundzwanzig Jahren aus einem Krankenhaus in der amerikanischen

Provinz geholt hatte. Kurz darauf lief der Adoptivvater davon, vom tatsächlichen Vater wurde nie eine Spur entdeckt. Die beiden Frauen aber hielten durch, behüteten das Kind mit allem, was sie hatten. Celestes Bedenken mir gegenüber hatten wohl auch mit der Erinnerung an ihre abwesenden Väter zu tun.

Aber heute war ein sonnengelber Tag in New York, unsere brüchigen Kindheiten schienen so belanglos. Auch das bewunderte ich an ihr. Celeste war nicht larmoyant, ging nicht hausieren mit ihrem Unglück. Ich musste sie fragen, erst dann erzählte sie. Und hinterher nie wieder.

Wir brausten Richtung Norden, wir hatten schwer gearbeitet und verdienten die nächsten zehn Tage Ferien. *Now or never*, jetzt roch ich meine Chance, jetzt war zehn kanadische Tage und Nächte lang Zeit, dieser Frau beizubringen, dass ich bis in meinen schlaflosen Herzmuskel hinein nach ihr verlangte. Und dass diese Sehnsucht ihr Leben bereichern würde. Diesmal würde ich gewinnen. Mit dem Fotografen einen Atlantik weit weg und mit mir so nah, so unausweichlich nah, jetzt konnte ich nicht mehr verlieren. Ich Träumer.

Kanada hielt jedes Versprechen. Nichts fehlte. Nicht die Tiefenschärfe, nicht die Pferde, nicht die Blockhütte, nicht das Kaminfeuer. Und nicht Charles Bukowskis *Hot Water Music*, ein Text, der von einem Liebespaar erzählte, das im *Blue Moon Hotel* übernachtete. Ich hatte das Buch wohlweislich mitgebracht, eines Abends – endlich – passte die folgende Stelle: »Es war verblüffend, dass hin und wieder eine Frau erschaffen wurde, die so aussah, es war zum Verrücktwerden. Victoria war ein schöner, verrückt machender Traum.«

Sechs Monate kannten wir uns jetzt und Celeste war nun leichtsinnig genug, sich mitten auf einer kanadischen Prärie durchgehend unbekleidet neben mich zu legen. Hatte ich doch – nicht wissend, woher ich die Kräfte nehmen wollte – versprochen: »Einfädeln«, so hatte es Henry

Miller gelegentlich genannt, kam nicht in Frage. Sie war sinnlich und altmodisch. Ohne Liebe war sie nicht bereit, Liebe zu machen. Ich solle Langmut zeigen, solle »beweisen«.

Die Titanenpflicht fiel leichter als befürchtet. Not macht zärtlich, Not macht schwindlig. Da wir uns »das Letzte« verboten hatten, fanden wir hundert vorletzte Aktivitäten, um unsere Körper in Aufregung zu versetzen. Trotzdem, es kamen Augenblicke, in denen wir beide (ja: beide) nur mit Hilfe heiligmäßiger Selbstbeherrschung die »Pforte zur Todsünde« – so einst mein Religionslehrer – vermieden.

In einem dieser Momente fiel Celeste der passende Ausdruck ein: »It's like going to the ramp.« Ein Bild aus *Cap Canaveral*, wo man steil nach oben ragende Raketen – wenn der donnernde Vergleich erlaubt ist – zur Rampe schafft. Mit dem entscheidenden Unterschied, dass der Flugkörper kurz darauf abgeschossen wird. Anders hier, irgendwo unter den Sternen von British Columbia, wo ich des Öfteren vor Explosionslust zitterte und nie in den Himmel rauschen durfte. Dass während unserer letzten Nacht – wir schlitterten jetzt in einem feinen Hotelzimmer zur Rampe – die Alarmglocke im Flur losgellte, empfand ich schließlich als Erlösung. Wer weiß, ob ich noch einmal durchgehalten hätte. Nur noch das Jaulen anrückender Feuerwehrzüge hielt ich für schrill genug, um mich an mein Versprechen zu erinnern.

Falscher Alarm, nichts brannte im Haus. Kichernd kehrten wir in unser Bett zurück. So blieb es bei ihren Konditionen: Erst bei Ausbruch der Liebe würden wir todsündigen. Nicht eine Stunde zuvor. Und da Liebe von ihr zu mir noch nicht ausgebrochen war, musste ich beweisen, dass ich der Liebe wert war. So einfach, so fordernd lautete der Eintrittspreis.

Meiner *infatuation*, meiner Vernarrtheit, so nannte sie das, der glaubte sie schon. Am nächsten Morgen hängte ich Brechts »After I had gone« (*Als ich nachher von dir ging*) an den Badezimmerspiegel, die zweite, die poetischste Strophe hatte ich rot umringelt:

Since we passed that evening hour
You know the one I mean
My legs are nimbler by far
My mouth is more serene.

Und seit jener Abendstund
Weißt schon, die ich meine
Hab ich einen schönern Mund
Und geschicktere Beine.

Letzter Morgen, schwieriger Morgen. Celeste stellte den MG bei Freunden unter, ich rief beim VIP *Transport Service* an und bestellte eine *Super Stretch Limousine*, diese acht Meter langen Zuhälterschlitten. Mit Chauffeur, mit Bar, Fernseher und Telefon. Am wichtigsten waren die dunklen Fensterscheiben. Denn wir heulten den weiten Weg zum Flughafen. Ich, weil ich erfahren musste, dass die zehn Tage und zehn Nächte nicht ausgereicht hatten, um sie endgültig zur Liebe zu überreden. Sie, weil sie anfing zu begreifen, wie nahe wir uns gekommen waren und wie unfähig sie schien, sich zu entscheiden.

Nicht zu fassen: In einem unserer kanadischen Badezimmer hatte ich eine Arztrechnung (für sie) von einem gewissen Dr. Singh gefunden, Chiropraktiker in Brooklyn. »Misalignment«, stand da, ihr Becken war, so der Doktor, »schlecht ausgerichtet«. Erstaunlich, denn ich fand es bisher auf geradezu sinnverwirrende Weise intakt.

Als ich Celeste darauf ansprach, platzte eine kleine Bombe. Unter leichtem Würgen beichtete sie die Geschichte ihres mitgenommenen Unterleibs. Höchstwahrscheinlich war dafür der seit drei Jahren an ihr tätige Fotograf zuständig. Denn ihre intimste Stelle schien er von Anfang an mit einer Art Trichter zu verwechseln, in den sich nach ein paar hurtigen Friktionen komplikationslos ejakulieren ließ. An ihren fünf Fingern konnte Celeste die Viertelstunden nachzählen, in denen auch für sie etwas an sinnlicher Wonne abgefallen war. Das letzte Mal im letzten Jahr. Inzwischen hatte sich ihr Skelett verbogen, schief gestellt von einem linkischen Liebhaber. Deshalb wohl ihr Hunger nach Langsamkeit, nach zarten Griffen und Zögern.

Wir nahmen zwei verschiedene Maschinen, besser so. Möglich, dass jemand Celeste in Paris abholen würde. Noch am Flughafen hatte ich mir ein Buch gekauft, *The Bridges of Madison County*, eine famos kitschige, Millionen Mal gedruckte Lovestory, deren mutloses Ende nichts dazu beitrug, mich zu beruhigen. Aber die Lektüre half, meinen schwelenden Verdacht zu verstärken: Von »Angst« – dieses deutsche Wort gab es seit ein paar Jahren auch in Amerika – war mehrmals in dem Bestseller die Rede.

Während der zehn Stunden Flug dämmerte mir, was ablief. Da war kein Kampf zwischen dem Fotografen und mir. Der Kerl schien brav und überschaubar, der starrte in keine Abgründe, den versuchte nichts. Celeste mochte ihn noch immer. Trotz seiner plumpen Auftritte als Beischläfer. Der Kampf ging zwischen mir und ihrer Angst. Ich war für sie ein Angstmacher, ein Jäger, einer, der nichts wissen wollte von der Zeit nach der Eroberung. Sie hielt mich für einen interessanten Schwächling, der nicht mehr viel wert war, sobald er gewonnen hatte.

Dass Celeste noch immer, trotz so vieler Mangelerscheinungen, an die Wiederaufstehung der Liebe zwischen ihr und dem Fotografen glaubte, auch das musste ich auf dem Weg zurück nach Europa einsehen. Das hatte sie mit so vielen anderen Frauen gemeinsam: dieses Nicht-Loslassen-Wollen, dieses Nicht-Begreifen-Können, dass es vorbei war.

Wie auch immer. Ich rannte weiter auf sie zu. Und sie wich nicht aus. Zwei Stunden, nachdem wir gelandet waren, liefen alle Kommunikationsmittel wieder auf Hochtouren. Wieder unter strenger Geheimhaltung. Trotz meiner jetzt beißenden Eifersucht erkannte ich, dass das Verbotene der Garant unserer Geschichte war. Solange sie verboten und heimlich war, konnte uns nichts misslingen, bestand keine Gefahr, in die Fallen der Gewöhnlichkeit zu tappen. Heimlich flüstern, heimlich Botschaften lesen, heimlich diesen schönen Menschen in einen dunklen Toreingang dirigieren und alles Bloßgelegte abküssen. Jede dieser Tätigkeiten bewahrte uns vor dem Fluch der Unlust und der Mühsal eines geregelten Lebens zu zweit.

»You are the perfect thrill provider«, sagte Carol Lombard in Lubitschs *To be or not to be* zu ihrem Helden, der sie immer (diskret) in der Garderobe besuchte, während ihr Ehemann auf der Bühne den Langweiler Hamlet deklamierte. So wollte ich, dass Celeste zu mir redete. Ich wollte nicht aufhören, sie mit dem *thrill*, mit Aufregung, mit Aufregungen, zu versorgen.

Ich ließ eine Kiste zimmern, breiter als ihre Haustür, und suchte ein Taxi, einen Kombi, um das Ungetüm vor ihre Wohnung zu transportieren. Alles war genau kalkuliert. Als ihr Freund auf die Straße trat und um die nächste Ecke bog, bat ich den Fahrer, vorzufahren und bei Celeste zu läuten. Ich war inzwischen ausgestiegen und beobachtete, hinter einem Bauzaun versteckt, was nun passieren würde. Der Dicke läutete und Celeste kam herunter. Sie muss sofort begriffen haben, woher das riesige, blau eingewickelte Paket kam, denn in furioser Eile versuchte sie, es in den Flur zu zerren. Vergeblich, trotz der rührenden Hilfe des Fahrers. So mussten sie es mitten auf dem Trottoir zerlegen, mitten in Paris. Um es klein genug zu bekommen für den Weg über die Schwelle.

Zwanzig Minuten später – ich besaß jetzt ein Mobiltelefon, um keinen Ton von ihr zu versäumen – rief sie mich an. Hatte sie doch in der zwei Kubikmeter großen Verpackung nichts anderes als ein halbes Gramm Papier gefunden, ein *Billet* für einen Abend mit Serge Reggiani, im Olympia, dem bekanntesten Konzertsaal der Stadt.

Reggiani war einer meiner französischen Lieblingssänger, er besaß diese souveräne, menschenfreundliche Resignation, von der ich so elend weit entfernt schien und die ich jedem neidete. Aber ich schlug ihn aus einem ganz bestimmten Grund vor: Er würde das Lied »Sarah« singen und ich wollte, dass Celeste es hörte. Damit es ihren Argwohn dämpfte.

Drei Tage später hörten wir es, mehrmals, denn der Refrain kam sechs Mal: »La femme qui est dans mon lit n'a plus vingt ans depuis longtemps.« Reggiani sang da von einer Liebe, die durchhält, auch wenn die Frau in seinem Bett schon lange nicht mehr zwanzig Jahre alt ist. Celeste weigerte sich zuzulassen, dass ich anders sein, anders werden könnte. Anders, als sie vermutete. Dass aus einem Jäger ein Behüter werden konnte, eben einer, der nicht von ihr loslassen würde, auch dann nicht, wenn der Rausch der Vernarrtheit vorüber war.

Ich schien jetzt überzeugt, dass ich bei ihr durchhalten würde. Ich lief nicht mehr schreiend weg, wenn diese Frau davon sprach, Mutter werden zu wollen. Ich ertrug die so irrwitzige Vorstellung, irgendwann Vater zu sein. Ich befreundete mich mit so fremd klingenden Wörtern wie »sexuelle Treue«.

Jacques Prévert hat einmal davon gesprochen, dass Liebende einen Code brauchen, Symbole, poetische Zeichen, um miteinander zu kommunizieren. Celeste war möglicherweise im falschen Jahrhundert geboren worden, denn sie träumte von Helden und Rittern, die Schwerelosigkeit zauberten und auf geflügelten Pferden ihr angebetetes Ritterfräulein entführten.

Ich spielte gern den Ritter. Leider fehlte mir das Talent zum Minnesang. So strich ich abends durch die Metro, um einen zu finden, der als Eroberer auftreten und nebenbei noch singen konnte. Nach einer Woche entdeckte ich

Terence, einen seit vierzehn Jahren durch den Untergrund von Paris ziehenden Musiker aus Nebraska. Schöner, impertinenter Schmalz lag in seiner Stimme. Ich führte ihn von der Metro zurück an die Erdoberfläche und ließ ihn in einem stillen Café vorsingen. Er passte.

In der *Rue Saint-Denis*, mitten im Nuttenviertel, fand ich einen Kostümladen. Ich verkleidete den Amerikaner als d'Artagnan, mit schwarzem, weitem Filzhut, Henri-IV-Bart, rotem Wams und goldglänzender Schärpe. Rechts baumelte ein mondäner Degen.

Zwei Tage später fuhr ich den Mann zu seinem Arbeitsplatz, dem Bürgersteig gegenüber Celestes Wohnzimmerfenster. Etwas Herzbewegendes geschah. Terence fing an, auf seiner Gitarre zu zupfen und wundersam ölig Elvis Presleys »I can't help falling in love with you« zu seufzen, als nicht nur Celeste ihre Balkontür im dritten Stock öffnete, sondern sieben andere Fenster aufgingen und lauter Frauengesichter zum Vorschein kamen, die alle still und ergriffen zuhörten, wie Terence, der Ritter aus Nebraska, um elf Uhr abends in eine laue Pariser Oktobernacht Elvis' Liebesschnulze wimmerte.

Da ich Celeste an diesem Morgen um zwei Dinge gebeten hatte – einen Brief an sie bei unserem Postamt abzuholen und abends zu Hause zu sein –, wusste sie sofort, wer der Auftraggeber von Terence war. Den Brief sollte sie erst lesen, wenn »the hanky-panky« vorbei war. *Hankypanky* war unser Deckname für alle Kitzel, die wir uns gegenseitig verschaffen wollten.

Der Amerikaner verbeugte sich, genoss den von fröhlichem Gekicher begleiteten Applaus und verschwand. Ich sah, von weitem, Celeste das Kuvert öffnen, in dem ein langer Liebesbrief lag. Der schwerwiegendste Absatz darin sprach von einer bestimmten Rasse von Enten, die – einmal zusammen – sich nie wieder trennen. So dramatisch und nach ihr hungernd hatte ich es hingeschrieben. Mein Leben schien jetzt nur ein Ziel zu haben: dieser Frau nah zu sein und ihr die Angst zu nehmen, noch einmal verlassen zu werden.

Die Idee, dass alles anders war, dass von meinen Mutmaßungen und Kopfgeburten nicht eine stimmte, dass ich auf geradezu groteske Weise etwas vor mir verheimlichte, diese Idee kam mir nicht. Ich schien noch immer nicht stark genug, die Wirklichkeit zu ertragen.

Celeste schmolz, die abendliche Szene mit einem singenden Ritter ließ für Stunden ihre Alarmglocken ruhen. Am nächsten Morgen um sieben Uhr früh – ihre Haut war noch warm vom Bett, das sie mit dem Fotografen geteilt hatte – stand sie vor meiner Tür, schob mich zur Seite und legte sich splitternackt in mein Schlafzimmer. Sie schnatterte jetzt vor Lüsternheit, ließ fast alles zu, auch das Allervorletzte, nur nicht, noch immer nicht, alles.

Hinterher heulte sie, ihre Schuldgefühle kamen so garantiert wie ihre Lustwellen. Sie hasste Lügen, sie hasste das Gefühl, kein Verlangen mehr nach dem Fotografen zu spüren, sie litt unter ihrem Mangel an Mut, dem Mut, sich zu entscheiden.

Wir mussten uns trennen. Um wieder im ganz normalen Leben zwischenzulanden. Ich ging nach Afrika, sie mit dem Fotografen nach Indien. Die Entfernung tat uns drei Tage lang gut, dann begann von Neuem das *jonesing*. Das ist ein Ausdruck der Crackheads in Brooklyn, er beschreibt das Zittern. Weil der Nachschub fehlt, weil nichts ins Blut strömt, das besänftigt. Auch funktionierten keine *pillow talks* zwischen einem indischen Dorf und einem afrikanischen Kraal. Als ich endlich in eine größere Stadt kam, erfuhr ich die ersten News. Sie klangen nicht gut.

Celeste panikte. Sie wollte nicht mehr, dass ich nach Rajasthan kam, um gemeinsam eine Woche durch unser Lieblingsland zu reisen. An dem Tag, an dem ihr Freund zurück nach Paris flog, sollte ich einfliegen. So war es besprochen. Die Lügengeschichten machten sie krank, denn eine Tonne Falschmeldungen sollte sie ihm einreden, um plausibel zu machen, warum sie ohne ihn in Indien bleiben wollte.

Ich nahm nichts zur Kenntnis, verweigerte die Annahme der Nachrichten. Wenn sie darauf bestand, mich auszuladen, dann musste sie das von Angesicht zu Angesicht erledigen. Ich jedenfalls würde die sechstausend Kilometer zurücklegen, und wäre es nur, um mir eine Absage anzuhören.

Das muss ihr imponiert haben, denn zuletzt kabelte sie einen hinreißenden Text: »Would it be rude to ask you for a test? If ever the hanky-panky goes out of control?« Eine Zeile aus einem Hollywood-Film. Jetzt war sie bereit für alles. Dass ich tagelang transpirierte, bevor ich das Ergebnis des Aidstests in Händen hielt, auch das schien mir nur Teil eines langen, steilen Anlaufs hin zu dieser Frau. Aber in Asien würde ich ankommen bei ihr, würde ihrem Körper und ihrem Denken näher sein als jeder andere. Sie würde mich wählen. Mich, den Einfältigen, der noch immer nichts begriffen hatte.

In einem seiner Tagebücher hatte Albert Camus einmal notiert, dass »diejenigen Liebenden Narren sind, die glauben, die Welt um sie herum wäre verschwunden.« Aber Camus war nie in Indien gewesen, hatte nie erfahren, dass auf diesem Erdteil die Spielregeln der übrigen Menschheit nicht gelten. Erst recht nicht für Liebende, die Indien lieben.

Irgendwo in 10 000 Metern Höhe über Teheran müssen wir uns, der Fotograf und ich, gekreuzt haben. Um vier Uhr morgens landete ich im Hotelbett Celestes. Wir waren glücklich und zaghaft wie Kinder. Der Kampf mit ihrem penetranten Gewissen hatte sich schon abgeschwächt, das Rauschgift Indien wirkte bereits.

Am nächsten Tag buchten wir einen Termin in einem Schönheitssalon. Mit keiner Silbe hatten wir die Möglichkeit einer vollständigen, auf nichts mehr verzichtenden Liebesnacht erwähnt. Sie schien da, sie war nur noch eine Frage von ein paar Tagen und Nächten der Vorbereitung. Deshalb die Idee, den *Beauty Shop* aufzusuchen. Wir wollten schön sein und geschmeidig, wollten unsere Haut, unsere Hände und Fingerspitzen einstimmen. Damit sie nichts falsch machten, wenn die »Stunde des Erkennens« (Salomon) gekommen wäre.

Indien schenkte uns alles, was wir wollten. Am späten Nachmittag heuerten wir den so höflichen Jubatt und seinen mit rosenweißen Deckchen ausgelegten *Ambassador* an und verließen New Delhi Richtung Traum. Eine warme Novembersonne strahlte, an der ersten Bahnschranke setzte sich ein Vogel auf den rechten Scheibenwischer, der Mond zog auf, Jubatt raste – wie alle anderen Inder um uns herum – leichtfertig durch die Nacht.

Am nächsten Abend fanden wir den Ort, an dem uns keine Ausflüchte mehr einfielen. Die Fata Morgana hieß *Samode Palace* und lag eine knappe Autostunde außerhalb von Jaipur. Als wir durch das Palasttor in den Hof einfuhren, war die einzige Antwort auf den Wahn: aussteigen und niederknien. Die von schönen alten Männern mit gezwirbelten Schnauzbärten und rajasthanrot leuchtenden Turbanen gesäumte Schlosstreppe führte direkt in den Himmel. Stiller Himmel, nur das Knistern der brennenden Fackeln war zu hören. Und das leise Kichern von Jubatt, der triumphierend »voilà« sagte, unverhohlen stolz auf eines der Weltwunder seines Landes.

Wir fragten nach dem spektakulärsten Zimmer und bekamen es: Nummer 21, das frühere Schlafgemach der Maharani, der Frau des Maharajas. Als Yogi, der Hausboy, die Kerzen anzündete und die Fenster hinaus zu den indischen Sternen öffnete, fielen mir drei Wörter aus dem *Traktat des Steppenwolf* ein, die jetzt genau passten. Hermann Hesse hatte da vom »Schaum des Augenblicksglücks« geschrieben, der den gerade Glücklichen niederwalzt: der grandioseste Schlafplatz der Welt, zwölf mal sieben Meter, ein Zyklopenbett mit Baldachin, zwei mit Kaschmirdecken und Seidenkissen ausgelegte Lümmelecken, kleine weichleuchtende Lichtquellen, ein Sechs-Sterne-Badezimmer mit einem Sechs-Sterne-Badezimmervorraum, die hohe Decke, die Bilder, die Spiegel, der Duft, das unvorstellbare Gedächtnis dieser orientalischen Suite, die während langer Zeit so vieles gesehen haben musste.

Erst in der zweiten Nacht trauten wir uns. Wir lagen oben auf dem Palastdach, dem Mond noch einmal zehn Meter näher, und Celeste las laut aus Ryszard Kapuścińskis *Imperium* vor, las die mit ätzender Schärfe geschriebenen Seiten, auf denen Stalin seine ersten »Säuberungen«, seine ersten Massaker, arrangierte.

Hinterher kam mir die Idee, dass ich die folgenden Stunden wohl dem ehemaligen Generalsekretär der KPdSU verdankte. Seine Barbareien trieben Celeste und mich zusammen, unser Bedürfnis nach letzter Nähe war durch kein Schuldgefühl mehr aufzuhalten. Wir krochen unter den Baldachin.

Wir hatten Glück, nichts missriet uns, die acht Monate Karenzzeit schienen nicht umsonst. Sex war noch immer die innigste, unbegreiflichste Privatheit, die zwei sich antun konnten. Dazu kam die Freude, ein nächstes Geschenk zu entdecken: Celestes erotische Begabung. Kein Funken panamerikanischer Puritanismus in ihr. Wie selbstverständlich gab und nahm sie. Aber ich registrierte ihre Vorsicht und verstand, dass ihr Körper sich inzwischen gegen etwaige Missbräuche gerüstet hatte. Ein, zwei Ängste ankerten zäh in ihrem Unterleib. So schnell begriff ihr Nervensystem nicht, dass ihr neuer Liebhaber die Lust mit ihr teilen und nicht sie plündern und alles allein haben wollte.

In Paris kam die Rechnung. Celeste kehrte zurück zu dem Lusträuber. In meinen niederträchtigsten Momenten begann ich, den Verdacht zu hegen, dass sie von dem Fotografen abhängig war. Nicht finanziell, bestimmt nicht.

Sexuell erst recht nicht. Wohl auf einer ungreifbaren Gefühlsebene: Strahlte er doch etwas aus, was sie beruhigte. In ihm lauerte keine Gefahr, auf eine befremdliche Weise schien sein Phlegma sie zu beschützen. Er machte nicht Angst. Sogar sein Äußeres verschaffte ihm Pluspunkte. Der kleine Bauch schien ein Gütezeichen für inneren Frieden. Nichts nagte in ihm. Mich nannte sie einmal einen »Krieger«. Krieger beschützen nicht, Krieger führen Krieg.

War sie auch risikobereit in ihrem Beruf, mit ihrem Innenleben ging sie achtsamer um. Hielt Ausschau nach der *soft option*, nach einem aufgeräumten Leben, nach der wahnwitzigen Illusion von Sicherheit und Ewigkeit.

Vielleicht muss jeder eines Tages für den Schmerz bezahlen, den er in einem anderen auslöst. Vielleicht auch nicht, so genau weiß das niemand. Ich jedenfalls hatte Zahltag: Bevor ich Celeste zum ersten Mal traf, hatte ich mich von Rosza getrennt. Gescheite Frau, good looking, a business woman mit Columbia-Abschluss. Ich mochte sie, aber Liebe kam nie in Frage. Der letzte Abend geriet uns zur Farce. Wieder sollte ich mich zur unvergänglichen, unwiderruflichen Einehe bekennen, inklusive aller totmachenden Ingredienzen. Natürlich Kinder, natürlich Haus, natürlich das komplette Panoptikum bürgerlichen Elends. Wie ein Sechzehnjähriger in der Hochpubertät lief ich davon.

Jetzt, nur Monate später, war ich an der Reihe: hinnehmen das bittere Bewusstsein der Unentschiedenheit eines anderen, lernen, dass auch andere Männer begehrenswert waren. Wie siegreich ich mich bei Rozsa gefühlt hatte und in welche Taumel von Ausgeliefertsein mich jetzt mein Verlangen nach Celeste riss.

Ich begriff noch immer nicht, was geschah.

Ich war der Krieger. Und ich war »Poponov«. So hieß ein russischer Reporter, der sich vor langer Zeit in Wladiwostok zu Fuß auf den Weg nach Moskau gemacht hatte. Die Geschichte dieses Mannes gefiel mir, ich wollte hartnäckig sein wie er. Nur wollte ich nicht nach Moskau, ich wollte zu Celeste. Sie schien weiter entfernt als die neuntausend Kilometer zur russischen Hauptstadt. Doch wäre ich tapfer und besessen wie Poponov, ich würde ankommen.

Auf einem Flohmarkt besorgte ich mir drei alte Hosen, ein Hemd, zwei fleckige Pullover, ein fransiges Sakko, zwei verschiedene Turnschuhe und einen langen, intensiv riechenden Schal. Am nächsten Morgen, um 5.15 Uhr, schlurfte ich als Penner verkleidet aus dem Haus. Es war jetzt Winter, vier Grad unter Null. Dreitausend Meter waren es bis zu Celestes Wohnung. Fünf Meter links von der Haustür setzte ich mich auf das Trottoir, vermummte bis auf die Augen mein Gesicht und zog einen Pappdeckel hervor, auf dem ich von meinem Schicksal als armer Teufel erzählte. Ich wollte ihr nah sein, und wäre es als abgerissener Obdachloser. Ich wollte ihr beweisen, dass sie mich haben musste.

Es war gemein kalt und die Einwohner von Paris entdeckten ihre Wärme. Weihnachtszeit. Zwei Mädchen brachten Kaffee vorbei, eine bot an, die *Samu* anzurufen, eine Art Rotes Kreuz, das sich um die Elendsgestalten der Stadt kümmerte. Ich lehnte ab, spielte den verdrehten Outsider, der niemanden in seiner Nähe aushielt. Eine Geschäftsfrau von gegenüber brachte ein Mittagessen, Fisch mit Reis, ein Alter spendierte ein Sandwich, ein Ehepaar kehrte zurück in die Wohnung und holte eine Strickjacke. Eine Schöne lächelte und zog eine Tafel Schokolade aus ihrer Krokotasche. Nur einer stänkerte und predigte. Von wegen faul sein und schnorren. Trotzdem, nach der Predigt warf er ein paar Münzen in den Plastikbecher.

Um 11.15 Uhr verließ Celeste das Haus. Sie sah mich nicht einmal, bog nach rechts in die andere Richtung ab. Und sie war nicht allein, neben ihr ging der Fotograf. Ich tastete nach meinem eisigen Hintern und beschloss, dazubleiben und zu warten. Irgendwann würde ich Glück haben.

Minuten später wurde es dramatisch. Aus gänzlich unerwarteter Richtung. Meine Blase drängte. So wäre nichts einfacher gewesen, als in ein nächstes Café zu gehen und nach einer Toilette zu fragen. Ich fragte. Erfolglos. Ich sah zu kaputt aus, keiner ließ mich über die Schwelle. So lief ich – nun gejagt von brausender Not – über den *Quai de la Tournelle* zur Seine hinunter. Da war der Not kein Ende, denn nun stellte sich heraus, dass zwei der drei Flohmarkthosen mit einem stramm vernähten Hosenschlitz versehen waren. Mir blieb nichts anderes übrig, als im hellsten Dezemberlicht drei bizarr gestückelte Beinkleider abzustreifen und in verschämter Hocke in die Seine zu machen. Dabei redete ich mir ein, dass es nicht viele Liebende in Paris gab, die zu solch lächerlichen Positionen bereit waren, um einer Frau nahe zu sein.

Als Celeste am Nachmittag allein zurückkam, saß ich längst wieder auf dem Bürgersteig. Nun auf der richtigen Seite des Eingangs. Die nächsten Sekunden hatte ich zu oft trainiert, um einen Fehler zu machen: Als sie auf gleicher Höhe war, sprach ich sie an, bettelte mit verstellter Stimme und verstecktem Gesicht um ein »petit cadeau«. Sie hielt, lächelte und kramte in ihrer Handtasche. Und in dem Augenblick, in dem sie das Geld in den Becher legte, drehte ich den mit meiner Elendsstory beschrifteten Karton um und hielt ihr einen Text entgegen, den sie sofort erkennen musste. Hatte sie ihn doch geschrieben, an mich, damals unterm Rajasthanhimmel.

Die Szene saß. Wir redeten kein Wort, lieber nicht. Viele in dem Quartier kannten sie, wussten, dass sie mit jemandem zusammenlebte. Aber sie schien gerührt von der Inszenierung. Sie warf das Geld hinein und strich beim Zurückziehen ihrer Hand schnell über meine dreckigen, kaltzitternden Finger.

Ich könnte noch heute nicht alle Gründe aufzählen,

warum ich so nach ihr hungerte. Weil sie nie ganz meinen Hunger stillte? Weil ich jeden Quadratzentimeter ihrer Haut jedes Mal neu verführen musste? Weil sie so rar war, nur wenige Männer so nah hatte kommen lassen? Weil sie wie keine verstand, nach letzten Beweisen zu fragen? Weil sie einen Tag nach meinem Leben als Hungerleider beschloss, mich nicht mehr zu sehen?

Celeste kippte, der Druck auf ihr Gewissen ließ sie davonrennen. Sie schrieb, dass ihre Lügen an den Fotografen und ihre Versuchung nach mir nicht mehr vereinbar wären. Jetzt müsste sie ihr Herz sondieren, um herauszufinden, wohin sie wollte, wohin sie musste. Zudem pflegte sie weiterhin ihr Misstrauen, unter »PS« notierte sie den eigenartigen Satz von Erich Fromm: »Vernarrtsein ist oft das Gegenteil von Liebe.«

Unsere Trennung hielt nicht. Weil ich Celeste zurückhaben wollte, auch nicht einsehen konnte, dass ein mäßig begabter Knipser mit einer Frau davonging, die ihn an allen Ecken und Enden überforderte. Er ängstigte nicht, genau das. Und Celeste, selbst getrieben von schwarzen Erinnerungen, schien dankbar für seine problemlose Nähe. Die war nicht aufregend, aber sie verwundete nicht, vertiefte nicht hauchdünn verschlossene Narben.

Meine Wut stieg, ich packte immer häufiger meinen Zynismus aus, um den Typen und den nun immer lauter werdenden Verdacht zu ertragen, dass ich gegen ihn verlieren würde. Absurd: Von *diesem* Verdacht wusste ich schon. Der andere, der entscheidende, blieb mir verborgen. Noch immer.

Am nächsten Silvesterabend stürmte ich ihre Wohnung. Der Fotograf war wieder auf Reisen, ich kam gerade zurück. Jetzt musste ein Kraftakt her, um ihm Celeste zu rauben. Auch war ich überzeugt, dass sie sich nun in einem Zustand befand, aus dem sie ohne (stürmische) Hilfe von außen nicht mehr herausfinden würde. Zu blockiert schien sie von ihren eigenen Widersprüchen.

Die Eroberung sollte heiter und unter Gelächter stattfinden. So ließ ich eine gute Freundin bei Celeste anrufen, die sich als Telefonfrau aus der Notrufzentrale der Feuerwehr vorstellte. Man hätte einen dringlichen Hinweis aus der Nachbarschaft erhalten: ein Kleinkind befände sich auf dem Dach, direkt oberhalb der Wohnung von Celeste. In einigen Minuten würde ein Feuerwehrmann bei ihr läuten, sie solle umgehend den Zugang zu den Fenstern freimachen und sofort öffnen, wenn es klingelte.

Der Feuerwehrhauptmann war ich. Tagelang hatte ich die nötigen Utensilien zusammengekauft, Helm, Gesichtsschutz, Uniform, Handschuhe, Stiefel, rannte mit einer Leiter über der Schulter die drei Stockwerke hoch, mitten hinein in die weit geöffnete Wohnungstür. Aber die Wohnungsbesitzerin nahm den Kindsretter nicht ernst. Als ich französisch näselnd nach dem Küchenfenster fragte, hüpfte Celeste bereits von einem Bein auf das andere, vor Freude über meine Idee und die Tatsache, dass sie das Manöver längst durchschaut hatte. Aber sie hatte mich gewähren lassen, weil sie wieder Sehnsucht nach romantischem Hokuspokus verspürte und weil sie begriff, dass eine Entscheidung ausstand, zu der sie kein Grübeln und Sinnen führen würde.

Die nächsten zwei Wochen wurden unsere besten Tage und Nächte. Nun hielt ich die andere Hälfte ihres Betts besetzt. Und ich war intelligent genug, den Fotografen vergessen zu machen und Celeste zur fröhlichen Hingabe zu bewegen. Wenn ich bedenke, wie linkisch er ihrem Körper begegnete, dann konnte alles nur lustiger, nur lustvoller werden. Jedes unserer Kommunikationsmittel – die Blicke, die Sprache, die so neugierigen Leiber – lief zur Hochform auf. Irgendwann, ich glaube, es war frühmorgens nach der fünften oder sechsten Nacht, begann Celeste zu straucheln und sagte den unheimlichen Satz: »Ich liebe dich«. Als sie ihn in den nächsten Tagen wiederholte, im schlichtesten Tonfall der Welt bestätigte, was so umwerfend überraschend klang aus ihrem Mund, war ich überzeugt, dass ich gewonnen hatte.

Es war das letzte Mal, dass ich mich täuschte.

Die sonderbarsten Dinge passierten nun. Nicht umgehend, aber Schritt für Schritt. Wie ein bedächtig wirkendes Gift krochen diese drei Worte in mein Unterbewusstes. Schon sensationell. Nachdem ich das Ergreifendste gehört hatte, was ein Mensch hören kann, fing ich an abzusteigen. In den kommenden Monaten verschwanden mein Appetit, meine Libido, meine Freude am Leben, ja, der Drang zu schreiben. Ich welkte, an allen Fronten.
Während einer Konversationsstunde mit meiner Spanischlehrerin verstummte ich mittendrin, so heimgesucht von dem Gedanken, dass meine Angst vor der Liebe größer war als mein Verlangen nach ihr. Zwanzig Minuten lang schaffte ich kein Wort, in keiner Sprache. Dann erinnerte ich mich, noch immer still, noch immer sprachlos, an einen Satz Petrarcas, den ich vor langer Zeit auf Englisch gelesen hatte: »Love is riding on the horse of death«, Liebe reitet auf dem Pferd des Todes. Damals, als ich das zum ersten Mal las, gefiel mir die Schönheit der Metapher, jetzt – idiotenstumm neben der ratlosen Señora Gonzales – hatte ich ihn begriffen.
Die Erinnerungen überschlugen sich, ich wusste plötzlich, dass ich drei Mal in meinem Leben durch zähe Todesängste gegangen war. Einmal bei meiner Geburt. Einmal während eines LSD-Horrortrips. Einmal während einer Zen-Meditation in einem japanischen Kloster. Und ein viertes Mal nun: Beim Näherrücken dieses radikal erkämpften Ziels fürchtete ich, von den beiden, der Liebe und der Frau, vernichtet zu werden. In Momenten äußerster Hingabe schleuderte ich vom Pferd, erwies mich als zu mutlos für die Zumutungen so intimer, so fürchterlich naher Gefühle.

Es verging keine Nacht, in der ich nicht mehrmals schweißgebadet aufwachte. Jeden Morgen musste ich mich treten, fehlte doch der Schwung, um einen ganzen Tag auszuhalten. Ich sagte Aufträge ab, brauchte alle restliche Kraft, um die dringendsten Handgriffe zu bewerkstelligen. Ich beobachtete mich, wie ich regungslos auf mein Leben stierte und es nicht mehr leben konnte.

Mit letzter Disziplin und hundert Notlügen versuchte ich, meine Abstürze vor Celeste zu verbergen. Augenblicke bestialischer Demütigung harrten meiner, als ich jetzt neben ihrem schwindelerregenden Schoß lag und nicht mehr fähig war, ihn mit allen mir sonst so selbstverständlich zur Verfügung stehenden Körperteilen zu lieben. Einmal war genügend Courage vorhanden und ich schrieb es hin, das grausige Wort: *Impotenz*. Die Aussicht auf Liebe machte mich, wie unübersehbar, impotent, kraftlos, kaputt. Jetzt hatte ich begriffen. Jetzt begann der nächste Abstieg.

Ich begann eine »high power proteine«-Diät. Nach ein paar Wochen war klar: Hätte ich Gras gefressen, das Ergebnis wäre nicht schlechter ausgefallen. Von Power und High nicht die Spur. Andere Geschütze mussten her. In den *Gelben Seiten* fand ich den Urologen und »Männerarzt« Patrick D. Fünf Tage lang ließ ich die Telefonnummer liegen, pure Hemmung, dann rief ich an. Ich drängte, achtundvierzig Stunden später saß ich mit heruntergelassener Hose vor ihm. Ein gründlicher Mensch. In den verschiedensten Körperhaltungen musste ich die einfachsten Laute von mir geben. Der Meister starrte in meinen Hintern, befingerte ausführlich meine Hoden, tastete wie ein Panzerknacker sacht und lautlos über meine eineinhalb Quadratmeter Haut. Wohl auf der Suche nach einer dubiosen Stelle, die Aufschluss geben könnte über die Fehlerquelle. Zuletzt wurde Blut abgezapft, nachmittags brachte ich meinen Urin und Stuhl vorbei.

D. überwies mich an den Kollegen Etienne H., der einen »Doppler-Test« durchführen sollte. Um ganz sicher zu sein. Auch der Kollege war ein umsichtiger Herr, der mit einem Gel meinen Penis einrieb, sodann mit einer Art Bügeleisen über das Gel fuhr und gleichzeitig auf seinem Computerbildschirm die Innereien meines jetzt speckig glänzenden Geschlechtsteils inspizierte. Erfolglos, denn die Arterien waren weit offen, nichts hinderte das Blut, in die Schwellkörper zu rauschen. Warum es nicht rauschte, musste andere Gründe haben.

Ein deprimierendes Ergebnis: Mir fehlte nichts, ich hatte ein völlig normales Geschlecht, absolut nichts, was Aufsehen erregen könnte. Auch die Ergebnisse aus dem Labor verrieten keine Unregelmäßigkeit, auch die Menge vorhandenen Testosterons war in Ordnung. Ich schien unheilbar gesund. Als Häufchen Elend trabte ich davon.

Männerarzt D. ließ nichts aus. Beim nächsten Besuch redete er zuerst besänftigend auf mich ein, denn sein Vorschlag verbreitete umgehend Schrecken. Ich nickte schließlich und der Meister applizierte eine Spritze direkt in den Penis. Das Präparat sollte die innere Spannung lösen und auf chemische Weise eine Erektion provozieren. Ich schaute hin und konnte nicht fassen, was ich sah: eine spitze Nadel mitten im empfindsamsten Teil meines Körpers. Der Schmerz war nichts im Vergleich zu der Ungeheuerlichkeit, dass derlei Dinge menschenmöglich waren.

Aber das furchtbare Werkzeug wirkte. Erregt verließ ich die Praxis, in meinem Gepäck noch einen seltsamen Apparat, einen, so könnte man sagen, *erotischen Fahrtenschreiber*: eher unscheinbar, nicht größer als ein Walkman, bestückt mit Kabeln und Elektroden.

Wie angekündigt, klang nach eineinhalb Stunden die Erektion ab. Nachts klebte ich die Drähte an mein Glied und schaltete den schwarzen Kasten ein. Er registrierte nun die nächtlichen, dem Schläfer völlig unbewussten, Erektionen. Ob überhaupt und wenn ja, wie lang, wie fest, wie oft. So verkabelt lag ich drei Nächte.

Die Auswertung brachte keine Überraschung. Solide,

saubere Werte, nichts Auffälliges. Somit waren Rückschlüsse auf ein physisches Gebrechen nicht möglich. Ein zweites Mal jagte der Sexologe eine Nadel in meinen Penis. Er behauptete, dass die spontan den Spritzen folgenden Erektionen mein Selbstvertrauen wiederherstellen würden, ich also bald – ohne chemische Nachhilfe – wieder Inhaber einer zuverlässigen Sexualität wäre.

Diesmal nutzte ich die Erregung und suchte umgehend nach einer Frau, die bereit war, mir (gegen einen Unkostenbeitrag) ihren Leib zur Verfügung zu stellen. Ich hatte knapp zwei Stunden Zeit. Unverzichtbar schien mir für das Testverfahren strikte Anonymität. Blamierte ich mich, dann eben vor jemandem, der mich nicht kannte und mich kein zweites Mal sehen würde. Der Gedanke an Celeste störte mich nicht, nicht wirklich. Ich unternahm das alles, um sie nicht zu verlieren. Ich hatte ein Problem und dieses Problem bestand auf einer radikalen Lösung.

Laetitia war höflich und professionell. Sie nahm mich hinauf in ihr Puffzimmer und ließ mich für zwanzig Minuten ihr Liebhaber sein. Die reichten, um zu wissen, dass ich noch immer imstande war, eine Frau zu beschlafen. Wenn auch mit Hilfe teurer und schmerzhaft verabreichter Zusatzmittel. Dennoch, dieses kleine Wunder schenkte mir ein heftiges Glücksgefühl. Ich Narr glaubte mich schon kuriert.

Neue Herausforderungen warteten. Jetzt musste ich lernen, mir selbst eine Ladung *Icavex 10 MG* in den dösigen Phallus zu injizieren. Ich konnte ja nicht vor jedem Geschlechtsverkehr beim Onkel Doktor vorbeirennen, um mich dopen zu lassen.

Das waren Augenblicke intensivster Not. Es begann schon in der Apotheke beim Herzeigen des Rezepts. Am peinsamsten, wenn eine Frau das Papier entgegennahm. Ein Blick genügte und sie wusste Bescheid: Ein lahmer Sack brauchte ein Mittelchen, um *ihn* hochzustemmen. Augenblicke, die mich an meine Kindheit erinnerten, an den Wunsch, in unerträglichen Situationen mit Hilfe einer Tarnkappe zu verschwinden. Aber es gab keine Tarnkappe. Auch jetzt nicht. Nur die folternde Wirklichkeit. Und das Wissen, dass ich das alles aushalten musste, wenn ich irgendwann geheilt davonkommen wollte.

Bald traf der nächste Adrenalinschub ein. Weil Celeste im Schlafzimmer auf dem Bett lag und ich hinter verschlossener Badezimmertür heimlich wie ein Junkie die Nadel und die Einstichstelle mit einem alkoholgetränkten Wattebausch desinfizierte, dann das *Icavex* aus dem Flakon in die Spritze absaugte und – schier unvorstellbar – zustach und abdrückte.

Das Ergebnis war ein Desaster. Jeder Schuss in einer Frankfurter Bahnhofstoilette hätte wohligere Zustände verströmt als mein erster Selbstversuch. Eine kurze, schon nach Minuten verwitternde Erektion kam zum Vorschein. Begleitet von Kopfweh, Hitzewellen und einer gehörigen Depression. Wieder musste ich mich davonreden, wieder dieser schönen, zu allen sinnlichen Tagträumen bereiten Frau eine von hundert Lügen verseuchte Geschichte einreden. Sie liebte mich tatsächlich und tat, als glaubte sie alles.

Der Doktor versuchte mich zu beruhigen. Die unguten Folgen hätten nichts mit meiner linkischen Begabung im Umgang mit Nadeln zu tun. Der innere und äußere Stress, die Erwartungshaltung, die Furcht, kein vorzeigbares Resultat zu produzieren, all das sei zu belastend geworden. Was jede Lustentwicklung – selbst wenn hochwissenschaftlich unterstützt – verhindere.

Der Mann hatte recht. Ich wartete zu dringlich. Denn auch die folgenden Injektionen, nun talentierter vorgenommen, führten kein einziges Mal zu einem kerzengeraden, randvoll mit Blut geladenen *penis erectus*.

Ich spürte, dass ich so nicht vom Fleck kam. Eine Angst erstickte die andere. Kein Männerglied der Welt will sich unter solchen Umständen erheben. Arztrechnungen en masse, Apothekerrechnungen en masse, Spritzen en masse, Erektionen en détail, nein, zéro. Von einer strahlenden Libido schien ich Milchstraßen entfernt.

Ich suchte woanders. Sicher saß die Blockade in meiner Seele. Auf meinem langen Marsch durch ein halbes Dutzend Sprechzimmer begegnete ich auch Samuel S., Hypnotiseur von Beruf. Er wollte mich potent-hypnotisieren, mir wieder ein kraftstrotzendes Glied zaubern. Ein seriöser Zauberer, denn er verwies auf die lange, kostspielige Prozedur seiner Therapie. Wo nahm der Mann die Nerven her? Ich winkte ab. Ich brauchte ein Mirakel und keine langfristigen Projekte.

Ich traf zwei Psychologen, die sich die rührige Mühe aufhalsten, nach meinen frühesten Albträumen zu fahnden. Ich verließ sie, wollte nichts wissen von den Anfängen meines Lebens und seinen ersten Katastrophen. Ich brauchte keine hirnlastigen Erklärungen, ich wollte meinen Schwanz wiederhaben, wollte wieder Mann sein und glorreicher Liebhaber, wollte die Frau lieben, die endlich angefangen hatte, sich – mit allem Ihrem – nach mir zu sehnen.

Ich suchte. Suchte solange, bis ich Dr. Edouard A. fand, Sexologe und Psychotherapeut. Ein halbes Genie, hieß es, ohne Schonung für die Schmerzgrenzen seiner Patienten. Wie wahr. Er stocherte nicht in meiner Kindheit, fragte mit keinem Wort nach Vater und Mutter, überflog nur kurz die mitgebrachten Befunde und hörte konzentriert hin, als ich ihm von Celeste und mir erzählte. Dann holte er einen Rechnungsblock hervor und schrieb einen rasanten Betrag auf, nahm meinen Scheck, begleitete mich zur Tür und sagte eher beiläufig und nonchalant: »Ich kann leider nicht viel für Sie tun, denn Ihnen fehlt nichts.« Doktor A. schien solche Auftritte zu genießen. Als er mein erstauntes, ja verzweifeltes Gesicht sah, fügte er noch hinzu: »Ach ja, trennen Sie sich von dieser Frau. Sie taugen nicht für diese Art Beziehung.«

Nein, ich war nicht überrascht, nicht mehr, nicht wirklich. Wenn ich tapfer in mich hineinhörte, sogar erleichtert. Wie wahr der Alte redete. Er sprach nur deutlich aus, was mir eine innere Stimme schon seit geraumer Zeit zuflüsterte: Celeste war die bereicherndste Frau, die ich je getroffen hatte. Und gerade sie ruinierte auf unaufhaltsame Weise mein Leben. Weil ich bei jeder ihrer Zauderlichkeiten im Fegefeuer nervenschindender Selbstzweifel schmorte. Weil mich – in extremis – der Gedanke kujonierte, dass sie mich eines Tages verlassen könnte und von mir nichts bliebe als ein nasser, einsamer Furz. Für die verheerenden Wohltaten und Nebenwirkungen der Liebe war ich zu schwach. Ich schrumpfte, wortwörtlich, in ihrer Nähe.

Ich suchte nicht weiter nach den Triebfedern meiner Ängste, sicher trug auch der Terror bei meiner Geburt Schuld daran. Aber das ist eine andere Geschichte. Rechtzeitig erinnerte ich mich an einen Satz von Gottfried Benn, dass eben »der zugrunde geht, der zu den Gründen geht«. Ich war nun überzeugt, dass es überhaupt keine Rolle spielte, zu wissen, warum mich die Nähe zu Celeste in solch todesangstnahe Strudel riss. Ob die Taten meiner Mutter im Wochenbett? Ob ein psychotisch missratener Vater? Ob eine ausstehende Rechnung des Karmas? Wie belanglos. Wüsste ich es, wer könnte sie begleichen? Aber ich wusste, dass ich so nicht existieren wollte. Dass ich stark sein wollte und strahlend und frei. Nicht hilflos, nicht verdämmernd, nicht verfügbar.

Ein letztes Mal saßen Celeste und ich in einem Flugzeug. Und ich verließ sie, irgendwo über dem Atlantik. Kein Ort schien mir sicherer für eine solche Zeremonie. Ich übernahm diesen Part, spielte den Verlasser und Bösen. Weil Celeste noch immer auf ein unbeschreibliches Wunder hoffte. Ich solle auf sie warten, sagte sie. Mein Kopf hätte das vielleicht geschafft, nicht mein Leib. Der Gedanke an meine Impotenz und die Sehnsucht, wieder ein Mann zu sein, sie waren drängender als alles andere. Ich erkannte, dass ich für die großen Projekte in diesem Leben nicht gerüstet war. Ewige Liebe und andere Ewigkeiten ließen mich ganz offensichtlich verkümmern. So war das Fairste, was ich Celeste bieten konnte, eine radikale Trennung. Am Flughafen in Paris teilten wir uns noch das Taxi. Auf meinem Fahrrad (von ihr zu mir) saß ich schon allein. Alles war schlagartig zu Ende, das Bettgeflüster, die Ritterspiele, die Berührungen.

Ein (fröhliches) Nachwort: Die Zukunft wurde so anders als befürchtet. Diese kaputtgegangene Liebesgeschichte zeitigte bald die wunderbarsten Folgen. Denn keine mürrische Einsamkeit, kein nagendes Gefühl des Scheiterns, keine weiteren Verlustmeldungen meines Geschlechts warteten auf mich. Jetzt, weit weg von der Gefahr zu versagen, fing ich von Neuem zu blühen an. »Und sein Busen sprang auf vor Freude«, so hatte mein Griechischlehrer einmal eine Stelle aus der *Ilias* übersetzt. Ich hatte mir diesen Satz aufgeschrieben, schon vor langer Zeit hoffend, dass er eines Tages zu mir passen würde. Jetzt passte er. Ich akzeptierte, dass ich verloren hatte und dass ein anderes Schicksal auf mich wartete als das eines großen Liebenden. Ein nachsichtigeres, amüsanteres, eines, das Platz ließ für mehrere Träume.

Wochen später traf ich wieder eine Frau. Das Gegenteil von Celeste. Schon formschön, schon gescheit. Aber eher leichtsinnig, immer im Augenblick, uns nie mit Zukunft und Ausschließlichkeit belastend. So kam alles zu mir zurück, mein Hunger, meine Begeisterung, meine eigene Leichtsinnigkeit. Und die Fähigkeit, ein Mann zu sein. Amre war Algerierin mit französischem Pass. Sie fand alles schön an mir und bat nie, es für immer haben zu wollen.

Nur ein Mann, der in vielen Nächten den hundsföttischen Schmerz erotischer Leblosigkeit erfahren hat, kann die Dankbarkeit einer Frau gegenüber ahnen, die ihm auf schwerelose Art all das Seine zurückgab. Amre war weise. Meine dunklen Schatten übersprang sie. Sie nahm nur das Beste, was ich zu bieten hatte: meine Liebe zum Leben.

DER CLOU

Von Anfang an schien mein Leben entstellt. Von Geldnot. Nicht wegen Trägheit oder Verschwendungssucht. Eher aus Unbegabung, mit dem Phänomen umzugehen. Auch diese Reise nach Korsika wäre nicht möglich gewesen ohne das Vertrauen der Freunde: Sie strecken vor, ich zahle zurück. Wie üblich.

Seltsam, aber sobald ich auf Pump lebe, werde ich einfallsreich. Entdecke irgendwo liegengebliebene Scheine, finde ein längst vergessenes Sparbuch, bekomme das Herz frei, um mich von Dingen zu trennen, die mir bisher unverkäuflich schienen. Reaktiviere – wenn Glück und Zufall nicht mehr aushelfen – ein gewisses Talent für kriminelle Unternehmungen.

Wie jetzt auf Korsika. Die Ferientage nähern sich ihrem Ende. Gold und Edelstein habe ich nicht gefunden, aber die Schönheit der Welt. Alles beschwingte, nur Ratten und Polizisten störten, denn beide trieben mich aus verborgenen Ecken. Die einen trieb der Hunger, die anderen ihre Vorschriften: Wildes Campen und Nacktbaden waren strikt verboten. Einmal wurde ich ermahnt, einmal musste ich zahlen. Bußgeld wegen Nacktheit! In einer menschenleeren Bucht!

Nun stimuliert gerade dieser Vorgang – das Aushändigen von Geld an einen Ordnungshüter – enorm, treibt die Phantasie an, ja macht die Entscheidung unwiderruflich, diese Insel nicht ohne ungesetzliche Bereicherung zu verlassen. War ich vorher noch moralisch verunsichert, so fühlte ich mich nach dem Verlust der Scheine eher schuldlos und bester Dinge: Eine betrügerische Handlung wird nun stattfinden. Ich brüte ein paar Nachmittage, dann liegt alles in meinem Hirn bereit.

10.10 Uhr, Donnerstagmorgen. Ich checke aus, mein Gepäck bleibt im hübschen Solenzara, im Hotel. Nach einer knappen Stunde erreiche ich Porto Vecchio. Ich habe diese Stadt schon vor Tagen inspiziert und halte sie für den passenden Schauplatz. In der Rue Bongo, einer ruhigen Seitenstraße, parke ich den R4 (auch gepumpt). Das Schloss der Beifahrertür habe ich gestern präpariert, es lässt sich nun nicht mehr abschließen und macht den Eindruck, als sei es gewaltsam geöffnet worden. Das alles muss so sein, denn ich habe beschlossen, den Renault ausrauben zu lassen. Ist das geschehen, werde ich aufgrund einer schon vor Wochen unterschriebenen Reisegepäckversicherung zur Kasse bitten. So wäre das entscheidende Papier ein Protokoll der Polizei. Deshalb bin ich jetzt hier. Um etwas zu inszenieren, was nie stattgefunden hat: einen Diebstahl.

11.15 Uhr, ich verriegle die Fahrertür und mache mich auf den Weg. Offiziell bin ich im Augenblick ein harmloser Tourist, der sich Unterlagen über Stadt und Hinterland besorgt. Das Verkehrsbüro liegt in der Rue Jean Jaurès, ich benehme mich unauffällig, erhalte ein halbes Pfund Informationen, schlendere zurück zum Wagen. Sobald ich eingestiegen bin, bemerke ich die »Tat«: Die Reisetasche und der Lederkoffer – durch Hochklappen der Rückenlehne erreicht man den Kofferraum – sind verschwunden. Die Vorstellung beginnt, jetzt muss ich mich konzentrieren: Verstört und aufgeregt steige ich wieder aus und umkreise das Auto, entdecke die »aufgebrochene« Tür. Und empöre mich, zische ein paar halblaute Flüche, blicke wütend um mich. Nächster Schritt: hastiges Zugehen auf Passanten, Rückfragen, ob verdächtige Personen beobachtet wurden, wer hat wen in unmittelbarer Nähe meines

Autos gesehen? *Rien*. Ich rede deutsch, englisch, Körpersprache und zwanzig Worte Französisch. Meine Hilflosigkeit wirkt vertrauenswürdig. Freundlich nehmen die Korsen Anteil an meinem Schicksal, inspizieren das kaputte Schloss, fluchen gemeinsam mit mir über das habgierige Gesindel.

»Allez au commissariat de police, Monsieur.« Den Dicken, der mir diesen Vorschlag so leutselig unterbreitet, hätte ich beinahe ausgelacht. Na klar, was sonst? Auf zur Polizei.

11.55 Uhr, die Gendarmerie belegt eine noble Villa, feiner Kiesweg, ein paar Herren dösen in der Mittagshitze. Mein Auftritt stimmt sie wehleidig, sie sind tranig und argwöhnisch. Ein Gepäckdiebstahl in der Rue Bongo? Am helllichten Tag? *Très bizarre!* Und ein Protokoll? Für was? Man würde ja sowieso nichts wiederfinden, wozu also? Außerdem sei jetzt Zeit zum Mittagessen. Heilige Zeit! Wenn es denn unbedingt sein müsse, könne ich ja später nochmals vorbeischauen, so um 14 Uhr, der Chef wäre dann auch da. Und einen Dolmetscher solle ich gleich mitbringen, denn niemand spräche hier Englisch. *Désolé.*

Die Sache stinkt. Hier wirtschaften ein paar widerborstige Faultiere, die mich als Unruhestifter betrachten. Kein Schimmer Mitgefühl, eher so ein gleichgültig ironischer Unterton. Ahnen die etwas? Sind solche Manöver, die ich hier veranstalte, an der Tagesordnung? Und der Chef? Wozu brauchen sie einen Chef, um ein Stück Papier vollzuschreiben? Ich weiß es nicht. Ich weiß nur, dass es mir nicht gefällt.

Der Dolmetscher ist natürlich eine Schikane. Mit ein wenig gutem Willen hätten unsere gemeinsamen Wörter ausgereicht. Nein, ein Experte muss her. Wo lebt so ein Mensch? Was kostet der? Ich frage mich, ob ich nicht besser gescheitert und pleite nach Deutschland zurückkehre, als ein Ding zu drehen, über das ich die Übersicht zu verlieren drohe. Ich fahre hinunter ans Meer, muss überlegen, immerhin habe ich zwei Stunden Bedenkzeit.

Das weite Wasser verschafft Klarheit. Ich werde einsichtig und begreife, dass ich keine Wahl habe: Ich brauche das Geld, basta. Und zwar rasch und elegant. Reinhauen und ausrauben ist nicht mein Stil, sprich, an den misslaunigen Schlafmützen komme ich nicht vorbei. Die Frage ist nur: Wie verführe ich sie zur Herausgabe eines fehlerlosen, einige tausend Mark wertvollen Protokolls?

Während ich diesen letzten Satz – »wie verführe ich sie …« – in meinem Kopf zu Ende formuliere, vernehme ich einen lässigen Männerpfiff. Ich sehe einen Halbwüchsigen, der einem attraktiven Mädchen hinterherpfeift. Dieser Vorgang fährt wie ein Blitz in meine Großhirnrinde. Das ist es, das ist die Antwort: das ewig gleiche Spiel zwischen Mann und Frau. Denn die Frau verwirrt, erregt, *verführt*. Nun verstehe ich auch, warum diese Mehlsäcke so larmoyant auf mich reagierten. Ich war ja nur Mann, wie langweilig, wie ermüdend. Niemand, der ihr graues Leben bereichert und bunt färbt.

Ich springe auf und fahre zurück in die Stadt. Der Plan steht: Den kostspieligen Übersetzer – noch ein Mann, noch frustrierender – vergessen und nach einer Frau fahnden, die schön ist und hilfsbereit und über ausführliche Französischkenntnisse verfügt. Mit diesem Engel werde ich aufkreuzen und mit ihm werde ich gewinnen.

Doch die Fahndung birgt Mühe, der Steckbrief ist anspruchsvoll. Attraktiv, heiter und zweisprachig soll der Mensch sein. Dazu kommt, dass ich unter Zeitdruck stehe. Denn die meisten Frauen, die ich anspreche, haben alles. Nur keine Ahnung von deutscher Sprache. Manche sind abweisend, interpretieren mein Gesuch als gerissene Anmache. Andere hören das Wort »police« und lassen mich stehen.

Bis ich Glück habe, zweifach Glück. Die beiden Freundinnen Sandra und Lissy hören ergriffen von meinem Verhängnis und sagen spontan zu, auf Deutsch. Zwei frische Mädels aus Zürich, die fließend französisch sprudeln.

Blond und brasilienbraun, ein Traumpaar. Wie zwei Königinnen chauffiere ich sie pünktlich zur Nobelvilla.

14.07 Uhr und alles ist anders. Aus sechs Mehlsäcken wird ein halbes Dutzend toupierter Gockel, die um die Wette balzen. Kaffee wird gekocht, Zigaretten werden gereicht, kühle Drinks geboten. Der Chef, der Obergockel, muss jemanden zum Kuchenkaufen abkommandieren, da sich kein Freiwilliger meldet. Die Faultiere sprühen, ihre Haut beginnt zu schimmern, ihre stillgelegten Herzen springen wieder an. Und die Mädchen machen mit. Gewitzt und großzügig lassen sie sich bedienen, schäkern, flirten, lachen, wissen wie alle schönen Geschöpfe, wie nachdrücklich sie imponieren.

Wir spielen eine Kriminalgroteske, in der ich – wie erhofft – die Rolle des Souffleurs übernehme. Bescheiden zerknittert sitze ich etwas abseits und liefere die Stichwörter, die – französisch übersetzt – mittels Schreibmaschine auf dem inständig verlangten Blatt Papier landen. Doch das dauert. Kaum erwähne ich eine (angeblich) geklaute *Yashica 124G*, schon weiß einer der Herren ein vermeintlich fürchterlich aufregendes Abenteuer zu erzählen, in dem durchaus nebensächlich ein Fotoapparat vorkommt. Dann wildes Gelächter, Geschirrklappern, die dritte Tasse Kaffee. Als ich Trainingsanzug und Walkman zum Verlust anmelde, handeln die nächsten Geschichten von Trainingsanzügen und Walkmen.

So verstreichen mehrmals zehn Minuten, in denen ich nicht auftrete. Doch ich bleibe diszipliniert verdrießlich. Nur ab und zu ein gequältes Lächeln, mit dem ich kleinlaut bitte, doch fortzufahren mit der Protokollaufnahme. Besäße ich doch nichts mehr und müsste folglich so schnell wie möglich nach Hause. Das leuchtet ein, die Geschichten werden kürzer, die Liste mit dem »Diebesgut« immer länger. Eineinhalb Stunden später übergibt mir *Monsieur le Chef* freudestrahlend die *déclaration de perte*. Das ist mit Abstand der schwierigste Augenblick. Meine Knie schwimmen, ich würge. Mich überkommt inmitten dieser liebenswerten Schafsköpfe die so teuflische Lust auf einen Veitstanz, sodass ich nur unter Aufbietung letzter Reserven Benehmen und Reserviertheit bewahre.

Die Mädchen nehme ich wieder mit. In mir nicht das leiseste Gefühl, etwas Schändliches getan zu haben. Im Gegenteil, neunzig Minuten lang kamen Wohlgeruch, Schönheit und Lebenslust in diesen Bürokratenstall.

Wir fahren zurück ins Zentrum und ich lade zum großen Eisschlecken. Kleine Dankbarkeit für den souveränen Auftritt. Aber ich halte den Mund, nur jetzt kein protziges Geschwätz. Auch für die beiden bleibe ich das arme geplünderte Schwein. Der Abschied fällt nicht leicht, die beiden verbreiteten viel Freude. Aber ich muss weg, ich darf keinen Argwohn erregen. Zudem drängen Termine, das Geld soll her.

Was wunderbar funktioniert. Ohne Einspruch von Seiten der Versicherung wird meine Lügengeschichte als Tatsachenbericht akzeptiert. Die offiziell beglaubigte Verlustmeldung wiegt schwer, sie blechen.

Ein Nachwort: Der Vorfall liegt nun Jahre zurück und der Verrechnungsscheck ist längst verrechnet. Ein Detail jedoch bewegt mich noch immer: jener Moment, als ich am Meer saß und plötzlich den Pfiff dieses Burschen hörte. Sinnliches Signal der Verführung, ja Erleuchtung. Schade, dass ich nichts weiß von dem Pfeifer. Einen Teil der Beute hätte er verdient.

DER DIEB / Eine Liebesgeschichte

Klauen ist sexy. Der Kitzel, natürlich. Den das *Bürgerliche Gesetzbuch* verbietet. Dem Bürger ist der Kitzel verdächtig, er will ihn abschaffen. Ein schwieriges Unternehmen. Billy Wilder hatte das Dilemma längst erkannt. Als er durch seine Filmkamera schaute, stellte er fest: »Tugend ist nicht fotogen, das ist eine Grundregel. Bösewichte interessieren jeden, Volksschullehrer-Fräuleins keinen.« Eine gemeine Wahrheit. Aber immer wahr.

Ich habe es immerhin zum Dieb gebracht. Nach gewissenhafter Prüfung – über jeden Raubzug wurde Buch geführt – bin ich auf die Summe von 153 906 Euro gekommen. In dieser Größenordnung liegt der von mir zu verantwortende Schaden, den ich verschiedenen Mitmenschen auf verschiedenen Kontinenten zugefügt habe.

Ein eher bescheidener Betrag. Die Summen großer Fische sehen anders aus. Deshalb rechne ich fest damit, dass die Opfer mir vergeben. Damit ihnen die Nachsicht leichter fällt, sollen sie wissen, dass ich für alles hart bestraft wurde. Nicht vom *Bürgerlichen Gesetzbuch*, sondern von ganz anderen, viel unheimlicheren Kräften.

Noch etwas, um Missverständnissen aus dem Weg zu gehen: Gewalt ist nicht sexy, sie macht mir Angst. Nie habe ich sie bei meinen Eskapaden angewendet. Ich wüsste auch nicht, wie. Ich bin ein eher schwacher Mensch, dessen Lieblingsheld Till Eulenspiegel ist. Ein Listiger will ich sein, das schon.

Dass ich meine Beute mit niemandem teilte, unterschied mich von Till. Das Robin-Hood-Syndrom schlug bei mir nicht an. Ich war ein habsüchtiger Dieb. Ich nahm den Reichen (wem sonst?) und behielt alles für mich. Ohne höhere Moral, ohne ideologischen Auftrag, nur getrieben von der eigenen Not. War die Not endlich vorbei, trieb mich die Sucht nach dem Kick und – so sollte sich nach gewisser Zeit herausstellen – die Gier nach jenem Gut, das ich hemmungsloser begehrte als alles andere.

Das Seltsame daran: Es ließ sich nicht essen, nicht anziehen, nimmer als Altersvorsorge einsetzen. Nach nur einmaliger Benutzung fiel der materielle Wert dieser Habe beträchtlich. Manchmal sah ich arme Teufel damit auf dem Flohmarkt hausieren. Für fünfzig Cent das Stück schlugen sie los, was einmal vierzig, fünfzig Mal mehr gekostet hatte.

Das mag ein Außenstehender, einer, der nichts weiß von dieser Gier, nicht begreifen. Was ich über Jahre – manchmal wöchentlich, manchmal täglich – unter ständiger Gefahr der Entdeckung nach Hause schleppte, machte mich nicht gesünder, nicht schöner, nicht wohlhabender. Dennoch wurden aus der jedes Mal kiloschweren Last die einzigen Gegenstände in meinem Leben, die ich hortete. Ich hasse Sammeln. Aber hier war ich hilflos. Was ich zuerst unbewusst ahnte, wurde bald zur schrecklichen und gleichzeitig beruhigenden Gewissheit: Solange ich der Sucht nachgab, fühlte ich mich beschützt. Denn das Fieber – nicht so sehr das Stehlen (das auch!), eher das Genießen der heißen Ware – beschützte mich, genauer: rettete mein Leben.

Der Sucht war eine Lehrzeit vorausgegangen. Ich lernte das Klauen von der Pike auf. Banal fing es an. Ich wuchs in einem sparsamen Milieu auf, die Mahlzeiten waren schlicht und bisweilen schlicht ungenießbar. Zwischen den Essensausgaben war die Speisekammer verriegelt. Nicht umsonst nannten diejenigen, die mich in der Turnhose sahen, »den

Rachitiker«. Mein Brustbein lag wie eine Delle zwischen den Rippen, hässlich verkümmert durch einen konstanten Vitaminmangel. Um mich zu heilen, durchstöberte ich meine Umgebung. Im Speicher des geizigen Hausbesitzers und Erziehungsberechtigten fand ich einen Sack Briefmarken. Einen prallen Zentner voll gestempelter und ungestempelter Marken.

So lernte ich als Dreizehnjähriger das Wort *Mundraub*: »Diebstahl von Lebensmitteln zum sofortigen Verbrauch.« Nicht, dass ich die Briefmarken verschlungen hätte, so verhungert war ich nun doch nicht. Nein, ich verschob sie pfundweise. Papier gegen Papiergeld. Und Papiergeld gegen Nahrungsmittel. Ich war umgehend davon überzeugt, dass die Heilung meines Brustbeins dringlicher war als die Narretei eines Sammlers viereckig winziger »Wertzeichen«.

Ich entdeckte den *thrill*. Neben der Angst, die mich immer hinauf in den Dachboden begleitete, registrierte ich eine – wie trefflich passt das Wort – diebische Freude. Eine komplizierte Sensation durchzuckte den Körper: der Stolz über die überwundene Angst und das Wissen um meinen Mut, der bereit war, für alle Folgen einzustehen. Lag die Angst zehn Minuten später hinter mir und lag bald danach das Bargeld auf meiner rechten Handfläche, breitete sich dieses Glücksgefühl aus. Verdammt schönes Glück.

Ein paar Jahre später verließ ich den Peiniger, den Speisekammer-Verschließer und Briefmarken-Besitzer. Zu viel Zucht, zu viel Faustrecht, zu wenig Aussicht auf ein beschwingtes Leben. Ich zog in ein Internat und stellte fest, dass mein Geburtsfehler – permanente Geldnot – nicht verschwinden wollte. Da ich jede finanzielle Zuwendung von außen ablehnte, schien es unvermeidlich, mich wieder meiner widerrechtlichen Begabung zu erinnern.

Das funktionierte. In den Ferien ließ ich mich von der Verwandtschaft einladen. Um ihr die Gastfreundschaft auf infame Weise heimzuzahlen: Gingen Onkel und Tanten, Cousins und Cousinen spazieren, durchsuchte ich die noblen Ankleidezimmer. Ich spezialisierte mich auf edles Schuhwerk und scharf gebügelte Hemden. Die waren leicht und unauffällig zu verstauen. Da ganze Schuhkästen und Hemdenschränke herumstanden, fielen meine Eingriffe nicht auf. (Vielleicht fielen sie auf, aber nie hörte ich Klagen.)

Es gab delikatere Fälle. Das waren Verwandte, die als alleinstehende Herren lebten. Reifere Herren. Wie sie ablenken von ihrem Besitz? Ich besuchte sie dennoch. Aber immer in Begleitung einer anmutigen Freundin. Mir reichten Minuten, um das Soll zu erreichen. In diesen Minuten ließ ich die Anmutige mit den reifen Herren allein. Zeit für die Schöne, um mit Charme und Witz über meine Abwesenheit hinwegzuplaudern. Als ich zu Kaffee und Kuchen wieder am Tisch saß, waren alle gut gelaunt: die geschmeichelten Männer, die (am Umsatz beteiligten) Freundinnen, ich, der Dieb.

Von Anfang an leitete mich eine Grundregel: Nie von Habgier überwältigen lassen! Eine solide gefüllte Sporttasche hielt ich für vertretbar. Schlüpfte ich mit ihr durch den Dienstboten-Ausgang, überfiel mich wieder dieses brausende Gefühl, am Leben zu sein, dieses Sausen der Glückshormone.

Kam ich zurück ins Heim, deponierte ich im eigens dafür reservierten Spind die frische Beute. Mein kleiner Bazar sprach sich herum, neue Freunde kamen und kauften ein, *cash was king*. Mit Befriedigung sah ich die tadellos geschnittenen Hemden und edel besohlten Schuhe auf dem Schulhof auftreten. Ich fand, dass wir alle einen ausgezeichneten Geschmack besaßen: die früheren Besitzer, die neuen Besitzer, ich, der Trödler.

Vermutlich waren die immer wieder eintreffenden Finanzspritzen mitverantwortlich für die Tatsache, dass ich das Abitur schaffte. Wie anders hätte ich die Nachhilfestunden – zuerst für Mathematik, später für Latein und Griechisch – bezahlen können? Ich hätte nicht, ich hätte wiederholen müssen. Welch eine Belastung für den Staat, welch Segen, dass andere so großzügig mit ihren Wertsachen aushalfen. Ich lernte, dass Klauen durchaus zum sozialen Frieden beitragen konnte.

Ein halbes Jahr nach Erhalt des »Reifezeugnisses« (noch heute muss ich grinsen, wenn ich dieses Wort hinschreibe) kam der Bruch. An einen ordentlichen Studiengang, wie hin zum Dipl.-Ing., war nicht zu denken. Ich schien unreifer denn je, schrieb mich an verschiedenen Universitäten ein, zog in verschiedene Städte, zog in ein anderes Land, zog weiter, jobbte und bereitete neue Irrtümer vor. Während ich die nächsten Weihnachtstage wieder bei meinem Lieblingsonkel H. verbrachte, döste ich von einer Depression in die andere.

C., der jüngste Sohn der Familie, kam mir zu Hilfe. Gleich dreifach, denn ihm ist es zu verdanken, dass ich mich nun zu einem wahrhaft talentierten Dieb entwickelte. Und in seiner Schuld bleibe ich bis ans Ende meiner Tage: für die Tatsache, dass aus mir, dem Zwanzigjährigen (sicher kein Frühbegabter) ein Langfinger mit einem höheren Ziel wurde, ja ich – schier unnennbar seine Verdienste – meinen Beruf fand und eines Tages von dem leben konnte, was ich liebte. Das klingt hochdramatisch, wenn man bedenkt, dass C.s Hilfestellung nur darin bestand, lesend in einem Sessel zu sitzen und mir zwei einfache Fragen zu beantworten:

»Was liest du da?«
»Liebe ist nur ein Wort, von Simmel.«
»Wie ist es?«
»Sehr gut, musst du unbedingt lesen.«

Dann verstummte er wieder, sein Schweigen war aggressiv, ich spürte, dass er sich weitere Fragen von einem notorischen Nichtleser verbat. Wahrscheinlich empfahl er mir das Buch, damit ich den Mund hielte und ihn nicht weiter belästigte.

Irgendwann sollte ich ein Gedicht von Erich Fried in Händen halten, in dem der Dichter von Leuten spricht, die aus Langeweile einem halben Dutzend Fliegen die Beine ausreißen und bald darauf, wieder gelangweilt, Menschen umlegen. Ich hatte Glück, ich ging in die nächste Buchhandlung und kaufte *Liebe ist nur ein Wort*.

Der Fairness halber müssen noch die *St.-Pauli-Nachrichten* erwähnt werden. Die letzten acht Wochen vor Weihnachten war ich als Schichtarbeiter bei der Post beschäftigt. Da ich keine feste Adresse hatte, teilte ich mit drei anderen Postlern ein desolates Hotelzimmer. Die einzige Lektüre, die herumlag, waren die Nachrichten aus St. Pauli. Leider gelang es mir nie, sie zu lesen. Die Seiten klebten.

Das stimmte mich verdrossen. Wegen des entgangenen Blicks auf Hamburger Titten, aber auch, weil ich für Augenblicke das so gründlich verschollene Verlangen spürte zu lesen. Und wären es die Sprüche von Tussis und Machos gewesen. Dennoch, ein noch schwacher Trieb meldete sich da, keineswegs stark genug, mich hinunter auf die Straße zu treiben und eigenes Geld für Lesestoff auszugeben. Dass es nun tatsächlich dazu kam, war wohl einzig C. zuzuschreiben.

Unerforschliches Menschenherz. Dass ausgerechnet Johannes Mario Simmel mir das Lesen beibringen sollte, schon überraschend. *Liebe ist nur ein Wort* beendete ich am übernächsten Nachmittag. Da mir der Deutschunterricht am Gymnasium nur verschwommen in Erinnerung geblieben war – eingeschläfert vom Nachzählen anfälliger Trochäen und Jamben –, schien ich außerstande zu sagen, ob dieser Roman rasant geschrieben war oder eher brav, eher solide.

Egal, das Simmelbuch gefiel mir, die Story nahm mich mit. Die Zubereitung, die Sprache, schien mir nicht wichtig. Erst ein paar hundert Bücher später, erst nachdem ich Emil Staigers Provokation »Form ist der höchste Inhalt« gefunden hatte, begriff ich, warum Simmel ein guter

Schreiber war. Aber kein Meister, keiner, der einen Satz hinlegte, nach dessen Lektüre man die nächsten zehn Minuten nur lautlos dasaß. Und die Wucht der Zeilen genoss.

Fest steht: Dank C. und Simmel schoss ich von Null auf Leseratte. Und damit zurück zur Geschichte eines Kriminellen. Denn ab jetzt galt es zwei Süchte, zwei Sehnsüchte, zu stillen: die alte Lust auf den Kick und die brandneue auf gebundene Buchdeckel. Ausleihen kam nicht in Frage. Ich hatte mir umgehend angewöhnt, Anmerkungen an den Rand zu kritzeln, Wörter zu unterstreichen, meinen eigenen Senf zu hinterlassen.

Was für eine schwachsinnige Rationalisierung! Was zählte, war – genau so – das immer wieder begeisterte Hinsehen auf eine rasch wachsende Bibliothek. Ich fing an zu begreifen, dass Bücher als Wächter gegen Schwächeanfälle und Feigheiten taugten, als Heilkraut gegen die Schrammen täglicher Bosheiten, als Flammenwerfer gegen die Verwüstungen einer vollkaskoversicherten Windel-Gesellschaft.

Ein von Lustgefühlen begleiteter Teufelskreis begann. Sobald ich Papier sah, fing ich Feuer. Und um dieses Feuer zu löschen, benötigte ich wiederum Papier, viel Papier, viele Bücher.

Ich arbeitete mich ein, wusste sogleich, dass es sich um ein langfristiges Projekt handelte. Wo immer ich wohnte, inspizierte ich zuerst die vor Ort befindlichen Buchläden. Wo ließ sich am gefahrlosesten einpacken? Wie viel Personal gab es? Mehr Frauen, mehr Männer? Wann war Mittagspause? Wo in den Büchern versteckte der Buchhändler die Antidiebstahl-Sensoren?

Dann suchte ich – in einer Nachbarstadt, aus Sicherheitsgründen – einen Schneider. Ich wollte es halten wie die Indianer, erstes Gebot: Hände frei! Und ohne Aktentasche und Rucksack antreten. Denn nichts sieht an solchen Orten verdächtiger aus als ein Gegenstand zum Abtransport von Büchern. So erklärte ich dem Schneider, dass ich unter Bandscheibenproblemen litte, keine Trageriemen aushielte und deshalb – am Innenfutter befestigt – je vier Spezialtaschen benötigte. Per Hand eingenäht in das von mir mitgebrachte Harris-Tweed-Jackett (dicker Stoff, geräumig) und den ebenfalls von mir gelieferten Mantel: ein schwarzledernes Ungetüm aus dem Zweiten Weltkrieg, schwer und belastbar.

War die Maßarbeit fertig, stellte ich zu Hause einen mannshohen Spiegel auf, frisch vom Sperrmüll geholt. Ich begann zu trainieren: die kleinen wendigen Bewegungen, um ein Buch von einem Regal in eine circa fünfzig Zentimeter entfernte Jackentasche zu befördern. Unauffällig, also in Windgeschwindigkeit. Viermal in Windgeschwindigkeit, weil ja vier Taschen existierten. Im Winter sogar acht, denn dann kam ich mit dem Mantel vorbei. Da die eingenähten Schlupflöcher verschieden breit und tief waren, musste ich ein Gefühl für ihre jeweilige Größe bekommen. Um blindlings zu wissen, welches Buch wo hineinpasste. Einmal sich verschätzen, konnte für immer das Aus bedeuten.

Irgendjemand hat einmal behauptet, es gäbe nur zwei Sorten von Menschen – Professionelle und Amateure. Ich wollte beides sein: ein fehlerloser Profi und ein *amateur* im französischen Wortsinn, eben ein Dilettant mit Hingabe. Da ich inzwischen Student an einer Schauspielschule war, schienen die Voraussetzungen gegeben, lange und erfolgreich als gewiefter Klauer zu überleben. Den eifrigen Bücherwurm vorführen und simultan als schamloser Entwender unterwegs sein, das schien eine herausfordernde Doppelrolle.

Ich musste hart arbeiten, ich spürte, dass ich nicht cool auftrat, nicht souverän genug, nicht wie ein unbescholtener Mitbürger, der hintergedankenlos eine Buchhandlung betrat. Ich beobachtete mich zu sehr, verlor alle Nonchalance, war nicht der saloppe Hallodri, der kurz hereinschaut, um sich auf Lebenszeit ein paar Bände auszuleihen.

Ich übte, ich wurde besser. Erste Erfolge, erste fünfzig (unbezahlte) Kilo Papier entspannten mich. Die Schneiderkosten amortisierten sich. Ich registrierte mit Genugtuung, dass ich auf dem rechten Weg war. Der Genuss und der Kick kamen zurück, ich erreichte das bravouröse Gleichgewicht von Angst und der Fähigkeit, diese Angst zu genießen. Nie träumte ich davon, sie völlig loszuwerden. Die Angst war der Preis für den Flash, war der Garant dafür, nicht unbedacht zu werden.

Ein überraschendes Problem tauchte auf: Von Mundraub war keine Rede mehr. Alles, was ich früher jemandem entwendet hatte, hatte ich umgehend versilbert, um damit meine Ernährung und andere Nebensächlichkeiten des Lebens zu bestreiten.

Das war vorbei, ein Buch zu veräußern schien wie Hochverrat, unaussprechlich. Jeden Buchstaben bewahrte ich für mich. Die Folge: Mein Geburtsfehler – genetisch bedingte Bargeldlosigkeit – spitzte sich wieder zu. Ferner lernte ich aus einem (Momente zuvor) entführten Fremdwörter-Lexikon, dass ich nicht mehr für die mildernden Umstände einer Kleptomanie in Frage kam. Da stand zu lesen:»Zwanghafter Trieb zum Stehlen *ohne Bereicherungszwang.*« Mein Trieb war zwanghaft, unleugbar. Aber so war der Bereicherungszwang. Ich hatte längst entdeckt, dass mich bedrucktes Papier mehr bereicherte als vieles andere. Auf ästhetischer Ebene: Bücher sahen verteufelt gut aus. Auf emotionaler Ebene: Bücher wärmten mein Herz. Auf zerebraler Ebene: Bücher fütterten das Zerebrum, das Hirn.

Ich brauchte einen Plan. Um nicht von den Zwängen lassen zu müssen (wie denn?) und nicht vom Fleisch zu fallen. Für Kleidung war gesorgt. Als Schauspielschüler kam ich herum, die Schule organisierte kleine Tourneen, vor dem Auftritt war genügend Zeit, um im fremden Fundus – hinter dem Rücken des Requisitenmeisters – nach zwei, drei passenden Stücken zu fischen.

Das absolut notwendige Bargeld verdiente ich in den Nächten des Wochenendes als Taxifahrer, hundertfünfzig Kilometer entfernt, in einer anderen Großstadt. Natürlich machte ich teure Umwege mit ahnungslosen Kunden (vorwiegend bei Amerikanern), natürlich gab ich öfters zu wenig heraus (immer bei Trunkenbolden) und natürlich schaltete ich bei jeder dritten Fuhre den Taxameter nicht ein (bei kooperativen Fahrgästen). Um allein, ohne den Unternehmer, zu kassieren.

Und ich legte auf dem Rückweg immer einen Stopp bei Onkel H. ein. Eines seiner Hotels lag günstig am Weg. Seine eigenen Kinder bezeichnete er als Faulpelze, mich sah er betriebsam herumrennen, hieß mich somit stets willkommen. Ich trug aufmerksam dafür Sorge, dass er an diesem Irrglauben festhielt. Nie sollte er erfahren, dass einer der Gründe meines gehetzten Lebenswandels damit zu tun hatte, dass ich nachts in den Kühlraum seines Hotels hinunterstieg, um mich für die kommenden zwei Wochen mit Proviant einzudecken. Fürsorglich verstaute ich alles unter dem Rücksitz meines alten Käfers. Was dort keinen Platz fand, kam nach vorne unter die Blechhaube. Sauber zellophanverpackt, damit die Naturalien benzingeruchsfrei ihr Ziel erreichten. Ein knappes Jahr lang kam ich so über die Runden.

Als der drängende Stundenplan keine Taxifahrten mehr erlaubte, wurde es bedenklich. Denn jedes dritte Geldstück verschwand nun beim Buchhändler. Ich wollte, dass er mich mochte. Machte ich mit den vier bzw. acht sorgsam versteckten Büchern an seiner Kasse Halt, hielt ich immer ein Buch in Händen. Um es hochoffiziell zu bezahlen.

Es kam noch scheinheiliger: Gelegentlich brachte ich am nächsten Tag ein unbezahltes – inzwischen angelesenes und als fad verurteiltes – Buch zurück, beichtete laut und deutlich, dass ich, der zerstreute Bücherwurm, es gedankenverloren eingesteckt hätte und es hiermit, um

Vergebung bittend, wieder an seinem rechtmäßigen Platz deponieren wollte. Kein Zweifel, die Heuchelei machte Eindruck, bald galt ich als besonders vertrauenswürdiger Kunde.

Um alle sonstigen Ausgaben auf ein Minimum zu reduzieren, suchte ich nach dem minderwertigsten Studentenzimmer. Ich fand es: zehn Quadratmeter, ohne Waschgelegenheit und Toilette. Dafür floss Wasser im Hinterhof, garantiert kalt und direkt neben dem Abort. Kühlschrank? Telefon? Radio? Fernseher? Ich hatte sie noch nie besessen, sie fehlten auch jetzt nicht.

Samstags marschierte ich in ein *Öffentliches Brause- und Wannenbad*. Ein paar muntere Greise und ich, ein halbwüchsiger Spindeldünner, tummelten sich dort ab zehn Uhr morgens unter dem warmen Strahl einer städtischen Dusche.

Ein Unheil verdunkelte eines Tages meine Träume. Onkel H. ging bankrott, er hatte sich übernommen. Millionenspekulationen fielen durch, hektarweise eingekaufte Wiesen wurden nie »Bauerwartungsland«, Kredite platzten, die Gerichtsvollzieher kamen und räumten ab. Nichts blieb mehr für mich, um in den Ferien ein paar Reisetaschen mit schmucker Garderobe wegzutragen und in einem Pfandhaus in Bares umzutauschen. Sogar das Hotel mit dem üppig ausgestatteten Kühlraum kam unter den Hammer.

Ich lernte hungern, genauer, noch effizienter hungern. Lieber den Körper schinden, als diese Leidenschaft, diesen Bücherwahn, in Gefahr zu bringen. Jetzt galt es, das preisgünstigste und zugleich kalorienreichste Mittagessen der Stadt ausfindig zu machen. Ich fand es: zwei *Berner Würstel* mit Pommes frites, dazu ein halbes Baguette und eine Karaffe Wasser. Das Ganze zum Preis eines Doppel-Reclamhefts. Diese Investition konnte ich mit Mühe vor mir rechtfertigen. Dass ich gelegentlich beim Verlassen des Restaurants zwei Semmeln vom Nebentisch mitgehen ließ, sei der Vollständigkeit halber noch erwähnt.

An den schulfreien Wochenenden lag ich im Bett – Rückenlage – und las. Je weniger ich mich bewegte, desto weniger Energie verbrannte mein Körper, desto später stachen die beißenden Signale des Hungers. Es galt, bis zu den nächsten zwei *Berner Würstel* – 24 Stunden später, nur gestützt von ein paar Marmeladebroten und einer Tasse Malzkaffee um Mitternacht – durchzuhalten. Eher war die Jause nicht möglich, denn erst um diese Zeit ging mein Nachbar schlafen. War es soweit, schlich ich hinaus auf den gemeinsamen Gang. Er wusste nicht, dass ich wusste, dass hinter dem Marienbild eine Steckdose lag, die auf seine Rechnung lief. Also schloss ich den Tauchsieder an und hielt ihn in die Tasse voller Wasser.

Eines Nachts bemerkte ich, dass mir bei diesem unerheblichen Akt der Nahrungsaufnahme fast keines der Utensilien gehörte: nicht der Strom, nicht die Tasse, nicht der Kaffee, nicht der Silberlöffel, nicht der Tauchsieder. Nur das Brot und die Marmelade hatte ich auf rechtmäßigem Weg erworben. Damit konnte ich leben. Was mich erschreckte: dass ich nicht mehr mit Gewissheit sagen konnte, wen ich worum erleichtert hatte. Mich meiner Opfer zu erinnern, hielt ich für das mindeste Zeichen von Dankbarkeit.

Die Züchtigung des eigenen Körpers ging weiter. Irgendwo hatte ich gelesen, dass Eintagsfliegen nie essen. Sie hätten, so stand da, in ihrem kurzen Leben Wichtigeres zu tun. Diese Zeilen begriff ich als Bericht über mich. Ich war eine Eintagsfliege.

Um auch die Marmeladebrote – sprich Zeitverlust und Geldverschwendung – loszuwerden, tüftelte ich an einer Vorrichtung aus stabilem Karton, die mir künftig als »Buch-Halter« dienen sollte. Lag ich rücklings auf dem Bett, brauchte ich nichts mehr in Händen zu halten, um lesen zu können. Ich lag und las. Wieder sparte ich Energie und Scheine. Nur mein Hirn arbeitete, lautlos. Kamen Laute aus meinem Körper, dann heisere Lacher oder bedenkenlose Schluchzer. Jahre später sollte ich das Wort *pleur-*

nicheur kennenlernen: Ein Flenner war ich, auch das stimmte.

An diesen ozeanstillen Nachmittagen überkam mich die beunruhigende Erfahrung, dass ich visuell nicht begabt war. Dass mich Bilder und Fotos blind machten und dass wahre Bilderberge erst *hinter* dem Auge entstanden. Wenn eben jener Vorgang passierte, der jeden Leser beim Lesen heimsucht: das Drehen seines eigenen Films. Bilder erstickten meine Imagination, Buchstaben schürten sie.

Die Hungerkur zeigte Wirkung. Meine Delle zwischen den Rippen, so bildete ich mir ein, vertiefte sich. Wie meine Augenhöhlen. Auch mein Magen stellte sich um, nur jeden zweiten Tag verlangte er nach einem Stuhlgang. So wenig hatte er herzugeben. An meinen leichtesten Tagen schaffte ich – bei 190 Zentimeter Länge – ganze 67 Kilo. Einmal pro Monat ging ich zu einem Fotofix-Automaten, um ein Portrait von mir zu machen. Eindeutig, ich schrumpfte.

Die Aufregungen ließen nicht nach. Es kam zu wunderschönen Szenen, die mich mit allen körperlichen Einbußen versöhnten: Es war ein friedlicher Winter-Nachmittag, ich ging in einer gut sortierten Buchhandlung meiner Arbeit nach, unhörbar für andere versanken Alfred Anderschs *Die Rote*, die *Tagebücher* André Gides und eine schmale *Werkausgabe* Hermann Hesses in meinen Geheimtaschen. Als ich nach Brechts *Chinesischen Gedichten* greifen wollte, geschah es.

Eher arglos fing es an. Ich hörte eine Kundin nach dem »neuen Reinhold Messner« fragen. Eine Angestellte führte sie zur Ecke *Alpinistik*. Und begann zu fluchen: »Nicht zu fassen, jemand muss es gestohlen haben. Noch vor einer Stunde hat es hier gestanden.«

Eine Menge Gedanken gingen mir sogleich durch den Kopf: dass ich wohl nicht der einzige war, der in dieser Gegend zugriff. Dass ich mich augenblicklich nicht weiter als zwei Meter vom Tatort entfernt befand. Dass ich bereits voll beladen mit gestohlenen Büchern dastand. Dass mich Messners unter Sauerstoffmangel niedergelegte Höhenräusche nicht interessierten. Und dass dieses Desinteresse nichts änderte an dem Tatbestand, dass ich mich – von außerhalb meines Kopfes betrachtet – in einer prekären Situation befand.

»Der Herr ist mit den Standhaften«, so hatte ich es von meinem Religionslehrer gehört. Nun, heute stimmte der Nonsens, denn ich erfreute mich einer Bombenform: Kein Hitzewallen überfiel mich, kein aufgeregtes Erröten kam mir in die Quere. Beiläufig fragte ich die aufgelöste Buchhändlerin, wie jemand ein so dickes Buch einstecken könne. Das allerdings war die falsche Frage, denn R., die Buchhändlerin – wir waren jetzt zu viert, der frühere Eigentümer der verschwundenen Ware, der ebenfalls erregte Ladenbesitzer, war hinzugekommen – deutete auf mich und antwortete glatt: »Ja, Leute wie Sie mit diesen weiten Mänteln sind uns sowieso verdächtig.« Da R. nicht nur gut aussah, sondern nebenbei über die Gabe der Ironie verfügte, sagte sie den Satz auf heitere Weise, sie lachte dabei sogar. Das muss mich gerettet haben, denn ich parierte, beflügelt vom frechen Verdacht: »Okay, aber wenn ich mich zwecks Kontrolle ausziehen muss, dann splitternackt und vor versammelter Mannschaft.« Das Splitternackte entkrampfte, wir alle lachten. Einige Minuten später wischte ich hinaus. Erst außer Sichtweite fingen meine Oberschenkel zu schlottern an. Sie begriffen als erste, wie knapp ich davongekommen war.

Noch während sie zitterten, erfuhr ich, wie schön das war. Um es voll zu genießen, setzte ich mich sogleich in ein Café und bestellte – ausnahmsweise – einen Tee. Mit Dankbarkeit erinnerte ich mich der Tage, an denen ich vor dem Spiegel gestanden und neben den geschwinden Bewegungen auch die geschwinden Ausreden geübt hatte. Um mich hinauszureden, wenn notwendig, wenn not-wendend. Ich hielt mich selten für talentiert, ich war nur immer stolz auf meinen Eifer, mein Feuer. Beide hielten stets zu mir.

Das wurde eine denkwürdige Teestunde. Nachdem ich die Szene mehrmals hatte Revue passieren lassen – um Schwachstellen zu entdecken und in Zukunft noch unverwundbarer aufzutreten –, registrierte ich ein angenehmes Nebengefühl: Die Buchhändlerin kam immer wieder ins Bild, ich fand sie plötzlich nicht nur attraktiv, sondern begehrenswert. Ich wusste wieder einmal, dass Frauen, die Bücher mit sich herumtragen, verlockender aussehen als die Bücherlosen, die Gedankenlosen, die Zufriedenen.

Drittens, folglich: Die Dame musste neutralisiert werden. Ein zweites Mal würde ich nicht auskommen. Da würde sie einschreiten, sich nicht mehr abbremsen lassen von meinen Sprüchen. Als ich das Café verließ, beschloss ich, R. zu verführen. Mich vor ihr auszuziehen, diese Idee gefiel mir jetzt. Ich war guter Hoffnung. Ein paar Seitenblicke von ihr in den letzten Wochen deutete ich als Willkommensgruß. Blicke, um Bruchteile einer Sekunde zu lang, um als nichtssagend durchgehen zu können. Sicher die wohlwollenden Blicke einer Bücherfrau auf einen Büchermann.

R. schenkte mir eine wunderbare Zeit. *Nach* dem verregneten Morgen, an dem ich sie hinter ein Bücherregal bat und küsste (ich hatte noch nichts eingepackt). Sie war ganz einverstanden und küsste zurück. Wie ich bevorzugte sie bibliophile Zeitgenossen. Nach dem letzten Kuss flüsterten wir uns zu, uns abends wieder zu küssen.

Ich hatte mich nicht geirrt, ihre Stimme passte zu ihren Bewegungen. Wir waren zart und zudringlich zueinander, ihr Körper war so verschwenderisch wie ihr Kopf, uns fehlte nichts. Nur manchmal kam ich ins Schleudern, in jenen Momenten, in denen R. über die grassierende Diebstahlswelle in ihrem Laden lamentierte. Ich nickte bedrückt und lamentierte mit. Sie aufzuklären, stand außer Frage. Ich war schon immer Einzeltäter gewesen. Zudem wollte ich unsere Liebelei nicht mit einem so schaurigen Geständnis belasten. Dass wir uns immer bei ihr trafen, fand sie in Ordnung. Ich hatte ihr erzählt, meine Wohnung sei zu winzig, um sich ungeniert in ihr ausbreiten zu können. Dass für die Enge über tausend nie bezahlte Bücher verantwortlich waren, das erzählte ich ihr nicht.

Ich war froh über diese Frau. In einem ihrem Arbeitgeber entwendeten Band las ich folgenden Eintrag: »Ich bin vermutlich einer der einsamsten Menschen der Welt. Nicht, dass ich keine Menschen kennen würde, ich komme immerfort mit ihnen zusammen, vor allem mit Frauen, die mich gern zu haben scheinen. Ich glaube nicht, dass ich mich selbst je ganz verstanden habe und ich habe niemals jemand gefunden, der mich verstand. Darum bin ich so einsam. Ich verliebe mich ungefähr jeden Monat einmal, aber es dauert nie länger als ein oder zwei Wochen.«

Diese Stelle aus einem Brief des vierundzwanzigjährigen Thomas Wolfe an seine Mutter machte mir Angst. Man weiß ja, dass bei manischen Lesern die Gefahr besteht, in Büchern nachzuholen, was die Wirklichkeit nicht hergibt. Ich wollte nicht werden wie der amerikanische Schriftsteller, ich wollte beides, die Einsamkeit und die Sinnlichkeit. Nur einsam sein, das ist furchtbar. Und immer behütet werden, nie einsam sein dürfen, schien mir nicht weniger grauenhaft.

Ich musste an einen Zwischenfall denken, lange zurück, als mir eine Zimmerwirtin »Damenbesuch« untersagt hatte. Das war ein Grund, ihr fristlos zu kündigen. Ich bestand darauf, dass Damen mich besuchten. Viel einsamere Tätigkeiten als Stehlen und Lesen gibt es nicht. So wollte ich wenigstens mein restliches Leben in Begleitung verbringen.

Ich fand das romantisch: Bücher einzustecken und zwischendurch – auch das heimlich – mit der Buchhändlerin zu schmusen. Bis zu jenem Vormittag, an dem ich in zehn Sekunden um zehn Jahre alterte. Was war passiert? Ich trat aus dem Laden – die Taschen voller Gedrucktem, die

Lippen voller Erinnerung an R. – und beugte mich über mein Fahrrad, um das Schloss aufzusperren. Und in diesem Augenblick welkte ich. Mein Blick fiel auf den unteren Rand meines Harris-Tweed-Jacketts, fiel auf die Ecke eines Buchs, das hervorlugte: die Buddha-Biografie von Hans Wolfgang Schumann. Kein Zweifel, die Nähte waren schlissig geworden.

Ich alterte wahrscheinlich um ein elftes Jahr, als ich begriff, dass ich noch immer durch das Schaufenster sichtbar war. Dass jeder ein seltsam über ein Fahrrad gebücktes Wesen ausmachen konnte, das wie gebannt in dieser Position verharrte. Aber ich musste so verharren, denn die Gefahr bestand, dass bei der geringsten Bewegung der letzte Faden riss und Herr Buddha zu Boden fiel, sprich, der Buchhändler und alle Buchhändlerinnen, einschließlich R., erfahren würden, dass ich seit vielen Monaten an vielen Tagen unentgeltlich Bücher davongetragen hatte. Der Bücherklau-Gau wäre eingetreten, die Polizei hätte sich auf mich geworfen, mein Harris-Tweed-Sakko (dummerweise auch entwendet), meinen Weltkriegs-Mantel (dito) und meine (jetzt) siebzehn Quadratmeter Wohnfläche durchwühlt. An einem Faden und einem Erleuchteten hing meine Zukunft.

Ich sah keine andere Lösung, als wie ein rückgratverbogener Schwerbeschädigter das Rad anzuschieben und dabei den linken Unterarm gegen das abstürzende Buch zu pressen, eben so, als überkäme mich augenblicklich eine grässliche Malaise. Keine ausgesprochen elegante Stellung, aber augenblicklich wollte ich davonkommen und nicht elegant sein.

Ich kam davon. Und diesmal schlotterten meine Oberschenkel nicht, sie bebten. Sobald ich einen dunklen Hauseingang gefunden hatte, musste ich mich setzen. Ich saß lange.

Aus einem diplomierten Schauspielschüler wurde ein Schauspieler an einem mit dreißig Millionen Mark subventionierten »Staatsschauspiel«. Beim ersten Gespräch zwischen mir und dem Intendanten des Hauses, einem cholerischen Glatzkopf, wurde klar, dass wir uns nicht mochten. Er legte den Vertrag vor und ich sah sofort, dass er mir nicht mehr als nullkommanullfünf Promille von den dreißig Millionen zukommen lassen wollte. Dafür musste ich ihn bestrafen, standrechtlich. Als er sich ans Fenster stellte, um einen seiner bekannten Sermons zur hehren Schauspielkunst abzusondern, fingerte ich zum Schreibtisch hinüber und steckte eine Ausgabe von Shakespeares *Sonetten* ein, herrlich in Kalbsleder gebunden und bravourös von Karl Kraus übersetzt.

Im Laufe der nächsten drei Jahre änderte sich nicht viel an unserem Verhältnis. Aber wir richteten uns ein: Der Glatzkopf speiste mich mit dem Gehalt eines Lanzenträgers ab und ich lernte B. kennen, einen generösen Bühnenarbeiter, der den Eingang überwachte, wenn ich – wieder mit einer strapazierfähigen Sporttasche unterwegs – die staatlichen Kleiderkammern durchwühlte. Die schärfsten Teile trug ich davon, als wir den *Aufhaltsamen Aufstieg des Arturo Ui* aufführten. Nagelneue, maßgeschneiderte Sakkos im Stil der dreißiger Jahre, samtweiche Borsalino-Hüte, dezente Seidenkrawatten. Da im Nebenhaus zeitgleich *Der Misanthrop* gespielt wurde, ergab sich die schöne Gelegenheit, auch dort zuzugreifen, sprich, unter anderem eine Mandoline und ein vierteiliges Teegeschirr von den Regalen zu nehmen. Ich war fleißig, der Unterschied zwischen einem Lanzenträger-Gehalt und dem, was ich für angemessen hielt, war beträchtlich. Drei monatliche Spritztouren in die Schatzkammern des Glatzkopfs gehörten zu meinem festen Repertoire.

Wieder zog ich in den nächsten Jahren um, zog auf drei verschiedene Kontinente. Überall packte ich Bücher ein, unentgeltlich. Dabei verlernte ich die Schauspielkunst und fing an zu schreiben. Bis das aufregende Datum kam, an dem ich feststellte, dass Buchstaben schreiben mich (als Reporter) ernährte, dass ich eine prächtige Bibliothek besaß, dass ich mich noch immer auf freiem Fuß bewegte und dass mir die Lust am Entwenden vergangen war. Ich konnte sie nicht mehr rechtfertigen, es gab keinen Grund mehr, meine Freundinnen, die Buchhändlerinnen, und meine Freunde, die Buchhändler, zu bestehlen. Der Mundraub-Status war verschwunden. Ich verdiente jetzt genug, um für alles bezahlen zu können.

Es gab Ausnahmen, natürlich. Wie den Vorfall in der Stadtbibliothek von Durban in Südafrika, wo ich nach Material über die indischen Einwanderer suchte. Und fand. Sofort wollte ich das fabelhafte Buch besitzen. Eine scheinheilige (und wahre) Rationalisierung flog mir umgehend zu: Dieses Werk war vergriffen, nicht mehr käuflich. Konsequenterweise musste ich es rauben. Denn Bücher ausleihen konnte ich noch immer nicht.

Das wurde ein denkwürdiger Nachmittag. Als ich mit der versteckten *History of Indian South Africans* durch den Detektor ging, schrillte es laut und eine Leuchtschrift über dem Ausgang blinkte aggressiv in den Lesesaal: »Please go back to the desk!« Während ich darüber nachdachte, warum mir das verfluchte Metallteil im Buch entgangen war, ging ich nicht zurück zum Schalter, sondern rannte vorwärts auf die Straße, mitten ins Gewühl des Abendverkehrs. Ein euphorisches Gefühl begleitete mich dabei. Noch immer.

Nein, bereut habe ich den Ausrutscher nicht. Ab und zu musste ich mich meiner Reflexe vergewissern. Ob sie noch immer blitzschnell abrufbar waren. Hinterher ließ der Druck nach, die kleine Eitelkeit war befriedigt, eine Zeitlang brauchte ich mir nichts zu beweisen.

Der Vorgang erinnerte mich an einen sogenannten »geheilten« Alkoholiker. Der wird unter normalen Umständen keinen Schnaps mehr anrühren. Aber die Instinkte, die Sehnsucht nach einem Dusel, die bleiben ihm ein Leben lang. So ähnlich funktionieren bibliophile Ex-Langfinger: Das Zucken geht nie ganz weg, erst recht nicht in mit Bücherwänden vollgestellten Räumen.

Ja, die asozialen Phasen kamen zurück. Trotz der Vorsätze. Sie brachen auch dann aus, wenn ich Wohnungen von Freunden betrat. Die Verpflichtung, jenen ihre Bücher wegzunehmen, die sie nicht liebten, war brennender als jeder Aufruf zum gemeinnützigen Wohlverhalten. In solchen Situationen fühlte ich wie einer, der Geiseln befreite. Der das gebundene Papier aus dem Sumpf verstopfter Schubladen rettete, sie von den Abdrücken ungewaschener Hände säuberte, ihre Risse verarztete, sprich klebte, sie einkleidete, sprich einband, sie in eine trockene Wohnung evakuierte, sie zwischen ihresgleichen aufstellte, sie anschaute, sie las, sie bewunderte. Andere adoptieren Kinder, ich adoptierte Bücher.

Wie absehbar: Solche Lieben gingen auf Kosten anderer. Solche Süchte hatten Nebenwirkungen. Nicht unbedingt die sozial löblichen. Je mehr ich las, desto weniger hörte ich zu. Präziser: Lieber schweigend einem Autor lauschen als Blabla reden und Blabla wahrnehmen. Bereits nach den ersten Sätzen eines Gesprächs überkam mich oft das niederschmetternde Gefühl, dass ich mich wiederholte und dass der andere es auch nicht besser konnte. Dass wir gerade dabei waren, uns gegenseitig unsere Lebenszeit zu ruinieren. Dass ich augenblicklich Nachrichten und Einblicke erfuhr, die mich nicht (mehr) mitrissen. Weil ich längst von ihnen gehört hatte. Dass ich nur noch die grelle Alarmlampe in meinem Kopf registrierte, die penetrant ein einziges Wort signalisierte: FLUCHT! Und dass ich den Rest meiner Aufmerksamkeit darauf konzentrierte, wie ich am schonendsten für uns beide diese Flucht antreten könnte. Richtung nächstes Buch. Da, wo (neue) Gedanken standen und die dazugehörigen Hintergedanken, da, wo ich ohne lebenszehrende Umwege an die Schatztruhe eines anderen herankam.

Dieses Verlangen, lieber zu lesen, als zu reden und zuzuhören, erinnerte mich an die Lust auf eine intellektuell harmlose Frau, bei der mich nichts anderes entflammt als ihr Körper. (Eine Zwischenbemerkung, als Beitrag zum Frieden unter den Geschlechtern: Wäre ich homosexuell, würde ich »Lust auf einen intellektuell harmlosen Mann« schreiben. Schon als Minderjähriger bin ich zu der unausweichlichen Überzeugung gekommen, dass geistige Harmlosigkeit schonungslos gerecht auf Männer und Frauen verteilt ist.) Nun, um an diesen appetitlichen Leib heranzukommen, hätte ich reden müssen, balzen, Verständnis nicken, mein Ohr leihen, wieder reden, wieder mich anpreisen.

Ein Dilemma für alle erotisch anrührbaren Bücherwürmer: Ein formschön gewachsener Körper, der Wohlgeruch und Geheimnis verspricht, ist mindestens so verlockend wie ein formschön-geheimnisvolles Buch. Da brechen zuweilen innere Zwiste aus, die Kopfweh machen. Hin zum Leib? Hin zum Geist? Wohin?

Karma, die indische Lehre von Ursache und Wirkung, hat einen langen Atem. Der Täter mag seine Taten bereits vergessen haben, das Karma vergisst nie. Es ist unfehlbar nachtragend. Ob das stimmt, ob es eine ausgleichende Gerechtigkeit gibt? Ich zweifle. Aber im vorliegenden Fall klingt sie einleuchtend. Denn nun beginnt der letzte Teil der Geschichte eines Diebs. Der Teil, an dem auch ich Zahltag hatte. An vielen Tagen, in vielen Nächten. Die unheimlichen Kräfte, jetzt brachen sie los.

Es passierte in einer Herbstnacht in Paris. Es war kurz nach vier Uhr früh, ich wachte auf und konnte mich nicht mehr bewegen. Vor Kurzem war ich zum 53. Mal in meinem Leben umgezogen, mein Futon lag noch zwischen den Bücherkartons. Ich hatte Schwierigkeiten, mich zu orientieren. Mein erster Blick fiel auf Pappe, dann auf die weit über zwei Meter hohen und fünf Meter langen Bücherwände. Ich registrierte, dass der Drang zur Toilette mich geweckt hatte. Und ich fühlte sofort, dass es dorthin zu weit war. Beim geringsten Versuch, mich aufzurichten, strahlte ein gemeiner Schmerz die Wirbelsäule hinunter. Schweiß sammelte sich auf meiner Stirn.

Mehrere Versuche scheiterten. Ein *Missile* schoss durch meinen Oberkörper, sobald ich ihm die geringste Bewegung zumutete. Da ich den Gedanken nicht ertrug, wie ein armseliger Krüppel bis ans Ende meiner Tage liegenzubleiben, rutschte ich – Hintern voraus – zum Telefon. Und rief den Notarzt.

Wie viele Notärzte wusste der Mensch nicht Bescheid. Aber er hatte eine Spritze dabei, die er mir verpasste. »Sie müssen entspannen«, meinte er und schrieb einen Scheck aus. Ich war sprachlos vor Dankbarkeit, mein Gesicht trocknete, mein geretteter Leib schlief weiter.

Ich hatte nichts begriffen. Nach genau dreizehn Tagen lag ich wieder da, stocksteif, in die Nacht wimmernd, um Hilfe flehend. Ein anderer Doktor kam, er hatte neben der Spritze immerhin eine Empfehlung parat: »Gehen Sie zu einem Spezialisten.«

Ich ging nicht. Ich flog, musste verreisen. Längst war eine Reise mit einem schweren Rucksack geplant. Drei Wochen später, während meiner ersten Nacht zurück in Paris, starb ich. Zumindest dachte ich, ich sterbe. Diesmal heulte ich, so hinterfotzig umklammerte der Schmerz meinen Brustkorb. Wie ein wirbelloses Säugetier robbte ich wieder auf das Telefon zu und flüsterte meine Adresse hinein.

Der nächste Tag hätte ein Tag aus dem Leben von Monsieur Hulot gewesen sein können. Den Versuch, ein Taxi zu besteigen, um mich zum viel gepriesenen Professor G. zu begeben, musste ich abbrechen. Ich war unfähig, meinen Körper zu falten und ihn auf dem Rücksitz des Wagens Platz nehmen zu lassen. Kerzengerade und so bedächtig wie jemand, der die Berührung mit seinen vollgemachten Hosen vermeiden will, wanderte ich die drei Kilometer zur Arztpraxis.

Im Sprechzimmer kam es zum komischen Höhepunkt. Ich sollte mich auf der Liege ausstrecken. Was nicht ging, mein Körper verweigerte die aus dem Hirn eintreffenden Befehle. So hievten Arzt und Assistentin mich – unbeugsam wie ein Surfbrett – hinauf. Der Professor tastete über meinen schreienden Rücken und meinte trocken: »Was schleppen Sie ununterbrochen herum? Ihre Muskeln sind völlig verkrampft, kein Wunder, dass Sie brüllen.«

Die folgende Anamnese verlief unkompliziert. Da ich talentlos bin für alle körperlichen Arbeiten, gab es keinen Grund, nach einer Tätigkeit zu suchen, bei der ich mich verausgabt hätte. Abgesehen eben von jenen grausamen Tagen, an denen ich umzog, sprich meine Bücher umzogen. Ich besaß kaum Möbel, nur – inflationär anschwellend – Kisten voll bedruckten Papiers, in Paris genau sechsundachtzig. Ich ließ niemanden an sie heran. Nie. Die Furcht, dem Papier könnte etwas zustoßen, verpflichtete mich, sie allesamt allein und ächzend aus einer Wohnung, diesmal im dritten Stock, hinauszutragen und sie – wieder allein und ächzend – in die nächste, diesmal im zweiten Stock, hineinzutragen.

Missmutig blickte der Professor auf die Röntgenaufnahme meines verbogenen Rückens. Nicht zu übersehen: Das »S« war mein Karma, die Schreie aus meinen verwundeten Muskeln das unüberhörbare Signal, dass nun die Zeit der Buße gekommen war. Wie andere vor mir unterlag ich wohl dem unerbittlichen Gesetz des Samsara, von Versagen und Sühne.

Wieder bekam ich eine Spritze. Damit ich zumindest im Fond eines Taxis Platz nehmen und ein *Institut de massage kinésithérapeutique* aufsuchen konnte. Dort legte Madame L. ihre erfahrenen Hände auf meinen geschundenen Rücken, massierte ihn, verstaute ihn zuletzt fürsorglich in einer heißen Fangopackung. Nachdem sie mich mit dem strengen Auftrag verlassen hatte, die Augen zu schließen und zu ruhen, klappte ich leise ein Buch auf. Hier las ich und konnte nicht anders. So gibt es Drogen, die einen ruinieren und zugleich das Leben retten.

Der verbogene Rücken, der gehörte mir nun, bis zur letzten Buchseite meiner irdischen Existenz. Der Professor versprach, die Schmerzen zu lindern, Wunderheilungen jedoch wären nicht möglich. Mit keinem Wort erwähnte er eine neue Wirbelsäule.

Ich hatte zu viele Sünden angesammelt, zu viele Bücher unbezahlt an der Kasse vorbeigetragen, als dass ich damit – mit Schreien und Flüstern ein paar Nächte lang – davongekommen wäre. Neue Flüche trafen ein. So vehement, dass ich um meinen Verstand fürchtete.

Rabiate Zwangshandlungen setzten ein. Systematisch fing ich an, jedes meiner Bücher durchzusehen. Plötzlich störte mich die geringste Beschädigung, ein winziger Riss in einer Seite, ein lockeres Blatt, Flecken auf dem Vorsatzpapier, ein nicht tadellos sitzender Bundsteg. Schon ein Eselsohr verschaffte mir körperliche Pein. Da ich nicht weiterleben konnte, ohne dieses Malheur aus der Welt geschafft zu haben, sammelte ich alle reparaturbedürftigen Exemplare ein und schleppte sie – waschkörbeweise, per Mietwagen und mit stechendem Rücken – zu einem Buchbinder.

Schwerste Fälle wuchtete ich zur Post, um sie zur Spezialbehandlung nach Deutschland zu schicken. Dort hatte ich eine Werkstatt ausfindig gemacht, die auf Hysteriker spezialisiert war. Wahre Buchbinder-Weltmeister, nie verweigerten sie ein Anliegen. Drei Truhen schickte ich an einen Spezialbetrieb in Leipzig, um die braun gewordenen Blätter Hunderter Folianten »entsäuern« zu lassen. Damit nicht irgendwann das Papier zerbröselte. Dass manche Reparatur fünfmal mehr kostete als eine Neuanschaffung, sei am Rande bemerkt. Aber viele Bücher waren vergriffen. Zudem wollte ich meine Anmerkungen retten. So schienen mir das viele Geld und der 1600 Kilometer lange Umweg allemal gerechtfertigt. Zuletzt: Ein neues Buch drohte ebenso schlampig geklebt oder gebunden zu sein wie jenes, das ich bereits besaß. Es genügte, wenn ich verfiel, meine Bücher sollten frisch aussehen und strahlen.

Die Narreteien hörten nicht auf. Eines Morgens wollte ich mir einbilden, dass jedes Buch einen Umschlag verlangte. Also orderte ich fünfzig Rollen speziell zu diesem Zweck vorgesehener Plastikfolie. Plus fünf Kilo weißer selbstklebender Streifen, um die Verbindung von Deckblatt und Bundsteg zu verstärken. Plus zwei Quadratmeter Schmirgelpapier, um die dunkel gewordenen Seitenränder wieder hell zu polieren. Und ich gab eine Annonce auf, ein geschickter Arbeitsloser sollte mich kontaktieren. Um mitzuhelfen beim Einbinden der Tausende von Buchdeckeln. Und beim Kleben der Streifen. Und beim Schmirgeln der Flecken. Der Mann kam. Und wir banden und klebten und schmirgelten, einundfünfzig halbe Nächte lang. Ach ja, gestempelt wurde auch: »*Exlibris Andreas Altmann*«, das musste ebenfalls sein. In jedem Buch, ganz vorne.

Kaum trafen die Kisten mit den reparierten Bänden ein und kaum war die 51. Nacht vorüber, schlug mein Kismet wieder zu. Undenkbar, die jetzt so gut aussehenden Bücher auf ein abgewetztes Bücherregal zurückkehren zu lassen. Ich hörte sie nach einem neuen Modell rufen. Dass ein auf rumänischen Gefängnishöfen gekleistertes Ikea-Gestell dafür nicht in Frage kam, verstand sich von selbst. Ein Pariser Schreinermeister musste her, um eine (sündteure) Maßarbeit zu zimmern.

Die Gnadenlosigkeit hörte nicht auf. Tage, nachdem der Bücherberg eingeräumt war, bemerkte ich, dass mir die Farbe nicht gefiel. Also räumte ich die hundert Meter wieder leer und bat einen Maler, die Regale anders zu streichen.

Mein Karma lief zu seiner Höchstform auf, von meinen Büchern ging jetzt der nackte Terror aus. In den finstersten Momenten hielt ich mich für eine Wiedergeburt des wahnsinnig gewordenen Dr. Peter Kien aus Elias Canettis einst wild verschlungener (und zweimal gestohlener) *Blendung*.

Mit dem Föhn trocknete ich die Farbe, um so schnell wie möglich wieder ein »normales« Leben führen zu können. Schweißtropfend und von allen Gliederschmerzen gejagt, trug ich ein zweites Mal den Bücherberg ab, der von der Küche bis ins Arbeitszimmer im Weg stand.

Aber ich hatte noch nicht genug gesühnt. Noch einen Spalt weiter öffneten sich die Pforten des Irrsinns. Nach einer halben Woche bemerkte ich, dass die neue Farbe die falsche und dass die erste die absolut richtige gewesen war. Ich begriff, dass aller fürchterlichen Dinge mindestens drei waren. Noch einmal schichtete ich meine Wohnung voll. Und behielt die Nerven. Denn anders als Kien setzte ich mich nicht auf den Papierberg und zündete ihn an, sondern wählte gefasst die Nummer von Monsieur Afridi. Und der geduldige Afrikaner fing von vorn an. Der Mensch war höflich, nie ließ er sich zu einer Bemerkung über meinen Geisteszustand hinreißen.

Irgendwann stoppte die Schleuder, präziser: sie verlangsamte. Der Orkan ließ nach, ich kam wieder in die Nähe einer überschaubaren Existenz. Erdbebengefährdet blieb ich weiterhin, aber die Rachegöttinnen begruben mich nicht mehr unter einem Wirbel rasender Aktivitäten zur Verschönerung meiner Bücherwelt. Ich lernte, als Behinderter zu leben. Klar, die Höchststrafe schien noch immer möglich: als Buchhändler wiedergeboren zu werden, der hilflos zuschauen muss, wie Halunken seine Bestände dezimieren.

Der kleine Wahnsinn richtete sich bei mir ein, der schon. Aber ich wusste mit ihm umzugehen. Ich besorgte mir einen Erste-Hilfe-Kasten mit Spezialleimen, Isolierbändern, Schneidwerkzeugen und verschieden feinen Schleifpapieren. Um allen frisch verwundeten Büchern sofortige Linderung verschaffen zu können. Selbstverständlich wurden alle neu gekauften Werke auf Fadenheftung oder Klebequalität überprüft. Jedweder Mangel wurde noch vor der ersten Lektüre behoben. Von mir oder einem Fachmann. Nebenbei suchten sieben Antiquariate nach Büchern, die ich verloren hatte und ohne die zu leben ich mir nicht vorstellen wollte. Kamen die modernen Zeiten, suchte ich über das Internet. Dass eine Sekretärin für sechs Tage antreten musste, um gemeinsam mit mir alle Titel der Bibliothek plus Autoren in den Computer zu tippen, auch das schien auf einmal unaufschiebbar. Um die Übersicht nicht zu verlieren, um ein gesuchtes Buch schneller zu finden.

Konnten Freunde mich tatsächlich überreden, ihnen ein Buch zu leihen (oft kaufte ich ihnen ein neues, um der Bedrohung auszuweichen), so erhielten sie mit dem Buch eine Gebrauchsanweisung, oberstes Gebot: »Händewaschen vor dem Benutzen.« Sie lachten, sie ahnten nicht, was ich hinter mir hatte.

Ein letztes Wort: Vor nicht langer Zeit las ich im *New Yorker* eine Geschichte von Amos Oz. Der israelische Schriftsteller erzählte, wie ihm der Vater beim Sortieren seiner Kinderbibliothek geholfen hatte. Die für den Jungen so überraschende Pointe: Der kluge Erwachsene arrangierte die Bücher auf verschiedenste Weise, einmal nach Themen, einmal nach Titeln, dann in ihrer zeitlichen Entstehung oder alphabetisch, oder eben nach Autoren, nach Größe, nach dem Namen des Verlegers. »Das«, so Amos Oz, »war der Augenblick, in dem ich zum ersten Mal begriff, dass das Leben voll verschiedener Möglichkeiten war. Dass so verschiedene Logiken in der Welt existierten. Dass alles von einem anderen Blickwinkel aus betrachtet werden konnte.«

Mir verhalf meine Bibliothek, die Mühsal, sie anzuschaffen, und die noch elendere Mühe, sie so oft wie möglich in meiner Nähe zu wissen, zu einer anderen Erkenntnis: dass von einer Leidenschaft getrieben zu werden ein einzigartiges Privileg ist. Dass wohl nichts Trostloseres existiert, als ohne feurige Hingabe seine Tage hinter sich zu bringen. Selbst in jenen Nächten, in denen ich vor Schmerzen winselnd am Boden lag, selbst dann, wenn ich fürchtete, wegen einer pathologischen Zwangsneurose im Irrenhaus zu enden, hätte ich die Verursacher dieser Marter nicht verraten. Leidenschaften verlangen eben einen Eintrittspreis, auch das hatte ich begriffen. Und, noch eine Einsicht: dass mein Beitrag, alle Foltern eingeschlossen, wenig genug war. Denn Bücher behüteten und behüten mein Leben. So innig, so beharrlich.

DER TRIP

Kurz nach 18 Uhr läutete ich bei Ben. An einem kalten Oktoberabend feierte er seinen Geburtstag. Ich war eingeladen, ich war der einzige Gast.

Es gab nichts. Nur ein Löschblatt mit zwei winzigen Portionen Lysergsäurediethylamid. Ben hatte versprochen, mich mitzunehmen auf einen LSD-Trip. Er verfügte bereits über einschlägige Erfahrungen, wohltuend und farbenfroh wären sie gewesen. »Alles ganz easy, ich bin dein Guru«, meinte er und zog die Vorhänge zu. Später dachte ich oft an dieses Wort: *easy*. Weil Ben hielt, was er versprochen hatte. Nur leicht, leicht wurde nichts.

Mein Guru schluckte sofort. Bald fing er an, mit dem Kopf zu wackeln und vor sich hinzukichern. Ich ließ mir Zeit, trank einen Tee und wartete auf die Dunkelheit. Als sie kam, dämpfte sie meine Skrupel. Wie erwartet. Es war das erste Mal, dass ich ein Halluzinogen nahm. Andere Drogen kannte ich. Die vom LSD produzierten Halluzinationen jedoch, so hörte man, taugten für eine Himmelfahrt oder einen Abstecher in die Hölle. Die weniger Gefährdeten blieben auf der Erde, heiter beschwingt und unerreichbar für alle Exzesse. Ich zögerte, ich fühlte mich gefährdet.

Bei Anbruch der Nacht hatte ich mich überredet. Ich spülte die paar Milligramm farbloser Masse hinunter und legte mich auf den Boden. Ben gab Anweisung, »nichts zu machen«. Ich machte nichts, lag nur still und horchte. Jetzt war ich bereit.

Nach dreiundzwanzig Minuten ging es los. Wellen zitterten unter meiner Haut. Wie eine zarte nächtliche Pollution, nur fortdauernd, ohne Höhepunkt, ohne Aufwachen. Eine friedliche Wollust wogte durch meinen Körper. Er schien nun offen, keine Angst blockte, kein noch so vertrauter Bauchschmerz, der sich ihm in den Weg stellte. Ich begann zu weinen. Ben legte Vivaldis *Vier Jahreszeiten* auf, noch ein Katalysator. Ich sah mein Herz aus der Brust fahren und über den Lautsprechern schweben, sah es beseelt und durchflutet von italienischer Musik. Ich gab mich vollkommen hin, vernahm nicht den leisesten Aufruf, dieses kitschige Bild zu vertreiben.

Die Empfindungen wurden drängender, besitzergreifender. Jetzt kamen die Aufrufe, etwas dagegen zu unternehmen. Ich war offensichtlich nicht fähig, ohne Gegenmaßnahmen Glück auszuhalten.

Ich richtete mich auf und dirigierte. Das half. Sitzend und in Bewegung konnte ich solche Zumutungen ertragen. Ich barst vor Wohlbefinden, zerfloss, kroch nach Bleistift und Papier. Ich wollte schreiben. Was scheiterte. Weil es nichts zu sagen gab. Weil ich plötzlich einverstanden war, hemmungslos einverstanden. Ohne Zaudern vor den Bedrohungen eines unverdienten Glücks schlitterte ich in eine namenlose Wonne. Ich liebte und wurde geliebt, ich existierte, ich dauerte.

Bis zum Umzug in die Hölle. In Bruchteilen von Sekunden, ohne Zwischenstation. Aus meiner linken Hosentasche schoss eine Stichflamme. Ich griff hinein und zog meine glühende Uhr hervor. Schmerzbrüllend ließ ich sie fallen. Ein Blick auf das Bücherregal gab letzte Gewissheit: FEUER! Die lichterloh brennende Wohnung. Ich stürzte zur Tür, verschlossen. Hinter mir die gierigen Flammen. Rüber zum Fenster, es aufreißen und springen. Vergeblich, denn eine energische Hand hielt mich fest. Sie gehörte Ben, dem Guru. Ich hatte ihn längst vergessen:

»Lass mich. Siehst du nicht, dass die Wohnung brennt?«
»Nichts brennt, nur dein Hirn brennt. Du bist auf dem Horror gelandet, das ist alles.«

Mir fehlten die Nerven, um diesen Ignoranten von der Gefahr zu überzeugen, in der wir uns befanden. Ich rannte zurück zur Tür. Als ich nach dem Griff fasste, wurde aus dem Ausgang ein Felsblock. Meine Hand verschmolz mit den Gesteinsmassen, die sich nun Stück für Stück ins Zimmer schoben. Auf der anderen Seite loderten die Bücher. Apokalyptische Panik schüttelte jetzt meinen Körper. Ich riss meine Hand aus dem Felsen und fiel vor Ben auf die Knie. Hündisch vor Angst flehte ich ihn an, die Tür zu öffnen. Er gab nach und schob die Brocken zur Seite. In schierer Todesangst, noch im Treppenhaus von den einstürzenden Mauern begraben zu werden, jagte ich gebückt hinunter.

Unten auf der Straße warf ich mich auf den Boden, da noch immer die Möglichkeit bestand, von splitternden Dachbalken erschlagen zu werden. Ich robbte so lange, bis ich ein Haus entdeckte, das nicht brannte. *Daydreaming* stand auf dem Schild, darunter *Discothèque*. Ich richtete mich auf, die Feuersbrunst lag hinter mir. Ich ging hinein, die Tanzfläche war leer. Cilla Black sang und ich empfand ein heftiges Verlangen, mich zu bewegen. Ich begann zu tanzen, meine Kräfte kamen zurück. Sogleich war ich der Star und fühlte die fordernden Blicke der Frauen. Bis ich eine Stimme in mir hörte, die mich schadenfroh an meinen hässlichen, abstoßenden Leib erinnerte. Bruchstücke meiner Kindheit schwemmten nach oben. Ich stoppte und empfand nur Scham, gräuliche Scham.

So übermächtig kam die Reue, dass es besser schien, mich auszulöschen, jedenfalls besser, als ein lächerliches Dasein bis zu seinem lächerlichen Ende zu ertragen. Dennoch, auf dem Weg zur Bar kamen die Zweifel. Sterben ist grässlich. Diese Einsicht geschah in dem Augenblick, als ich *neben* dem Horrortrip stand und gleichzeitig wusste, dass ich mich *mittendrin* befand. Ich beschloss, mir noch ein paar Minuten Bedenkzeit zu geben.

Auf der Theke stand eine Flasche Perrier. Ich setzte an und stieß sie entsetzt zurück. Wie Granitgeröll donnerte der erste Schluck durch meine Speiseröhre. Ein böser Gedanke schoss durch mein Gehirn: dass ich an den ersten Rändern des Wahnsinns entlangdriftete und nicht mehr entkommen würde. Ich dachte an Geisteskranke, die wohl ähnlich fühlen mussten. Weil sie im Kopf gefangen waren und keine Chance hatten, ihren eigentlichen, den vernünftigen, Geisteszustand mitzuteilen. Mir fielen die armen Teufel ein, die lebenslänglich und unrettbar lang durch die Abgründe eines ruinösen Trips dämmerten.

Ich musste aus dieser verrückten Existenz heraus, fasste nach meiner pelzigen Gesichtshaut, massierte sie, wollte Leben in sie hauchen, organisierte mit rabiater Willensanstrengung mein Sprachzentrum, spürte den kalten Schweiß dieser Mühe und stammelte nach mehreren grunzenden Versuchen die Wörter: »Einen Arzt, bitte.«

Niemand, den mein Flüstern erreichte. Wahrscheinlich kamen die Worte so zäh und langsam, dass jeder Zusammenhang verloren ging, mein Notruf nicht anders klang als das vertraute Gelalle der zahlreich anwesenden Trunkenbolde.

Die Depression kehrte zurück. Und blieb. Warum also warten? Ich fasste nach dem Messer, das sich auf dem Teller mit den Zitronenscheiben befand. Mit konfuser Gebärde führte ich es Richtung Herz. Der Orientierungssinn war mir inzwischen abhandengekommen und plötzlich wurde aus dem Messer ein sperriges Schwert. Ich musste nachdenken, um die geeignete Stelle für den Stich zu finden. Ich fand sie nicht. Auch war nicht genügend Zeit, denn ein Gesicht tauchte vor meinen Augen auf, ich ahnte, dass es zu dem Mann gehörte, der mir die Klinge aus der Hand schlug. »Kretin, besoffener«, rief er, aber sein Mund war schon sekundenlang zu, als ich endlich den Sinn des einfachen Satzes begriff. Dann spürte ich die Hände des Barmanns an meinem Kragen. Er packte zu und schleifte mich hinaus. Dass es mir draußen die Beine wegriss, war nicht mehr die Schuld des Dicken. Er schob nur an, den Rest besorgte das LSD.

Jetzt begann der nächste Teil der Reise. Ich flog auf das Trottoir und schleuderte in einen Spiralnebel. Nur Augenblicke waren nötig, um ein halbes Dutzend Milchstraßen zu durchqueren. In der Stille und Einsamkeit vernahm ich dröhnend meinen eigenen Herzschlag. Diesmal gab es keinen Grund zu zögern, sofort überwältigte mich der Wunsch, mich zu vernichten. Um kein Bewusstsein mehr zu spüren. Um nicht länger so viel Verlassenheit und Nacht standhalten zu müssen. Aber hier war nichts, das mich eliminieren, das mich hätte befreien können. Ich war allein, Mittelpunkt einer von Sprache und Denken unfassbaren Leere. Der Horizont war schwarze Dunkelheit, durch die ich mit Lichtgeschwindigkeit raste, fort von Liebe und Hass, fort von Anfang und Ende, fort von Leben und Tod, fort von jedem Gegenstand der Welt, ohne Unten und Oben, ohne Vorwärts und Rückwärts, preisgegeben an tausend Dimensionen. Und es war still, kosmisch und unmenschlich still.

Zwischenlandung auf der Erde. Zusammengekrümmt und mit zehn an das Gitter einer Hofeinfahrt festgekrallten Fingern fand ich zurück zu einem irdischen Bewusstsein. Ich lachte hysterisch vor Freude, erkannte gleichzeitig, dass ich handeln musste, dass ich so lange in Gefahr schwebte, wie die Droge ihre Weltraumflüge nicht einstellte. Doch die Erkenntnis war wertlos. Auch mein kindischer Versuch, mich festzuhalten, um nicht wieder hinaus in den schwarzen Himmel zu segeln, erwies sich als vergeblich. Um Hilfe winselnd jagte ich zurück.

Irgendwann hatte ich Glück. Bei meiner nächsten Ankunft in dieser Seitenstraße der Millionenstadt sah mich jemand das verrostete Gitter loslassen und auf allen Vieren über den Bürgersteig kriechen. Er sah mich, ich sah ihn. Es war kalt und ich war barfuß und wimmerte. Das muss ein seltsames Bild gewesen sein. Der Fremde telefonierte (so vermutete ich später) nach einem Unfallwagen.

Während wir mit einem lauten blauen Licht zur Klinik rasten, erzählte ich dem Sanitäter ein Dutzend Mal, wie ich hieß, wie alt ich war, wo ich wohnte. Immer wieder. Den Tipp hatte ich von einem Junkie. Ein simpler Trick, um die zerebralen Fähigkeiten zu reaktivieren und die Verbindung zur Welt zu halten. Der Mann nickte teilnehmend, auch nach der letzten Wiederholung. Er war der erste Mensch, der mir nach einer langen Reise zuhörte. Er war wichtig.

Die Aponal-Spritze in den Hintern verstärkte die Anziehungskraft der Erde. Irgendwann schwebte ich sanft auf ein Krankenhausbett. Noch schwirrten Dinge durch den Raum, noch sah ich Höhen und Tiefen, Geraden und Kurven in dem sonst so kalten Plastikboden. Er bewegte sich. Aber seine Hässlichkeit beruhigte. Langsam wich der Druck aus meinem Schädel. Mit jeder Sekunde wurde ich froher. Wie einer, der sein Leben zurückbekam.

DER SCHREI

Fünf Uhr morgens: Ankunft in Algier, Busbahnhof. Es ist noch dunkel. Zweitausend Kilometer lang zog sich die Strecke quer durch die Sahara, von Süden nach Norden. Schweiß klebt auf meiner Haut. Ich wandere Richtung Stadtmitte. Ein paar Straßenkehrer, ein paar Hunde, die feuchte, salzige Luft. Am *Square Port Saïd* gibt es ein offenes Café, das *Grande Glacière*. Hier sei das Zentrum, erklärt man mir selbstbewusst. Ich bestelle einen Espresso und warte auf den Tag.

Schwierige Zimmersuche, überall Absagen, überall »complet«. Am frühen Nachmittag begebe ich mich ein zweites Mal zur *Rue Debbih Chérif*. Vielleicht habe ich jetzt Glück. Vielleicht ist der misslaunige Portier vom *Hotel Afrique* jetzt zugänglicher. Eine lausige Bude hat er heute früh in Aussicht gestellt. Da hinein will ich mich nun legen, drei nicht geschlafene Nächte nachholen.

Als ich in die Straße einbiege, sehe ich vor dem Hotel eine Menschenmenge stehen. Die wollen sicher alle mein Zimmer, denke ich noch verdrossen. Dann höre ich ihn zum ersten Mal, diesen grausamen, grauenvollen Schrei. Wochenlang werde ich von ihm träumen und mich wundern, wie jemand so schreien, so bestialisch schreien kann.

Das Unglück ist nicht zu überhören, nicht zu übersehen. Alle blicken hinauf, reden erregt aufeinander ein, deuten auf die Stelle, reden noch lauter, noch erregter. Aber keiner handelt, alle scheinen gelähmt, unfähig, auf dieses Schreckbild zu reagieren. Dort oben hängt sie, in Höhe des zweiten Stocks eines Wohnhauses. Genau gegenüber dem Hotel. Schönes altes Haus mit schwungvollen Balkonen auf jeder Etage, durchgehend die ganze Fassade entlang. Schwere Eisengitter mit je sieben teuflisch spitzen Zacken trennen die einzelnen Veranden voneinander.

Auf einer dieser Zacken steckt die Katze. Man sieht, wie sie den Rücken nach oben krümmt und die Pfoten in den Maschendraht krallt. Um Abstand zu halten und das Eindringen des Metalls in ihr Fleisch zu verhindern.

Auf dem Balkon stehen Farbtöpfe und eine Leiter. Durch die frisch gestrichenen Fensterrahmen sieht man ein paar Männer. Maler, die seelenruhig Wände vollpinseln, während ein paar Meter weiter eine Katze ihren Todeskampf austrägt. Ich eile auf das Haus zu. Im selben Moment tritt ein Kind heraus, ein vielleicht zehnjähriger Junge. Ich zeige ihm das Tier und bitte ihn, in die Wohnung zurückzulaufen und die Leute aufzufordern, etwas zu unternehmen.

Der Junge versteht sofort. Von der anderen Straßenseite aus, mitten in der sich rapide vergrößernden Zahl der Zuschauer, sehe ich den Kleinen mit zwei Handwerkern auf den Balkon treten. Wie vermutet, wissen die Herren Bescheid. Man sieht ihre abweisenden Gesten und hört das wahrhaft animalische Schmerzensgebrüll der Katze. Ein abstoßend faszinierendes Bild. Als Jamel zurückkommt, hat er sechs Kinder im Gefolge. Wir reden kurz miteinander, dann stürmen wir das Treppenhaus hinauf. Ohne anzuklopfen, ohne einen Blick auf die Anstreicher zu verlieren, hasten wir durch die offene Wohnungstür, direkt hinaus auf den Balkon.

Die Katze lässt mich nicht an sich heran. Sie kämpft um ihr Leben und versteht wohl jeden Eingriff von außen als Verschlechterung ihrer Lage. Als ich nicht aufpasse, reißt sie mir mit der Vorderpfote über die rechte Handfläche. Seltsam, die Leute unten lachen jetzt.

Unsere linkischen Versuche scheitern. Hasserfüllt faucht sie uns zurück. Mit bloßen Händen ist dem Tier nicht beizukommen. Ich schicke drei der Kinder durch die Nachbarwohnung, die ebenfalls renoviert wird. Wir wollen von beiden Seiten attackieren. Eine Decke muss her. Unauffindbar. Als Notlösung ziehen wir ein altes Stück Tapete aus dem Müll. Die Kinder auf der anderen Seite sollen die Katze ablenken. Das klappt. Als sie den Kopf wendet, hülle ich blitzschnell das feste Papier um sie und packe zu. Aber die Katze lässt nicht los. Jetzt beginnt der eigentliche Kampf.

Alle vier Pfoten wie Anker in das Drahtgeflecht verkrallt, wehrt sie sich mit ungeheurer Kraft, aus ihrer Todesfalle befreit zu werden. Dass wir ihr beistehen wollen, ich sie wegziehen und nicht aufspießen will – soweit reicht ihr Katzenhirn nicht. Irgendwann bekomme ich sie am Bauch zu fassen und spüre, dass sie keinen Millimeter über der Metallspitze schwebt. Die in das Gitter verankerten Pfoten retten ihr folglich das Leben. Deshalb auch dieses rasende Verlangen, nicht loszulassen. Ließe sie los, würde sich das Eisen unaufhaltsam in ihren Körper bohren. Jetzt weiß ich auch, warum sie schreit. Es ist das hinausgebrüllte Wissen, dass ihr Widerstand nicht ewig halten wird, dass der mit barbarischer Anstrengung nach oben gespannte Bauch irgendwann nachgibt und sie sterben muss.

Wir beide geben nicht auf. Wobei mich die absurde Angst überkommt, ihr den Rumpf von den Füßen zu reißen, so stark sind Druck und Gegendruck. Ließe ich sie in diesem Augenblick los, die elend lange Eisenspitze würde wie ein Pfeil ihre Därme durchqueren.

Die fünf Jungs und zwei Mädchen sind clever. Rashid zieht sein Hemd aus und schlägt damit auf die Katzenpfoten. Das tut weh, aber verfolgt den richtigen Zweck: Druck machen, verwirren, zermürben. Bis das Tier tatsächlich – nach fünfzehn, zwanzig Hieben – aufgibt und loslässt. Und wir beide rückwärts zu Boden stürzen. Das muss komisch aussehen, denke ich noch. Und prompt kommt von der Straße der zweite Lacher.

Die Katze jagt über mich hinweg. Wahrscheinlich hat sie in der letzten halben Stunde den Verstand verloren. Auch ein so schmerzhaft wiedergewonnenes Katzenleben hat seinen Preis.

Als wir nach unten kommen, ist alles vorbei, der Stau hat sich aufgelöst, keiner blickt mehr nach oben. Die Kinder und ich gehen fröhlich auseinander. Dafür trägt eine schreiende Katze die Verantwortung. Außerdem habe ich ab sofort einen neuen Freund. Es ist Balaïda, der misslaunige Portier vom *Hotel Afrique*, der den Vorfall durch sein Fenster beobachtet hat. »Merci, Monsieur«, sagt er trocken und reicht wie selbstverständlich den Zimmerschlüssel.

TROUBLE IN SEOUL

Kampf ums Ticket, Gedränge, Platzmangel, endlich verlässt der Expresszug die Hafenstadt Pusan und zieht Richtung Seoul. Ich muss umdenken, bin noch verwöhnt vom Langmut und der Höflichkeit der Japaner. Hier ist das Leben strapaziöser, hier herrschen rauere Sitten.

Ankunft in der Hauptstadt. Kein einziges koreanisches Wort kann ich aussprechen. »An nyong haseyo«, heißt *Guten Tag*. Als ich es den Taxifahrern anbiete, schütteln sie ungläubig den Kopf. Ich will ins *Green House*, eine Jugendherberge. Unsere wenigen gemeinsamen englischen Vokabeln helfen uns nicht weiter. Bis der richtige Mann auftaucht, lässig nickt und eine Banknote zeigt. So viel soll es kosten. Why not.

Der Alte entpuppt sich als Fehlgriff, er hat keine Ahnung. Eine zweistündige Odyssee durch den Stoßverkehr beginnt. Dazwischen rechts ranfahren und Passanten anhalten. Doch das Wort »Youth hostel« will keiner kennen. Wer danach gefragt wird, kann es nicht fassen und hetzt weiter. Als wir endlich ankommen, ist alle Mühsal vergessen. Das *Green House* liegt im Grünen, dient als Trainingscamp für Taekwondo-Kämpfer. Doch während der Ferien steht es Reisenden zur Verfügung. Wie jetzt.

Duschen, hinaus zum Abendessen. Überall schiefe, verräucherte Kneipen, laut und voller Männer. In jedem Tisch ist in der Mitte ein Glutstock eingelassen, über dem die Gäste das Schweinefleisch grillen. Dazu gibt es Kohl, Rüben und kleine Gurken. Ist das Fleisch durchgebraten, wickelt man es in Sesamblätter und tunkt die kleinen Portionen in Schalen mit verschiedenen Saucen. Jeder trinkt dazu Soju, einen Branntwein, der sanftmütig blau macht.

Selig wanke ich hinaus. Es vergehen keine zehn Minuten und ein Mann spricht mich an. Koreaner, Anfang vierzig, elegant gekleidet. Ich zögere, er ahnt, dass ich ihn als Männerfreund missverstehe. Er klärt die Sache, indem er ohne Umwege fragt, ob ich »a need for a girl« hätte. Wie gewählt er sich ausdrückt, denke ich noch. Und sage Ja. Kim nickt dezent. Er kenne den Weg, ich könne mich auf ihn verlassen. Verstohlen fingere ich nach meinen eingenähten Geldreserven. Noch immer an ihrem Platz. Ich entspanne.

Der Weg ist kurz. Links und rechts der Straße sitzen Bäuerinnen, die Obst und Gemüse verkaufen. Dazwischen ein paar Gasleuchten, sie spenden trübes Licht. Nach einer knappen Viertelstunde kommen wir an. *Shangri-La*, strahlt es über der Eingangstür. Das sind zwei Worte, die zum Phantasieren einladen. Irgendwo in Tibet soll dieser glückselige Ort liegen, erträumt und nie bewiesen, wahr und nicht wahr. Im Augenblick ist er wahr. Puffrosa beleuchtet liegt er in einer Seitengasse von Seoul.

Die Treppe hinunter. Unten ist es bereits dunkelrosa, viel Plüsch, in den Ecken stehen raffiniert arrangierte Sitzgelegenheiten, von außen nicht einsehbar. Wohliger Kitsch. Das Personal schwirrt mit winzigen Taschenlampen durch den Raum, um die Gäste wiederzufinden. Ein Musiker klimpert Keith-Jarrett-Arrangements.

Wir beziehen eines der fünf Séparées, das *Golden Island*. Mit Kerzenschimmer und samtbezogener Clubgarnitur, blitzsauber, die Spuren intensiver Vergangenheit lassen sich nicht einmal erahnen. Kim bestellt zwei Bier und den »Katalog«, ein Fotoalbum mit Portraits und (dezent bedeckten) Ganzkörperansichten. Zur Auswahl. Kim entscheidet sich für »Rose« und rät mir zu *number five*, zu »Tul-pi«. Ich bin ein ahnungsloser Tropf und sage wieder Ja.

Wie erfreulich, als zwei charmante junge Frauen erscheinen. Kein Nuttengeruch, keine grellen Gesichter, keine routinierte Anmache. Mühelos gelingt uns vier ein beschwingtes Geplapper. Bald die ersten zärtlichen Flüstertöne, bald das Einatmen von milchweißer Haut, bald die ersten wangenzarten Berührungen.

Kim hat es eilig und zieht sich mit seinem Mädchen zurück. Ins Nebenabteil, an dessen Tür jetzt eine blau schimmernde Lampe signalisiert, dass das dahinter liegende Bett ab sofort belegt ist.

Tul-pi und ich bleiben. Die Frau ist gekauft und wir tun, als wären wir heftig ineinander verliebt. Die Nähe, die Küsse, die Sanftheit, alles gelingt. Wie von den Göttern choreographiert, rücken wir näher. Zuletzt ein letzter leichter Ruck und Tul-pi sitzt auf mir. Shangri-La beginnt.

Als Kim zurückkommt, schlägt er ein Tanzlokal vor. Die beiden Freundinnen dürfen uns nicht begleiten, sie gehören zum Haus. Ich bin nicht wehmütig. Wie gut die hitzige Wärme tat und wie gut, dass eine nächste Aufregung wartet.

Kim ruft ein Taxi. Mein Kopf strudelt, jetzt dunkelblau vom Soju und dem schweren Bier. Die Fahrt dauert lange. Kim erwähnt einmal mehr, ich könne mich auf ihn verlassen. Wieder bin ich einverstanden, wieder kümmere ich mich nicht um Zeit und Orientierung. Mein nächster Fehler.

Wir kommen an, irgendwo am Fuße eines Wolkenkratzers. Wir betreten ein gesichtsloses Five-Star-Hotel, mit dem Lift in den achten Stock, wo sich der Nachtclub befindet. Doch die Bar sieht gut aus, geschmackvoll möbliert, eine Sechs-Mann-Combo spielt, auch hier diskrete Beleuchtung. Wir erhalten einen Fensterplatz, der Koreaner ordert unverzüglich Champagner, plus Austern und Obstplatte. Und für sich ein Mädchen. Ich tanze, rieche noch immer die Haut von Tul-pi an meinen Händen, spüre noch immer die vergangene Freude.

Um zwei Uhr früh will ich ins Bett. Der Tag war lang und anstrengend. Als ich mich von Kim verabschiede, wird der Mensch abrupt streng und laut. Ich hätte nun Zahltag, für alles, inklusive Getränke, Essen und Leihfrau. Die Geschäfte des Herrn Kim. Spendiert ein paar Won für zwei Bier im Billigpuff *Shangri-La*, um sich hinterher von mir seine teuren Dollarspesen finanzieren zu lassen. Aus instinktivem Misstrauen hatte ich von dem Schlemmerbuffet nichts angerührt, nur Mineralwasser getrunken.

Somit gibt es nicht die geringste Veranlassung, die geforderten 385 (dreihundertfünfundachtzig!) US-Dollar auf den Tisch zu legen. Eine delikate Situation. Der Koreaner ist aufgesprungen und hält mich am Arm fest. Verschreckt verzieht sich das Mädchen. Es ist gerade Tanzpause und wir haben etliche Zuschauer. Kims Stimme, jetzt massiv erregt, will wissen, ob ich den Verstand verloren hätte. Im Gegenteil, ich bin schlagartig nüchtern und suche fiebrig nach einem Ausweg. Das viele Geld ist gleich eine Woche reisen. Lieber zechprellen, als eine solche Lust gefährden. Ich schiele zum Aufzug und gehe los. Kim lässt nicht locker und geht mit. Eisern umklammert er mein Handgelenk und züngelt mehrmals: »Have you gone crazy, Mister Andrew?« Fast flehentlich klingt es, als könne er nicht glauben, dass unsere Spritztour ein so ungutes Ende nehmen würde.

Das Personal verständigt sich mit Blicken, man will kein Aufsehen, ein Ober folgt uns. Ich drücke sofort auf den Up-Knopf. Während wir warten, spricht Kim zornbebend auf den Chefkellner ein. Ich verstehe kein Wort und verstehe alles. Langsam kriecht der Fahrstuhl nach oben: 1 … 2 … 3 … 4 … 5 … 6 … 7 … 8, ich stürze hinein und presse den Daumen auf *Ground Floor*. Kaum hat sich die Tür geschlossen, hängen die beiden Koreaner wie Klammeraffen an meinem linken und rechten Arm. Der Lift ist so eng, dass wir wie eingefroren verharren. Nur die Stimmbänder der beiden bewegen sich, unisono und schrill kläffen sie zu mir hoch.

Mein dröhnendes Herz. In der fünften Etage bleiben wir stehen. Jemand will zusteigen und zuckt erschreckt zurück. Weiterfahrt ... 4 ... 3 ..., wieder Stopp. Der Lift rührt sich nicht mehr. Zwischen drittem und zweitem Stock hängen wir fest. »We got stuck«, meckert Kim schadenfroh. Wütend haue ich mit dem rechten Fuß auf *Close Door*, beim vierten Mal funktioniert das tatsächlich, wir ziehen nach unten. Als sich endlich die Tür öffnet, sind es noch knapp fünfzehn Meter zum Hotelausgang. Ich zerre mich zum Lift hinaus, reiße mich los, packe mit einer blitzschnellen Bewegung die Schultern des Oberkellners und stoße den Kleinen zurück in den Fahrstuhl.

Das war der einzig klare Gedanke, den ich die acht Stockwerke hinunter fassen konnte: die halbe Portion zuerst abfertigen, um frei zu sein für den Geschäftsmann, das Mittelgewicht. Jetzt treibt mich die Angst an, Angst, die nicht einschüchtert, nur ansporn. Mit den Händen bilde ich eine Doppelfaust und ziele auf Kims Brust. Ich erwische ihn nicht voll, rutsche seitlich ab. Immerhin taumelt Kim, ich nutze seine Verwirrung und fahre blitzschnell mit beiden Armen unter seine Achseln, lifte den ganzen Leib und drehe uns beide um die eigene Achse. Als die Fliehkraft stark genug ist, lasse ich los. Kim segelt, erwischt mich aber noch am offenen Kragen. Während er wegschleudert, reißt er mir Hemd und Haut auf. Fünf Knöpfe und der Koreaner fallen zu Boden.

Eine knappe Minute hat unser Auftritt gedauert. Der Kellner hat sich inzwischen nach oben verflüchtigt und von den Leuten an der Rezeption kommt keine Hilfe. Für niemanden von uns. Vier träge Geschöpfe, luxuriös gekleidet, sehen gleichgültig herüber. Ihre Gleichgültigkeit hilft, ich stürze los, will fort sein, bevor Kim auf die Beine kommt.

Ein letztes Hindernis. Als ich im Sturmschritt hinausrenne, betritt im selben Augenblick ein Paar die Halle. Unser Timing stimmt nicht. Wir prallen zusammen, aus gehetzten Augenwinkeln sehe ich die Lady auf dem Teppich landen. Sorry, Ma'am, aber für die Hohe Schule vollendeten Benimms ist gerade keine Zeit.

Den Bürgersteig hinuntersprinten. Hundert Meter weiter zwingt die Anwesenheit eines Polizisten zu einer langsameren, weniger verdächtigen Gangart. Dann weiterpreschen, dann links in einen Hinterhof abtauchen. Stopp, die kochenden Lungen beruhigen. Erst als die Sinne wiederkehren, bemerke ich die Dunkelheit. Klar, natürlich, ab zwei Uhr früh ist Seoul geschlossen, Ausgangssperre. Nur Nacht und Stille. Ein Wunder, dass ich auf meiner Flucht gegen keine Wand knallte, ja, noch verwunderlicher: mir überhaupt nicht auffiel, dass kaum Lichter brannten.

Jetzt ist es 2.20 Uhr. Meine Adresse habe ich längst vergessen und die achtlos eingesteckte Quittung für die bezahlte Übernachtung inzwischen verloren. Nur ein einziges Wort ist mir im Kopf geblieben: *Rotary*. Drei Silben, die an Europa erinnern. So heißt der Stadtteil, in dem das *Green House* liegt. Was tun? Acht Millionen Einwohner, Finsternis, sprachlos, orientierungslos, Ausgangssperre.

Weit entfernt höre ich Verkehrsgeräusche. Vorsichtig bewege ich mich darauf zu. Sichtweite drei Meter. Eine halbe Stunde später lande ich auf einer Kreuzung, schwenke die Arme. Tatsächlich hält bereits das erste Fahrzeug, ein Sattelschlepper. Ich klettere ins Führerhaus, sage »Rotary«, der Mann nickt nur und gibt Gas. Nach dreihundert Metern stoppen wir vor der ersten Straßensperre. Sieben Soldaten, drei Mann *Military Police*, zehn Maschinenpistolen, vier querstehende Jeeps, Stacheldrahtverhau. Der Fahrer zeigt seine Sondergenehmigung. Auf die Frage nach meinem Namen antworte ich mit amerikanischem Akzent. Amerikaner sind Freunde, wir können passieren.

Die Szene wiederholt sich, nur das Militär, die Straßenblockaden und Fahrer wechseln. Ich verteile meine Kaugummis. Die sind unübersehbar amerikanisch, wir haben freie Fahrt. Ins Leere. Angeblich ist immer dort, wo ich aussteige, *Rotary*. Alle sind hilfsbereit und alle haben keine Ahnung.

Zuletzt ein Lieferwagen. Diesmal dauert es länger. Immer, wenn wir anhalten, reicht mir der junge Kerl einen Beutel mit Strohhalm. Die kalte Milch neutralisiert den noch immer alkoholschweren Schädel. Nach der sechsten Tüte heißt es wieder: »Rotary!«. Ich bedanke mich und tapse los. Die Nacht ist noch immer so dunkel, dass jeden Moment die Chance besteht, in eine der zahlreichen Baugruben zu fallen. Doch plötzlich erinnere ich mich eines Details, denn in unmittelbarer Nähe der Jugendherberge hatte ich das sonderbare Schild einer Subway-Station bemerkt: Das Deckglas war zur Hälfte verschwunden, innen flackerte ein Neonlicht. Sonderbar, da es in dieser Gegend noch keine U-Bahn gibt, nur seit Jahren daran gebaut wird. Entdecke ich das Teil, bin ich gerettet.

Ein einsames, verbotenes Taxi fährt mit Standlicht auf mich zu. Ich muss mich hineinzwängen, da der Wagen schon voll besetzt ist. Die freundlichsten Mitfahrer der Welt. Vehemente Diskussionen. Rotary? Green House? Jeder weiß es und zeigt in eine andere Richtung. Dreihundert Meter weiter bin ich wieder allein.

Ich entdecke eine Polizeistation, weithin sichtbar durch einen hell leuchtenden, gelben Punkt über der Eingangstür. Ein friedlicher Ort. Auf dem Fußboden schlafen zwölf Leute, der Chef döst übernächtigt auf seinem Schreibtisch. »Youth hostel?«, wiederholt er unfassbar ratlos. Trotzdem ist er sofort bereit, nach etwas zu suchen, von dem er nicht weiß, wie es aussieht. Mit seiner mächtigen Taschenlampe führt er mich zurück auf die Straße. Suche mit System. Wir eilen zu verschiedenen Plätzen seines Reviers, wo sich das immer gleiche Ritual abspielt: Der Chef klopft an einen Holzverschlag, keine Hütte, eher eine Art geräumiger Sarg. Der Deckel öffnet sich und abwesend verschlafen streckt ein Polizist seinen Kopf heraus: »Anio«, fünfmal Anio, fünfmal Nein. Wir gehen zurück. Alle seine Außenposten hat er befragt, mehr ist um diese Uhrzeit nicht möglich.

Aber so viel Düsternis bringt Erleuchtung. Jedes Licht, und sei es noch so schwach, setzt sich hier durch. Auf dem Weg zurück zur Polizeiwache entfährt mir ein leiser Freudenschrei. Einen Steinwurf entfernt sehe ich dieses zerbrochene Schild, noch immer fahl und flackernd. Seit einer Stunde irre ich im Kreis. Der Milchfahrer hatte recht, sein Rotary stimmte.

Ich beherrsche mich, bedrückt bedanke ich mich bei Inspektor Lee Kee Kyu. Kein Wort von meiner Entdeckung. Besser, wenn die Polizei nicht weiß, wo ich wohne. Siehe Kim und Shangri-La, siehe Nightclub und Nachspiel.

Der Rest ist nur noch Routine. Das Schild, eine enge Gasse, ein Mauereck, märchenstill und schemenhaft liegen das *Green House* und sein Garten vor mir. Behutsam klettere ich über das verschlossene Tor. Drei schöne Sekunden lang. Nicht länger, dann sind sie vorbei. Als ich auf dem Rasen lande, blitzt der Strahl einer Taschenlampe in mein Gesicht:

»Ich habe auf Sie gewartet, Mr. Andrew, zwei Stunden lang.« Die ungewohnt ruhige Stimme Kims im ersten Zwielicht des Tages. »Und natürlich wissen Sie, warum, Mister Andrew.« Kim hat drei seiner Freunde mitgebracht. Drahtige Freunde, die cool und sichtlich entspannt neben ihm stehen. »Wie zum Teufel haben Sie mich gefunden?«, stottere ich. »Ach, nichts einfacher als das, Mister Andrew.« Voller Genugtuung wedelt Kim mit einem Stück Papier. Einer der Drahtigen setzt sich in Bewegung und hält es mir unter die Nase. Ich erkenne meine verloren geglaubte Quittung: *Paid for one night*, steht darauf. Und darüber *Green House*, die volle Anschrift und mein Name. »Wie kommen Sie dazu?«, frage ich nun doch erstaunt. Kim grinst genüsslich. »Meine alte Freundin Tul-pi, Sie erinnern sich sicher? Seit Jahren arbeiten wir zusammen. Ich bringe die Kundschaft und sie bringt das Geld.« Ich bin noch immer nicht auf dem Laufenden. »Ja und?«, frage ich genervt. »Mein Gott, muss ich es wirklich aussprechen, Mister Andrew? Wahrscheinlich waren Sie zu hitzig, jedenfalls fischte Tul-pi beim Liebesspiel den Fetzen aus Ihrer Tasche.« Jetzt wird es klar in meinem Kopf. »Ich verstehe, schon auf dem Weg zum Nachtclub hatten Sie meine Adresse?« Kims Kopf wackelt jetzt vor Glück. »So ist es, Mister Andrew.«

Manchmal wissen Verlierer genau den Zeitpunkt ihrer Niederlage. Und sie wissen den Grund: Tul-pi, die Schöne, die Gerissene, und Kim, der Zuhälter und Ganove, waren eben cleverer. Der Morgen graut. Ich zähle nach: dreihundertfünfundachtzig Dollar, cash.

DER COUP

Die Reise ist gepumpt. Wie so oft. Dieses Mal mit fünftausend Mark Schulden nach Asien. Mit der Transsibirischen Eisenbahn durch Russland, auf dem Schiff nach Japan und Korea. Knapp zwei Monate sind wir nun unterwegs und der Gedanke lässt sich nicht mehr verdrängen: Wenn ich zurück nach Europa komme, ist Zahltag. So ist es versprochen und ich will Wort halten.

Als die Boeing 747 auf dem *Kai Tak*-Flughafen landet, beginnt der Countdown. Hier in Hongkong ist unsere letzte Station. Fünf Tage sind jetzt Zeit, um nicht mit leeren Händen nach Hause zu fliegen. Diese Stadt hat eine Menge krimineller Energie. Das macht die Sache leichter. Die Möglichkeiten, unbefugt an Geld zu kommen, sind durchaus vorhanden.

Cathy und ich wohnen auf dem *Mount Davis*, im äußersten Eck von Hongkong Island. Ganz oben steht eine Jugendherberge. Mit zehn versauten Toiletten und einem nächtlichen Paradiesblick auf das lichterglitzernde Meer. Typisch Hongkong, Himmel und Fegefeuer liegen haarscharf nebeneinander. Blühende Frauen und sabbernde Irre, stinkende Hitze und wohltemperierte Restaurants, plärrende Kofferradios und die Weihrauchstille buddhistischer Klöster.

Nichts, was ich sehe, lässt mich unberührt. Alles, was ich registriere, durchläuft in meinem Hirn ein bestimmtes Raster: Eignet sich dieses Haus, dieser Platz, diese Straße, um gesetzwidrig und erfolgreich tätig zu werden? Wo befindet sich der rechte Ort, um Unrecht zu tun? Wo wartet eine reelle Chance, um sich unbürokratisch und zügig zu bereichern?

Das Unternehmen macht nur Sinn, wenn ich professionell arbeite. Rudel von Ganoven sind in dieser Stadt zugange. Alle auf dem Sprung nach dem schnellen Geld. Aber viele schludern. Mit Endstation Wasser und Brot. Verbrechen ist hier ein anstrengendes Geschäft. Die hiesige Polizei gilt als brutal und effizient. Jedes Alibi ist grundsätzlich verdächtig, jeder grundsätzlich Täter. Ich lerne den Satz auswendig, um mich beharrlich daran zu erinnern.

Ich gestehe, hinter aller Notwendigkeit lauert ein starkes Gefühl: die Sucht nach dem Stachel, das Spiel mit der Angst. Immer wieder diese innig gesuchten Momente des schnellen Herzschlags. Diese Lust auf Abwege, dieses geradezu kindische Vergnügen, »böse« zu sein.

Ich gehe nicht über Leichen. Aber über Leichtverletzte, das schon. Denn verbotenes Geld – genauer gesagt, der Weg dorthin – hat einen berauschenden Geruch. So sind die fünf Riesen nur äußerer Anlass, nur die brauchbare Rationalisierung einer ungesetzlichen Tat. Etwas, mit dem ich mich meines Lebens vergewissere. Das Risiko als Lebensversicherung, wie schwindelerregend wahr.

Nach vier Tagen entscheide ich mich für den Tatort. Bisher favorisierte ich das Hafenviertel *Aberdeen* mit seinen Dschunken und Sampas. Dort gibt es eine Menge Gassen, verwinkelt, verwirrend, irreführend. Genau richtig – und doch: zu betriebsam, nicht diskret genug, keine zwanzig Sekunden ohne lästige Menschenaugen.

Viel einsamer, viel leerer scheint – seltsam nur, dass es mir nicht eher auffiel – die schmale Straße hinauf zum Mount Davis. Als ich am vorletzten Abend die Strecke mit dem Taxi nach oben fahre, trifft mich die Entdeckung wie ein *Satori*: Hier ist es. Hier ist es finster, verlassen, versteckt hinter Felsen und Sträuchern.

Cathy bekommt einen Heulkrampf. Morgen soll die Sache steigen und ich ändere noch um Mitternacht Schauplatz und Zeitplan. Das Ding drehe ich allein. Um sie nicht zu gefährden. Meine Freundin wird aber wichtige Zulieferdienste übernehmen, die manches erleichtern. Immer wieder hatten wir eine Reihe denkbarer Varianten besprochen, Vorteile und Fehlerquellen. Und immer wieder hatte mich dabei ein Gefühl der Unsicherheit überkommen, die Erkenntnis, dass zu viele Fragen offenblieben, dass zu viele weiße Flecken den Plan bedeckten, dass zu viele Faktoren von Glück und Zufall abhingen. Cathy hält meinen letzten Vorschlag für nicht besser. Im Gegenteil, mehr Erfolgschancen hätten noch immer die hundert Gassen von Aberdeen. »Das ist doch Wahnsinn! Noch vor einer Stunde war alles haargenau festgelegt und jetzt, mitten in der Nacht, fällt dir etwas Neues ein.«

Ich spüre die eigene Anspannung, will nicht mehr diskutieren und bestehe darauf, dass ich recht habe. Ab sofort bin ich unbelehrbar. Plötzlich die Sicherheit, dass meine Entscheidung richtig ist. Cathy, in außergewöhnlichen Situationen stark und belastbar, murrt nicht weiter, die letzten zornigen Schluchzer verebben. Sie zieht den Schreibblock heraus und macht Notizen, sagt nichts Gutes, nichts Schlechtes, verspricht Unterstützung. Ich mag ihre Kraft. Bedrückt gehen wir schlafen, Frauenschlafsaal, Männerschlafsaal.

Der Wecker läutet um sechs Uhr. Draußen ein strahlender Sonntag. Der Tag des Coups. Wenn alles klappt, fliegen wir morgen um 11.45 Uhr über Manila nach Frankfurt, im Gepäck ein mit Schreibmaschine beschriebenes, viel Geld teures DIN-A4-Blatt.

Um halb sieben sehe ich durch das Fenster Cathy am Ausgang stehen. Sie geht los. Alles schläft noch. Gut so, je weniger Leute unseren Aufbruch beobachten, desto besser. Fünf Minuten später folge ich ihr. Klüger, wenn wir nicht gemeinsam den langen Weg nach unten antreten. Mit all unseren Habseligkeiten.

Wir kommen zur rechten Stunde, kaum Leute. Nur ein paar Einheimische beim Frühsport, dem eleganten *Tai Chi*. Cathy hat mir verziehen. Sie lässt ein Stück Papier fallen, ich lese: »Take care.«

Unten an der *Victoria Road* nimmt jeder von uns ein Taxi bis zum *Star Ferry Pier*. Dann mit der Fähre rüber nach *Kowloon*. Hier lasse ich diskret meinen Rucksack in der Nähe meiner Freundin stehen und verschwinde. Cathy wird ihn an sich nehmen und mit zwei weiteren Reisetaschen ins *Hotel Ming* fahren, eine unauffällige Absteige, *Cameron Road*. Ein Einzelzimmer ist bereits reserviert.

Ich gehe frühstücken, in meiner Hand ein Plastikbeutel mit einem Paar Halbschuhen, einem zerrissenen Hemd und dem Messer. Requisiten für die Nacht. Anschließend Zeit totschlagen. Zum Friseur, rasieren. Gepflegtes Aussehen erhöht die Gewinnchancen. Um zwölf treffen wir uns kurz vor dem Eingang einer Moschee, Ecke *Haiphong / Nathan Road*:

»Wie bist du untergebracht?«
»Es geht, Zimmer 9, erster Stock. Eine Bude, aber die Klimaanlage funktioniert.«
»Bestens. Beweg dich bitte am Abend nicht aus dem Hotel. Ich werde dich anrufen, so oder so.«

Den Nachmittag über wenig Aufmunterndes. In der Zeitung lese ich unter *False Report*, dass ein junger Kerl zu acht Monaten Gefängnis verurteilt wurde. Weil er der Polizei ein Verbrechen meldete, das so nie stattgefunden hatte. Redete von einem Einbruch in seiner Wohnung, um bei der Hausratversicherung abzukassieren. Ich schwanke für Augenblicke. Beim Kinobesuch – *Loophole* mit Albert Finney – ein weiterer Tiefschlag. Der Raubzug durch die Londoner Kanalisation in die *Bank of England* scheitert. Die Bande ersäuft. Nur zwei überleben, mit dem nackten Leben. Die Zeichen stehen auf Sturm, ich muss aufpassen.

Um 17 Uhr ist der Film zu Ende. In der Toilette wechsle ich meine abgelaufenen Turnschuhe gegen die mitgebrachten Slipper. Haben auch Löcher, sind aber auf den ersten Blick seriöser, nicht so verdächtig alternativ. Dann hinein in ein Fast-Food-Restaurant. Noch neunzig Minuten vertrödeln. Als es endlich dunkelt, ein letztes Mal auf die Toilette. Die Messerklinge mit einem Streichholz desinfizieren und den Brustgeldbeutel streng um Hals und Rücken schnüren.

Raus auf die *Yee Wo Street*. Es dauert, bis der *5B* durchkommt. Ich stelle mich auf die Verbindungstreppe zum Obergeschoss des Doppeldeckers. Ein intimer Platz, keiner soll sich an mich erinnern. In der Nähe des *Mount Davis* steige ich aus. Ich bin hochgradig erregt und konzentriert. Rasch biege ich in die Straße ein, die zur Spitze führt. Niemand folgt. Nach der ersten Linkskurve begegne ich zwei älteren Chinesen, Spaziergänger. Keine Gefahr, da die Dunkelheit nur Schemen preisgibt.

Ich beginne zu laufen, so geräuschlos wie möglich. Drei Minuten später bin ich an der vorgesehenen Stelle. Alles wie erhofft, kein Licht dringt mehr von der Stadt herauf. Was nun kommt, ist bereits Dutzende Male als Film durch mein Gehirn gelaufen. Doch jetzt ist Wirklichkeit und sie hat mehr als 24 Bilder pro Sekunde: Aus der Plastiktüte nehme ich ein gelbes, kurzärmeliges Hemd. Es ist schmutzig, zerrissen und blutbefleckt. Andenken an eine Meinungsverschiedenheit vor zwei Wochen in Seoul. Es ist exakt die passende Garderobe für den heutigen Abend. Mit feuchten Händen ziehe ich es über den Leib, werfe das andere unauffindbar in die Büsche. Dann der Griff zum Messer. Am linken Ellbogen setze ich an und ziehe zwölf Zentimeter Richtung Handgelenk. Mit den fünf rechten Fingernägeln fahre ich den Hals entlang, das gibt satte

Kratzspuren. Zuletzt reibe ich mit einem kantigen Stein über die Stirn, Schürfwunden. Sind alle drei Wundmale angelegt, verteile ich das heftig aus dem Unterarm quellende Blut über Gesicht und Hemd. Auf Schuhe und Hose kommt staubiger Dreck. Messer und Tüte verschwinden. Ich bin oberflächlich verletzt und sehe wie hingerichtet aus. Ich horche gespannt in die Stille. Nur weit entfernte Autogeräusche.

Ich warte noch ein paar Minuten, um genügend Zeit zu lassen für einen offiziellen Überfall. Dann renne ich los, bergabwärts. Schweiß und Blut beginnen sich zu vermischen.

Unten angekommen, spurte ich die *Victoria Road* hinunter, Richtung *Central District*. Auf dieser Strecke liegt die *Western Police Station*. Jetzt gilt es, Meldung zu machen. Schließlich handelt es sich hier um einen Versicherungsbetrug, genauer: Reiseversicherungsbetrug. Eine räuberische Handlung soll vorgetäuscht werden, um von der Polizei ein Protokoll über einen Überfall zu erhalten, der nie passierte. Ein solches Dokument ist Tausende wert, je nachdem, was alles (nicht) gestohlen wurde. Letzte Akribie ist angeraten. Glaubt man den letzten Statistiken, fliegen achtzig Prozent solcher Schwarzgeschäfte auf. Menschliches Versagen als Hauptursache. Weil überhastet gepfuscht wurde. Weil die Polizei als berüchtigt misstrauisch gilt. Weil Versicherungsgesellschaften grundsätzlich davon ausgehen, dass ein Gepäckdiebstahl nicht passierte, sondern inszeniert wurde. Ich weiß, wovon ich rede, ich habe schon einmal abgezockt. Allerdings nicht hier, sondern in Europa.

Ich stoppe ein Taxi, springe hinein, sage »Get me to the police headquarters«, und der Mann fährt nicht weiter. Das ist ein Witz. In einer Stadt mit einer hochprozentigen Verbrechensrate versteht ein Taxifahrer das Wort *Polizei* nicht. Und das chinesische Wort »tschaai jan« fällt mir nicht ein, Gehirnverstopfung.

Als ich entgeistert aussteige, will mich der Schlag treffen. Das Hauptfach an meinem Brustgeldbeutel hat sich geöffnet, ich sehe den schwächlichen Druckknopf und registriere sofort, dass das Ticket verschwunden ist, sprich, sagenhafte 1900 HK-Dollar. Plus Reisepass mit Visum, auch weg.

Nicht denken, nur rasen. Diesmal zurück. Was sich jetzt abspielt, ist in meinem Drehbuch nicht vorgesehen. Eine mittlere Katastrophe droht, wenn ich die Papiere nicht wiederfinde: verlängerter Aufenthalt, Neukauf des Flugscheins (mit was?), Gefährdung des gesamten Coups.

Ein Stück laufen, den Rest wieder per Taxi. Der Kerl kaum weniger bockig als sein Vorgänger. Am Fuße des *Mount Davis* hält er, will nicht in die Dunkelheit hineinfahren. Widerwillig zeigt er auf mein Gesicht. Was ist damit? Ich ducke mich unter den Rückspiegel, ach ja: mein Zombieschädel, schweißtriefend, blutverklebt, voller Dreckspuren. An meinem Hals die fünf rotglühenden Striemen. Vom linken Arm tropft Blut.

Ich gehe allein. Und finde nichts, natürlich nicht, da hoffnungslos überfordert in dieser nachtfinsteren Umgebung. Jetzt hilft nur noch die Polizei, als Suchtrupp. Ja klar, passt genau in die Story, verschärft sogar die Glaubwürdigkeit.

Ein zweites Mal nach unten. Ich wetze die Hauptstraße vor bis zur ersten Bushaltestelle. Sie ist besetzt, ein Licht brennt und in dem engen Büro sitzt ein intelligenter Mensch. Er versteht sofort und greift zum Telefon. Minuten später kommt die Ambulanz, mit Blaulicht und Sirene. Ich soll gleich mitkommen. Ein Missverständnis. Ich winke ab, unterschreibe eine Verzichtserklärung. Die medizinische Versorgung kann warten, erst muss ich Pass und Ticket wiederhaben.

Inzwischen ist die Polizei eingetroffen, ebenfalls mit Lichtorgel und Martinshorn. Obwohl fiebrig und gereizt vom Verlust der Papiere, genieße ich die Situation. Auch

Lust zu lachen, lauthals herauszulachen: Notrufeinsatz, zwei große dicke Autos, gesperrte Straßen, neun Sanitäter und Polizisten.

Der von mir berichtete Tatbestand ist offensichtlich: Raubüberfall, zwei Mann schlugen zu und flohen mit meinen beiden Reisetaschen. Das (bisschen) Bargeld noch in meinem Besitz, Ticket und Reisepass beim Handgemenge oder auf dem Weg verloren. Und morgen Abflug nach Frankfurt.

Die Beamten reagieren sofort. Mit aufgeblendeten Scheinwerfern ziehen sie die einspurige Straße hinauf. Vorneweg vier Mann, die mit Taschenlampen nach den Dokumenten suchen. Nichts, einen halben Kilometer lang nichts.

Der Chef will zur Jugendherberge, um nach Verstärkung zu telefonieren. Das riecht gefährlich. Wie soll ich meine nächtliche Anwesenheit hier rechtfertigen, da ich doch heute früh bereits ausgezogen bin? Und warum bin ich ausgezogen, wenn ich nur noch eine Nacht in Hongkong bleiben wollte? Eingeklemmt zwischen zwei Polizisten auf dem Rücksitz, finde ich rechtzeitig den passenden Notausgang und lüge, dass ich morgens auf dem Weg nach unten mein Gepäck auf halber Strecke versteckt hatte. Der Hitze wegen, um unbelastet nach einer Unterkunft suchen zu können. Ich wollte wenigstens einmal in einem anständigen Hotelbett liegen, mich ausschlafen, mich generalreinigen. Denn hier oben gäbe es kaum Wasser, dazu der unerträglich laute Schlafsaal, die unerträglich versifften Toiletten.

Das leuchtet ein. Doch an der Rezeption der Jugendherberge hört der Stress nicht auf. Meine bis an die Schmerzränder geschundenen Nerven. Ein Fehler und ich sturze ab. Was erfinden, wenn Cheng, der Leiter, auftaucht? Wir hatten uns die letzten Tage mit ihm angefreundet und seine erste Frage wäre: Wo ist Cathy? Eine furchterregende Frage, da ich schon mehrmals ausgesagt habe, allein unterwegs zu sein. Aber Cheng ist nicht da, sein Vertreter kennt mich nicht. Jetzt telefoniert der Chefbulle, auf chinesisch und ausführlich. Mittendrin will er meine Passnummer wissen. Da ich sie nicht sofort ausspucke, verlangt er den Aktenordner mit den ausgefüllten Übernachtungsformularen. Noch einmal saust das Adrenalin, da mein Zettel mit dem meiner Freundin zusammengeheftet wurde. Erfährt er von ihr (und diesmal schwarz auf weiß), kann ich mich von meinen Träumen verabschieden. Zu offensichtlich wären die Widersprüche, um nicht schwerwiegende Rückschlüsse zu ziehen.

Noch einmal habe ich Glück. Während der Kommissar schon in den Unterlagen blättert (A wäre der erste Buchstabe!), überkommt mich die rettende Erleuchtung. Blitzschnell rufe ich ihm die im Kopf wiedergefundene Passnummer zu. Die Akte bleibt liegen, er gibt die Daten durch, wir kehren zu den Wagen zurück, die noch immer mit laufendem Motor bereitstehen. Wo eine harmlose Überraschung wartet: Zwei Reporter kommen auf mich zu, fragen und fotografieren. Ich schnorre eine Zigarette.

Die Polizisten sind freundlich und machen Mut. Nachdem ich noch den Haufen rostiger Tonnen gezeigt habe, hinter denen ich (angeblich) mein Gepäck versteckt und vor einer Stunde (angeblich) hervorgeholt hatte, ist alle Skepsis aus ihren Gesichtern verschwunden. Auch meine eigenen, heimlichen Fragen weichen zurück: Ob ich mich nicht übernommen habe mit etwas, das einige Nummern zu groß geraten ist? Ich weiß es nicht. Jedenfalls erhole ich mich rasch.

Bald kommt uns Verstärkung entgegen. Nun haben wir vier Scheinwerfer und 26 Männeraugen. Das reicht. Nichts entgeht ihnen, nicht das Ticket, nicht der Ausweis, beide keine zehn Schritte vom »Tatort« entfernt. Wäre ich imstande gewesen, ich hätte Sergeant Wong, den wunderbaren kleinen dicken Sergeant Wong, in uferloser Dankbarkeit umarmt. Aber ich blute noch immer und so schüttle ich nur ergriffen seine Rechte.

Weiter zur *Western Police Station*. Erste Hilfe und ein Kaffee. Hinterher gebe ich aufgewühlt, doch gefasst, eine detaillierte Beschreibung des »Tatvorgangs«. Alles hatte ich zuvor millimetergenau in meinem Kopf zurechtgelegt. Die sonst so argwöhnischen Herren zeigen jetzt großes Vertrauen. Der malträtierte Körper und die Not im Gesicht. Kein Zweifel, wieder wurde ein ahnungsloser Fremder Opfer des rohen Hongkonger Alltags.

Ein letzter Widerhaken. Eine Kopie des Protokolls bekomme ich erst morgen Vormittag, wenn der Copyshop öffnet. Ich übe mich in Geduld. Um 22.15 Uhr bin ich entlassen. Noch ist der Coup nicht perfekt, eine Menge Unwägbarkeiten stehen noch aus, von Entwarnung keine Rede.

Auf dem *Western Market* tausche ich mein strapaziertes Hemd gegen ein T-Shirt. Dann suche ich die kürzeste Wegstrecke, laufe sie entlang, stelle beruhigt fest, dass ich genug Zeit habe, um morgen rechtzeitig an der vereinbarten Stelle zu sein. Ich rufe im Hotel Ming an:

»Cathy, alles o.k.?«
»Alles o.k. Und bei dir?«
»Kein Problem.«
»Du bist schrecklich.«
»Ich weiß, aber was soll ich machen.«
»Bleibt es bei unserer Verabredung, morgen um 9.45 Uhr?«
»Ja, wie besprochen, morgen um 9.45 Uhr.«

Drüben auf Kowloon gehe ich noch etwas essen. Dann eine Unterkunft suchen, ein Bett in einem winzigen Zimmer ist schnell gefunden. Ich schlafe schlecht, die Haut brennt, mein Kopf muss nachdenken, muss noch zähe Vorarbeiten für den nächsten Tag leisten.

6.30 Uhr aufstehen. Minuten später das erste Hindernis: Niemand an der Rezeption und die Eingangstür ist verschlossen. (Gnade uns allen, wenn es hier brennt.) Es dauert, bis ich begreife, dass sie nur automatisch funktioniert. Es dauert dreimal so lang, bis ich den in einer Schreibtischschublade montierten Auslöserknopf finde.

Auf der Polizeistation muss ich warten. Als nach über einer Stunde der Kopierladen noch immer nicht besetzt ist, werde ich eindringlich. Mein Flugzeug geht und das Protokoll brauche ich, um, wie ich notlüge, »in Deutschland eine kostenlose medizinische Versorgung meiner Verletzungen zu erhalten.« Kein Wort von meiner Reisegepäckversicherung. Doch die Beamten der Morgenschicht sind an einem solchen Papier nicht interessiert. Schadet nur dem Ruf der Stadt. Zudem: Die zwei Gangster sind längst unauffindbar. Wozu also? Eine überflüssige Pflichtübung, da ich morgen als Randnotiz in der Zeitung vorkomme und abends in der Registratur verschwinde. Abgelegt bis zum Jüngsten Tag.

Doch ich bestehe, zeige meine Wunden. Jetzt packt sie das Mitleid. Das Protokoll mit Durchschlag wird nochmals geschrieben. Und ich diktiere, vom Blatt. Der Mensch an der Schreibmaschine freut sich über meine Hilfsbereitschaft und ich habe gleich Gelegenheit, die gestrige Fassung noch um Nuancen zu verbessern. Kaum ist das Diktat beendet, wird der Mann abgerufen. Irgendwo ein Großeinsatz. Das Büro leert sich und ich nutze die Gunst der Stunde: Die Liste der »abhanden« gekommenen Gegenstände schreibe ich selbst in die Maschine. Von der Fotoausrüstung über Taperecorder und Feldstecher bis zum Elektrorasierer. Alles erstklassig und sündteuer. Am Ende finde ich einen imposanten Stempel, stemple, kopiere die nächstbeste Unterschrift, die ich in einem Papierstapel finde.

Ich wische hinaus, verlasse ohne weitere Schwierigkeiten das Gebäude. Außer Sichtweite beginne ich zu rennen, bis zur *Central Station*. Mit der Subway durch die Meerenge von Kowloon. Am *Tsin-Sha-Tsui-Stop* nach oben. Weiterrennen zur *Cameron Road*. Vier Minuten vor 9.45 Uhr biege ich um die Ecke. Cathy sieht mich, winkt ein Taxi heran, steigt ein und fährt auf mich zu, ich nehme neben ihr Platz. Weiter zum Flughafen. Schrecksekunde über meinen blutdurchsickerten Verband. Ich berichte kurz, dass alles planmäßig gelaufen ist. Wie vereinbart, hat meine Freundin nur eine Reisetasche im Kofferraum deponiert. Meine billige Wäsche hat sie weggeworfen. Ich darf nichts mehr besitzen. Dreihundert Meter weiter steige ich wieder aus, nehme ein eigenes Taxi. Wir werden uns nicht kennen, solange wir nicht abheben Richtung Westen.

Noch einmal zuckt der gefolterte Herzmuskel. Wir stehen schon zur Abfertigung bereit, als über Lautsprecher mein Name aufgerufen wird: »Mister Altmann, please contact the information desk.« Zweimal höre ich den fürchterlichen Satz. Im Vorübergehen ein Seitenblick auf Cathys starres Gesicht. Die Polizei, wer sonst? Der ganze Schwindel aufgeflogen. Ein Jahr Bunker im berüchtigten *Stanley Prison* wird nun fällig, zum Nachdenken über bürgerliches Wohlverhalten.

Von alldem nichts. Per Computer bin ich in der *first class* gelandet. Ein hübscher Formfehler, eine Banalität, rasch geklärt. Trotzdem schlage ich vor, dass wir jetzt abheben. Meine Nerven benötigen dringend eine Luftveränderung.

Und wir fliegen. Viele Stunden lang. In denen Glückswellen durch meinen Körper ziehen. Und in denen ich meine harmlosen Wunden wie Insignien eines Sieges mit mir herumtrage. Wieder höre ich mein Herz, wieder spüre ich den Triumph überwundener Angst, wieder bin ich auf intensive Weise am Leben.

Nachwort, nein, Danksagung: Die Leute von der Versicherung haben gezahlt. Den genau anvisierten Betrag. Nach langem trickreichen Papierkrieg kapitulierten sie. Zähneknirschend, vermute ich. Aber ich lieferte eine wasserdichte Story, das Protokoll war tadellos, ohne das leiseste Verdachtsgeräusch. Zudem organisierte ich – wieder getürkt – die geforderten Rechnungen und Belege.

Klar, zuerst wurden die Kredite bei den Freunden abgetragen. Mit dem Rest gingen Cathy und ich einkaufen. Als Ganovenbraut hatte sie Anspruch auf einen Teil der Beute. Sie entschied sich für ein Kleid von Balmain. Es passte zu ihr. Es war elegant und exklusiv.

MAGIC MUSHROOM

In einem Coupé der *Transsibirischen Eisenbahn* hatte die Bewunderung für diesen Mann begonnen. Er ließ die Hose herunter und holte aus seinem geheimnisvollen Körper ein winziges Päckchen hervor. Darin lag wohlriechend ein *Grüner Türke*, würziges Haschisch aus Istanbul. Tapfer von dort in die Taiga geschmuggelt. Wir rauchten den Pot und ich lernte jemanden kennen, der die drei wichtigen Gaben eines Mannes besaß: Großmut, Mut, Heiterkeit.

Fünf Jahre später sah ich Drake wieder. Wir trafen uns diesmal in Kanada, in der kleinen, viereckigen Stadt, in der er lebte. Ich hatte Angst, dass ihn sein Dasein als Businessman ruiniert hätte, er inzwischen dem Weg allen bürgerlichen Fleisches gefolgt, ja unberührbar geworden wäre für die Frechheiten und Heldentaten seines früheren Lebens. Aber die Angst verflog in Sekunden. Ein Blick genügte und ich wusste, dass noch alles intakt war. Auch die drei großen Tugenden.

Wir hatten nur eine Nacht. Und die wollten wir nutzen. Meinen Rucksack stellte ich im Haus der Eltern seiner Freundin Bonnie ab. Platz zum Übernachten gab es hier genug. Ein ganzes Haus als witziger Albtraum in Rosa. Ein bärenfelldicker Teppichboden und vier Bäder, fünf Fernseher, drei Kamine, ein Jacuzzi, eine Sauna, ein Swimmingpool, zwei Wohnsäle, sechs Schlafzimmer, zwei Esszimmer, drei Garagen. Und mittendrin ein zweitüriger Elefantenkühlschrank in einer One-million-dollar-kitchen.

Hier wohnten Vater Ted und Mutter Jane. Sie hießen mich herzlich willkommen. Dann schlugen sie vor, uns drei ins *Golden Inn* zu schleppen, wo die Stadt das jährliche *Octoberfest* feierte. Ich blickte verschreckt Richtung Drake, der ein schnelles Zeichen machte, Subtext: »Relax, no problem!«

Der Fünfunddreißigjährige hatte bereits für alles gesorgt. Ein paar Schritte hinter der Rezeption bogen wir zu dritt links ab, zur Männertoilette. Die ahnungslosen Eltern marschierten nach rechts, direkt auf den reservierten Tisch zu. Und wie fünf Jahre zuvor versperrte Drake sorgfältig die Tür der Toilette und öffnete grinsend seinen Hosengürtel. Diesmal kam ein Wunderwerk zum Vorschein, ein Edelstoff aus Mexiko: *Magic Mushroom*. »Just chew and swallow.« Und wir kauten und schluckten. Bonnie murmelte abwesend: »Trau niemandem, der keine Drogen nimmt.«

Nach zwanzig Minuten betraten wir den Tanzsaal. Was wir sahen, rechtfertigte den Gebrauch aller Drogen dieser Welt: eine jodelnde Band in Lederhosen. Und davor ein großer Haufen original bayerisch maskierter Kanadier, die Freude schäumend Gamshut, Kuhglocke und Maßkrug schwenkten, ja, immer wieder losrannten und als Schuhplattler übers Parkett trampelten.

Drake hatte recht. Nur eine Stunde mussten wir den beißenden Bierdunst ertragen, dann war der magische Pilz ganz oben im Hirn angekommen und lähmte unseren Hohn. Bald verziehen wir jedem, waren mit jedem einverstanden, fanden alle die dampfenden Dicken und Dünnen majestätisch und erhaben wie Buddha. Keiner von uns leistete mehr Widerstand.

Das schien nur der Anfang der Magie. *Magic Mushroom* zauberte weiter, erreichte endlich den Bauch, reizte in immer kürzeren Abständen unser Zwerchfell. Was lustig anfing, wurde bald peinlich. Weil wir lachten und keinem sagen konnten, warum. Eine Leichtigkeit fuhr durch unsere Körper, die kein anderes Gefühl zuließ als dieses sinnlose Gelächter. Wir hatten Glück. Bonnies Eltern, selbst hinweggetragen von einer Welle unaufhörlich sprudelnden Alkohols, vergaßen uns. So war Gelegenheit zu verschwinden. Die Droge lauerte in unseren Leibern und instinktiv fühlten wir, dass der Höhepunkt noch ausstand. Eine andere Umgebung musste her.

Was für vorlaute Sätze ich da hinschreibe. Wir entschieden schon lange nichts mehr. Längst hatte das Rauschgift das Kommando übernommen. Es wusste, dass es andere Örtlichkeiten brauchte, um seine letzten Geheimnisse preiszugeben.

Wir zogen hinunter in den Keller des Hotels, in den *Lone Star Saloon*. Hier verkleideten sich die Kanadier als Cowboys. Breite Hüte, breite Gürtel, breite Stiefel, die ruhigen, lässigen Gesten. *Country Music* von den *Mercy Brothers* rieselte. Die Cowboys und ihre Cowgirls schoben sich bedächtig über die Tanzfläche.

An der Bar erwischte es mich. Ein wollüstiges Ziehen durchstrahlte meine Beine, sie schlenkerten. Ich musste mich festhalten, um nicht mit Genuss zusammenzusacken. Gleichzeitig ermahnte ich Bonnie, mir rechtzeitig Schneeschuhe zu besorgen, damit ich später nicht absöffe im elterlichen Teppichboden. Der blöde Satz war der Startschuss. Ein erster krachender Lacher entfuhr unseren drei Mündern. Die coolen Cowboys blickten herüber. Zu spät. Der *mushroom* kribbelte bereits in unseren Fußsohlen. Wir waren startbereit zum Abflug. Niemand konnte uns mehr erreichen, niemand mehr heilen vom Gift und vom Rausch, der nun wie ein Lauffeuer durch unser Nervensystem loderte.

Wir zogen nochmals um. Wir gingen nicht, wir flogen. Hinüber ins zweihundert Meter entfernte *Branding's*, einen Nachtclub mit Diskothek. Je zwielichtiger die Umgebung, so träumten wir, desto rasanter könnten wir uns gehenlassen. Die Cowboys waren okay, aber halt Cowboys. Sicher nicht gerissen genug, um die vielen nutzlosen Lacher ohne

Missverständnis zu akzeptieren. Irgendwann hätten sie uns auf den Kopf gehauen und wissen wollen, über wen wir uns hier lustig machten.

Aber auch das *Branding's* und seine schicke Kundschaft waren dem Stoff nicht gewachsen. Wir entdeckten einen Fleischberg und tauften ihn »the man who was too steep«. Selbst mit Schneeschuhen war er zu dick und zu steil, um erfolgreich bestiegen zu werden. Der Dicke fand das gar nicht witzig und forderte uns auf, »to stay just fuckin' normal«.

Das hätte er nicht sagen sollen. Wie Missiles rasten nun die Lachsalven aus unseren Bäuchen. Drake umklammerte seinen Brustkorb, um nicht zu platzen. Wir wurden so lustvoll strapaziert, weil uns nichts absurder schien als der Zustand der Normalität, nichts waghalsiger und halsbrecherischer. Das verschluckte Gift impfte uns gegen jede Schwerkraft. Wir schwirrten und schwebten, während die anderen tonnenschwer auf der Erde zurückblieben. Und von nichts anderem träumten, als »verdammt normal« zu bleiben. Was für eine Narretei.

Wir räumten das *Branding's*. Wir brauchten ein Ambiente, das alles erlaubte. Das stark und verrückt war wie *Magic Mushroom*. Einen Freiraum, wo nichts im Weg stand: keine Moral, keine Hausordnung, keine Sehnsucht nach dem Alltag. Einen Ort eben, der alles aushielt. Das Fieber in unserem Blut stieg weiter, wir brauchten eine Intensivstation.

Drake kannte sie. Er nahm uns an der Hand und fuhr los, Richtung *Steve's house*. Dort, so versprach er, gäbe es keine falschen Bayern, keine echten Cowboys, keinen, der normal bleiben wollte. Die kurze Fahrt durch die kleine Stadt entpuppte sich als schwierig. Hätte uns die Polizei gestoppt, auf zehn Mal lebenslänglich hätten sie uns die Führerscheine entzogen. Alle unsere sechs Beine zappelten. Abwechselnd bediente einer das Gaspedal, der andere die Bremse, Bonnie beugte sich nach vorn und riss an der

Gangschaltung. Kavalierstart und Vollbremsung. Dazu kamen unsere wiehernden Oberkörper, nicht weniger unkontrollierbar als die närrischen Unterleiber. Mit einem letzten Bocksprung landeten wir vor einem flachen Holzhaus, *Steve's house*.

Musik röhrte, die Tür stand offen, im Wohnzimmer saßen Ed und Mike, beide Studenten. Und Clark, ein tapsiger Dinosaurier mit knapp drei Zentnern Kampfgewicht, arbeitslos. Alle drei waren Freunde von Drake und Bonnie. Steve, der Besitzer, fehlte, er arbeitete noch. Keiner warnte uns, aber jetzt, kurz nach ein Uhr früh, begannen ein paar der intensiveren Stunden unseres Lebens. Jeder hatte etwas geschluckt, jeder war bereit, und das war der Ort, der alles hinnehmen würde.

Diesmal legte Bonnie die Zündschnur. Sie zog eine vom Oktoberfest geklaute Kuhglocke hervor und läutete die erste Runde ein. Das Geräusch allein hätte gereicht, um uns – ein Dankgebet seufzend – zu Boden zu schicken. Die Schöne verschlimmerte den Zustand, indem sie dramatisch ausrief: »For whom the cowbell tolls«, absurde Anspielung auf Hemingways »Wem die Stunde schlägt«. Und uns schlug die Stunde. Nicht die tödliche, nur die allerlebendigste. Drake kroch in die Küche, um auf dem glühenden Elektroherd ein paar Gramm Haschisch zu erhitzen. Gedacht als Nachtisch. Und Baby Clark, »the coloss«, legte los. *The Late Night Show has just started.*

Clarks Ziel war klar und übersichtlich: Steves Bude in eine Bruchbude zu verwandeln. In persönlicher Bestzeit erreichte der 140-Kilo-Mann seine Hochform. In Windeseile lag die Stehlampe als Alteisen am Boden. Als Drake mit den heißen Kügelchen auftauchte, hatte sein Freund durch energisches Wippen bereits den Polstersessel von Rückenlehne, beiden Armstützen und drei Füßen befreit. Ähnlich demoliert sah Minuten später die Couch aus. Clark streckte sich anschließend grunzend vor Vergnügen auf dem Teppich aus und suchte nach Gegenständen, um die längst fällige Stereoanlage zu bombardieren. Bei jedem Volltreffer läutete Bonnie heftig die Glocke. Keinem von uns war mehr zu helfen. Erledigt von unseren willenlosen Körpern und der fehlenden Einsicht, dass hier irgendetwas beschützt und bewahrt werden sollte, empfanden wir Clarks Kahlschlag als sinngebend und lebensbejahend. Nur die hysterische Angst jagte uns, an Wollust zugrunde zu gehen, ausgelöscht zu werden von einem Herzinfarkt, einem Magendurchbruch und zwei platzenden Lungenflügeln.

Der einsamste Höhepunkt dieser Nacht stand aber noch aus. Es war der Augenblick, in dem Steve, Mechaniker bei *Greyhound* und Wohnungsbesitzer, von seiner Nachtschicht zurückkam und die Tür öffnete. Und sich ihm folgende Aussicht bot: verschieden große Bierlachen, der zertrümmerte Sessel, ein ehemaliges Sofa, die zerlegte Stehlampe, ein heruntergerissener Vorhang, die im Niedergang begriffene Stereoanlage, die haschgeschwängerte Küche und ein halbes Dutzend Erwachsener, die ihn – in den verschiedensten Stellungen befindlich – mit wimmerndem Schluchzen begrüßten.

Steve brach alle Rekorde. Er war bereits jenseits von Menschenleid und Jammer. Wo andere vielleicht nach tausend Jahren Zen ankommen, dort war er bereits. Nie wieder habe ich einen Mann souveräner erlebt. Er war Lichtjahre weiter als wir. Weil wir noch sniffen und schlucken mussten, weil wir noch Chemie brauchten, um leicht und mühelos zu werden. Steve sah die Sintflut, grinste, ermahnte grinsend Clark (von der Sinnlosigkeit des Aufrufs längst überzeugt) und holte ein Budweiser aus dem Kühlschrank. Und schaute uns zu. Er hatte uns verziehen, johlend feierten wir weiter, es gab ganz offensichtlich keinen Grund, unsere Orgie röchelnder Lebenslust einzustellen.

Irgendwann im Morgengrauen verzog sich die Magie. Wir kehrten zur Erde zurück, von der wir gerade eine Milchstraße weit entfernt waren. Wir landeten weich.

Eine menschenfreundliche Droge, kein heimtückischer Stoff, der einen Höhenflug mit einem Absturz bestrafte. Manchmal gurgelte noch ein Lacher nach oben, reizte schmerzhaft die innig geschundenen Gesichtsmuskeln, mehr nicht. Das Ende war reiner Friede, behütet von der Gewissheit, eine wunderbare Nacht miteinander verbracht zu haben.

Unbeschwertes Auseinandergehen. Als wir zu dritt ins Auto stiegen, entdeckten Drake und ich im ersten Zwielicht den schönen, lippenstiftverschmierten Mund von Bonnie. Anmutiges Zeichen von Ausdauer und Hingabe, mit der wir beide sie die letzten Stunden über geküsst hatten. Und sie uns. Drake teilte noch immer alles mit denen, die er liebte. Er war der Heilige von uns, die heilige Dreifaltigkeit, er war der Großmut, der Mut, die Heiterkeit.

SIEBEN NÄCHTE IM CENTRAL PARK
Sommer in Manhattan. Es war kurz nach ein Uhr nachts und ich starrte hinunter. Unten lag Joe. Wir beide, Joe und ich, lebten damals in New York. Eine Zeitlang teilten wir uns dieselbe Adresse: 860 Fifth Avenue. Eine feine Gegend. Joe schlief auf einer Holzbank. Rechts von ihm die teure Straße, links von ihm der dunkle Park. Ich schlief im Bett meiner reichen Freundin, zwölf Stockwerke höher. Kaum hörte ich den gleichmäßigen Atem von Debra, schlich ich hinaus auf den Balkon. Und immer lag Joe da, vielleicht dreißig Meter entfernt. Der Alte beruhigte mich. Die Zuverlässigkeit, mit der er vor dem Haus Quartier bezog, war ergreifend. Sein Kopf steckte in einer Schachtel mit der Aufschrift: »Fragile / Handle with care!« Eines Nachts holte ich aus dem Kühlschrank ein *Budweiser six-pack*, läutete nach dem *liftman* und fuhr hinunter. Sacht weckte ich Joe und fragte ihn aus. Er war der erste, der mir schmutzige Geschichten über den Central Park erzählte.

Sechs Jahre später kehre ich nach New York zurück. Die feuchte Hitze und die Holzbank sind geblieben, Joe und Debra waren jedoch verschwunden, unbekannt verzogen. Wieder ist es ein Uhr nachts und diesmal liege ich auf der Bank. Eine Viertelstunde lang bin ich sorglos und schlafe ein. Joe war mutiger. Neun Stunden pro Nacht verbrachte er hier unbekümmert und bewusstlos. Dann stieg er über die flache Mauer, um seinen Lebensunterhalt zu finanzieren. Schnorren, jammern, Abfallkörbe sondieren. Abends war er satt, besoffen und pleite. Selig legte er sich nieder. Sein Mut hatte Gründe. Wer ihn beklaute, musste ihm schon das Leben rauben. Alles andere an ihm war wertlos.

Ich bin nicht Joe, sehe nicht aus wie jemand, der sich seit neunzehn Jahren vom Müll der anderen ernährt. Ich darf mich also fürchten, auch wenn der aktuelle Polizeibericht das grüne Viereck, immerhin 120 Millionen Quadratmeter, als (relativ) harmlos ausweist, sprich, ein paar Ecken weiter zielgenauer zugestochen und abgeschossen wird. Zudem bin ich ein eher ängstlicher Typ. Schon in der ersten der sieben Nächte, die ich im Park verbringe, werde ich daran erinnert.

Von der Bank gehe ich zum *Loeb Boathouse*. Tagsüber funktionierte es noch als sonnenüberflutetes Terrassencafé, wo »Master« Tom Young eine *Mind Relaxing Chi Gong Massage* verabreichte. Schöne Frauennacken und virile Männerschultern drängelten nach Entspannung. Jetzt drängelt niemand, nichts strahlt, ich bin allein unter einem neumondfinsteren Himmel. Absolute Stille. Nur einmal höre ich das Luftschnappen eines Fisches. In einer von atemloser Frenesie getriebenen Stadt ist das ein erhabener Augenblick. Bis es knackst. Meine Augen schnellen herum und ahnen ihn kommen. Den Schatten. Will einer den perfekten Mord begehen, hier ist der rechte Ort, die rechte Zeit. Ich umklammere meine Trillerpfeife, schwerer bin ich nicht bewaffnet. Aber ich pfeife nicht. Zu absurd erscheint mir plötzlich ein solcher Laut. Zu gefährlich auch. Vielleicht panikt der Typ, schlägt härter zu als geplant. Ich höre mein Herz dröhnen. Kein Fehler meinerseits fällt mir ein. Außer Hemd, Hose, Schuhen und dem griffbereiten *give away money* – zwanzig Dollar – trage ich nichts am Leib. Dann kein Gedanke mehr, denn nur noch drei Meter von mir entfernt bewegt sich der Schatten. Und kommt näher. Und greift nach hinten, zieht ein dreißig Zentimeter langes Ding – »a knife«, blitzt es durch meinen Kopf – hervor, wirbelt es grausam lässig durch die Luft, fängt es cool wieder auf und setzt an. Zum Flötespielen.

In diesen Sekunden habe ich etwas gelernt. Über das Altern in Sekunden, über die Furcht, die Paranoia und die wunderbaren Überraschungen, die hier lauern. Hätte ich die Aufregung an einem anderen Ort erfahren, viel weniger Adrenalin wäre verschüttet worden. Was die Dramatik so enorm steigerte, war mein Bewusstsein, mich im *Central Park* zu befinden. Der hat *romance*, hat Mythos und Geheimnis. Und er verführt. Und macht Angst. Er ist wie Timbuktu, wie das Kap der Guten Hoffnung, wie Marilyn Monroe. Er kann nie wieder »normal«, nie wieder einfach nur Wiese und Baum und Strauch werden. Er ist längst eine Ikone der Menschheit geworden.

Schon aller Anfang, 1858, klingt märchenhaft. Bis kurz vor null Uhr des letzten Abgabetages arbeiteten die beiden Landschaftsarchitekten Olmsted und Vaux an ihrem Entwurf. Dann hetzten sie die Pferde zum Rathaus. Versperrt. Wilde Suche nach dem Hausmeister. Mit Engelszungen auf ihn einreden, aufschließen, die Pläne abgeben und: die Letzten sein und als Erste haushoch gewinnen. Die Hochspannung passt genau zur kommenden Sensation.

Lange war der Park nachts geschlossen, »denn bei Abenddämmerung«, so die Stadtväter, »wird er nutzlos für jeden guten Zweck«. Das ist ein gewagter Satz. Denn gegen halb zwei Uhr ziehe ich gerade über den *Great Lawn* und mittendrin knien zwei Personen. Was sie miteinander verbindet, ist – schon aus gewisser Entfernung unüberhörbar – ein guter, zutiefst menschlicher Zweck.

In den *Strawberry Fields*, die an den in der Nähe erschossenen John Lennon erinnern sollen, höre ich es seltsam rascheln. Es ist Tim, der *treasure hunter*. »Astrologisch gesehen«, klärt er mich auf, »liegt die erfolgversprechendste Zeit zwischen 1.45 und 2.55 Uhr.« Tim, nebenberuflich Programmierer, gleitet mit einer Metallsonde, ähnlich einem Staubsauger, über den Boden. Ein leises, schnarrendes Geräusch zeigt einen Fund an. Sogleich bohrt der Schatzsucher mit der mitgebrachten Harke ein Loch in die Erde und zieht das Objekt heraus. Dienstagnacht bin ich die ganzen siebzig erfolgversprechendsten Minuten dabei. Wir heben: elf Bierflaschenverschlüsse, einen abgebrochenen Hausschlüssel, zwei rostige Nagelfeilen.

Ich ziehe weiter. Unter einem Laternenpfahl, zwischen *Sheep Meadow* und *West Drive*, steht David. Der Wind fährt in die Blätter seiner einundvierzig offen daliegenden Thoras. Der Alte ist fahl und emsig: »Ich habe wichtige Geschäfte zu erledigen. Ich bete für meine Familie.« Dann ruft sein schweres Herz nach Gott, deklamiert er wie ein Schauspieler verschiedene Stellen aus dem *Ersten Buch Mose*, bricht mittendrin ab, kriecht fieberhaft über seinen Bücherberg und sucht nach etwas, das er nicht findet. »The right phrase, the right phrase«, murmelt er zerstreut. Ich werde ihn jede Nacht sehen. Rufend, kriechend, sich auf der Suche nach dem erlösenden Wort verzehrend, dem erlösenden Satz. Poor David, das kann dauern.

Der *Central Park* als Liebeslaube, als Schatzkammer, als Studierzimmer. Lauter gute Zwecke. Wie klug, dass er nicht verschließbar ist. Auch wahr: Die meisten, denen ich in diesen Nächten begegnen werde, haben etwas zu verbergen. Manchmal eine Schandtat, oft eine Sucht, einen Tick, eine Armut, ein Unglück, eine verbotene Lust. »Normale«, nicht getrieben von einem vehementen, heftigen Motiv, habe ich nicht getroffen. Doch, einmal, eine muskulöse Omi. Unser Gespräch lief über eine Distanz von zehn Metern. Mir lag an diesem Sicherheitsabstand. Die Luxusrentnerin im hautengen Trainingsanzug führte ihre Dobermänner an der Leine. Nein, auch sie war nicht sehr bürgerlich. Zu dunkler Stunde zum Joggen mit drei vierbeinigen Bodyguards antreten, wie viele Großmütter weltweit tun das?

Ein riskanter Abschnitt liegt zwischen *74th und 79th Street*, hier liegt *The Ramble*, der Streifzug. Verschlungene Wege, hügelig, buschig, undurchdringlich, undurchschaubar. Ein *rambler* ist ein »Wanderfreund« und in anständigen Reiseführern steht, dass man hier artig Vogelarten beobachten kann. Da schmunzelt der New Yorker. Vogelfreunde kommen hier nicht vorbei. Nicht mehr. Hier liegt der Welt größtes Freilichtpuff für Männerfreunde. »Open 24/7«, sagt Ron, der erste, den ich frage, täglich geöffnet, durchgehend, ohne Ruhetag.

Eine wundersame Atmosphäre, die Schatten der Kunden und Boys, die Flüsterworte, das Seufzen hinter Bäumen, das Knarren gerade belegter Bänke, der schnelle Abschied. Ich bin neu und willkommen, Frischfleisch. Angebote warten, inklusive Probeanfassen:

»I suck your ass, I suck everything.«
»Please, please follow me.«
»I've got ten inches, you know, the more inches the deeper the fun.«
»Come over here, I'll jerk you off.«

Als die Polizei vorfährt, leuchtet sie mit Suchscheinwerfern ins umtriebige Gebüsch. Über Lautsprecher werden wir aufgefordert zu verschwinden: »It's one o'clock, leave the area.« New York City hat ein sogenanntes »Ein-Uhr-Ausgangssperregesetz für Parks«. Grundsätzlich außer Kraft, kann aber kurzfristig reaktiviert werden. Hier im *Ramble* dient es vor allem dazu, die falschen Schwulen zu vertreiben, das wären die bösartigen Schlitzohren, die der liebeshungrigen Kundschaft eine schnelle Nummer versprechen, nichts halten, dafür reinhauen und die Brieftasche fleddern.

Kurz darauf passiert die heiterste Episode der Woche. Unten am *Bethesda Fountain* sehe ich jemanden, der sich eine Zigarette anzündet. Das Streichholz flammt hell in der dunklen Umgebung. Ich nähere mich, will um Feuer bitten. Doch der Schwarze, eher abgerissen, sieht mich kommen und rennt auf der anderen Seite die Treppe hoch. Ich eile hinterher, rufe ihm nach, will ihn beruhigen. Erfolglos. Oben, noch in der Nähe des *Ramble*, patrouilliert noch immer derselbe Streifenwagen. Zielgenau rennt der Mann auf die Polizisten zu, zeigt wirr gestikulierend auf mich und beschwert sich bitterlich: »Help me, please help me, this homeless fag is chasing me.«

Aberwitzig komisch, dass ich hier als obdachlose Schwuchtel unterwegs bin, die jemanden verfolgt. Die beiden Beamten steigen aus und mit der Souveränität von Männern, die rund um den Speckgürtel zweihundert Schuss Munition tragen, bitten sie zum Verhör. Also erkläre ich – absurdes Theater in Echtzeit –, dass ich das alles nicht bin, auch niemanden verfolge, nur ein verdammtes Zigarillo rauchen wollte und deshalb »this distinguished gentleman« (ganz ohne Ironie bringe ich das Affentheater nicht hinter mich) um einen Gefallen bat. Meine Rede leuchtet ein, irgendwie mache ich momentan den intelligenteren Eindruck von uns zweien. Unwirsch schicken die Bullen mich weg: »Leave the park now!« Ich ziehe mich zurück, nach fünfzig Metern verschwinde ich im Gebüsch und warte, bis die beiden Dicken mit ihrem Wagen außer Sichtweite sind.

Unergründliches Menschenherz. Nachts im *Central Park* stimmt dieser Satz mehr als anderswo. Ich begegne »Black Jack«, der spät nach Mitternacht die Hose herunterlässt, um nackt im nächsten Brunnen sein erstes »breakfast bath« zu nehmen und sein zuletzt geschaffenes Gedicht zu rezitieren: »There are Tarzan and God and me. Period.« Laufe José über den Weg, der seine Matratze über die Wiesen schleppt, hoffnungslos überfordert, sich für einen Schlafplatz zu entscheiden, stehen doch Millionen zur Verfügung. Und spurte hinter Mick her, dem Langstrecken-Athleten, der schweißgebadet ums *Reservoir* hetzt, blind für die Schönheit des Lichtermeers im unbewegten Wasser. Nur wenn ich mitlaufe, will er antworten. Es ist 2.37 Uhr, wir laufen, einer fragt, einer antwortet:

»Why are you running?«
»To be on the right side.«
»But what is the right side?«
»It's the winning side.«

Und ich entdecke Tango, der mit Radfahrerhelm, Skistöcken und Rollschuhen von Baum zu Baum wedelt, schwungvoll mit einem Stemmbogen abbremst und immer genau fünf Minuten stillsteht, mit hoch in die Luft gestreckten Stöcken. Ein Anblick aus einem Märchen. Er habe mich längst kommen sehen, behauptet er sanftmütig. Und meine Frage könne ich mir sparen. »Ich«, sagt Tango, »reise von Baum zu Baum und halte eine Mahnwache. Damit sie bleiben, damit sie nicht sterben.« Ist das verrückt? Nein, es ist umwerfend, zum Weinen schön.

In der Stille der Nacht, durch die ich manchmal zwei Stunden wandere, ohne jemandem zu begegnen, ist irgendwann alles zu finden. Auch Drogen, auch die Schatten, die entlang der Eingänge ab der 96. Straße (Westside) lungern, um die hastige Laufkundschaft mit der einschlägigen Ware zu versorgen. Auch Jeffrey, der hinter einer Platane an seiner Crackpfeife zieht, nach Minuten an sein Geschlecht fasst – »ich schwör dir, bin ich high, bin ich geil« – und zügig den kleinen Freuden der Selbstbefriedigung freien Lauf lässt. Auch Randy, der auf allen Vieren über einen Trampelpfad kriecht, schon blöd vom vielen Rauchen, schon besessen von der Idee, »dass hier ein dickes Bündel Dollarscheine herumliegt«. Auch Ben, der uralte Siebenundvierzigjährige, der mir einen Blick in seine Hölle erlaubt, indem er im Schein einer Straßenlampe nach einer »freien« Stelle sucht. Für seine krumme Nadel. Und sie nicht findet. Und genervt nahe dem Ellbogen reinsticht. Obwohl dieser Körperteil bereits ähnlich verwüstet aussieht wie die Beuge. Er sticht hinein und sticht daneben. Mehrere Fehlversuche, Blut fließt, Himmel, wie verzweifelt muss ein Mensch sein, um sich das anzutun. Auf seine

Bitte leuchte ich mit einem Feuerzeug auf die rotschimmernde Beule. Um ihm beim Suchen zu helfen. Aber der Junkie stochert ein weiteres halbes Dutzend Male daneben, dann findet er die passenden drei Quadratmillimeter und drückt behutsam auf die Heroinspritze. Ben und sein in Schweiß gebadetes Gesicht entspannen sich, er sagt leise: »Jetzt fliege ich, jetzt fliege ich.«

Alle haben Platz im *Central Park*. Die Einsamsten, die Unglücklichsten, die Besessensten, die Originellsten. Als ich Deborah sehe, muss ich an einen Satz von Norman Mailer denken: »Wer nach New York kommt, sieht zuerst nur eines: Frauen, Frauen, Frauen. Und was für Frauen.« Wie verdammt richtig. Nur nicht hier, nachts. *For this is a man's world.* Außer der Dobermann-Herrin bin ich keiner Frau begegnet. Deborah ist die zweite Ausnahme. Was sie hier auftreten lässt, ist ihr fröhlich verwirrter Verstand und der unbedingte Wunsch »to do some sightseeing«. Die *junk lady* fährt im Einkaufswagen ihr Hab und Gut spazieren. Ich darf wühlen und entdecke ein schmuddeliges Buch, *The Travels of Odysseus*. Ungelesen, Deborah ging nie zur Schule. So drehen wir ein paar gemeinsame Runden und ich erzähle ihr die Geschichte von diesem schneidigen Griechen, seinen Kämpfen und Tricks und seiner unbeirrbaren Sehnsucht nach Penelope. Ich erzähle alles, bis zum Ende, bis die beiden sich finden und lieben. Und Deborah ergriffen kommentiert: »How wonderful, this is a fresh story, really bad«, wie wunderbar, eine scharfe Geschichte, echt gut.

Das Bewusstsein der Bedrohung bleibt die sieben Nächte lang. Das Stündlein mit Deborah war die Ausnahme. Wie andere Ausnahmen. Aber das Grundgefühl permanenter Konzentration weicht nie. So wenig wie die ununterbrochene Suche nach möglichen Fluchtwegen. Das muss sein, nicht zuletzt, weil ich Leute registriere, die lieber unter sich blieben: Plötzlich bemerke ich einen, wie er den Park verlässt, hastig die *Fifth Avenue* überschreitet, die noblen

Pflanzen vor den noblen Häusern aus der Erde rupft und in doppelter Geschwindigkeit das Diebesgut zurück ins Unterholz transportiert. Wo schon die Gangsterbraut wartet, um hurtig umzutopfen (um sie später zu verkaufen). Als der Blumenmann mich sieht, stülpt er nachlässig sein rechtes Hosenbein hoch und ein Haifischmesser kommt zum Vorschein, Subtext: »You're looking for trouble?«

Andere reagieren grundsätzlich nervös. Auch wenn ich sie bei keiner Missetat entdecke. *Loners*, Männer, die niemanden mehr ertragen. Nicht auf zwanzig Schritt Entfernung. Einer nimmt Anlauf und holt mit seiner Plastiktüte voll leerer Bierdosen nach mir aus, schreit giftig: »Get lost, don't fuck with me.« Der nächste lässt sein Rasiermesser aufschnappen. »What for?«, frage ich genervt. »To wipe your ass clean«, kommt es genervt zurück.

Eine Nacht, die Sonntagnacht, hat alles. Die Aufregung, die Attacke, das Glück schneller Beine, Blutlachen, eine abstruse Entdeckung. Ich bin im nördlichen Teil des Parks, noch dunkler, noch berüchtigter als der Süden, Höhe *102nd Street*. Wieder diese finstere, eisige Stille. Ich finde einen Abfallkorb und krame nach der Wochenendausgabe der *New York Times*. Lesen hat mich schon immer beruhigt. Diesmal nicht. Der erste Blick fällt auf die Großanzeige eines neuen Horrorfilms, *Whispers in the Darkness*. Sofort höre ich es wispern. Drei Schüsse peitschen. Niemand wispert, aber die Schüsse sind unheimlich wahr, hundert, vielleicht hundertfünfzig Meter weit weg.

Ich tapse weiter, auf leisesten Sohlen, suche nach der Stelle, wo vor Jahren – das Verbrechen ging durch die Weltpresse – eine Joggerin von einer Bande Jugendlicher an den Rand des Todes geprügelt und vergewaltigt wurde. Ich finde den Schauplatz und fahre herum. Stimmen aus einem Funkgerät, dann das Geräusch eines abfahrenden Motorrollers. Wenige Schritte weiter stoße ich auf eine kleine Holzhütte, verlassen. Wie ich später erfahre, handelt es sich um einen Beobachtungsposten der Polizei. Nach der Untat hier aufgestellt.

Oben auf dem *Great Hill*, zehn Minuten später, kommt die Attacke: Zwei Burschen und ich, wir kreuzen uns. Die beiden sind als Raubritter unterwegs, nicht zu übersehen. Zu hungrig ihre Augen, zu unverschämt das Grinsen, zu günstig die Gelegenheit. Als sie sich umdrehen und starten, bin ich schon im zweiten Gang, mein Verdacht war der richtige.

Den Vorsprung von fünf, sechs Metern kann ich bis zum Rand des Plateaus halten. Dann gibt es keine Laternen mehr, der Weg nach unten ist schwarz. Ich weiß aber genau, wo ich hineinrenne. Vier Mal habe ich hier John K. getroffen. John war ein Totschläger, Einbrecher, Autodieb und Drogenhändler. Nicht ohne Stolz zeigte er mir sein drei Blatt starkes Strafregister, gestempelt und unterzeichnet vom Staat New York. Als ich an seinem Schlafplatz vorbeisprinte, sehe ich, dass er leer ist. Sicher hätte er mir geholfen. Aber die Gefahr ist schon vorbei, kein Ton ist mehr von den beiden zu hören.

Unten auf dem erleuchteten *West Drive* fährt mir eine Polizeistreife entgegen. Ich solle auf der Hut sein, der Beifahrer: »Watch out for a black guy. Green shirt, five foot six, he shot someone.« Ah, die drei Schüsse. Zwei Minuten später bin ich am Tatort, *Harlem*, *110th Street / Powell Boulevard*, direkt am Eingang zum Park. Der Angeschossene liegt in einem Ambulanzwagen. Sirenen, die Lichter, eine Menschenmenge, das warme Blut auf dem Asphalt. Ich komme mit einem Halbwüchsigen ins Gespräch, er kennt das Motiv: »Jealousy, man.« Er wirkt völlig unberührt von dem Geschehen, deutet nonchalant auf das gegenüberliegende Wohnhaus und fragt trocken: »Willst du? Meine Schwester wohnt im Erdgeschoss. Für einen Zehner kannst du sie haben.« Er scheint meinen Gesichtsausdruck falsch zu verstehen und fängt an, ihre Körperteile und Öffnungen einzeln anzubieten. Noch billiger.

Ich vertröste ihn auf später. Irritiert blicke ich auf vier Männer, die gespannt auf die Blutlache starren. Polizei und Krankenwagen haben sich inzwischen entfernt. Auch die meisten Zuschauer. Die vier winken, ich nähere mich. Ein kleines, seltsames Stück Fleisch liegt da, einer bückt sich und hebt es auf. Blut tropft. Jeder nimmt es zwischen seine Finger.

Kein Zweifel, ein zwei Zentimeter langes Stück schwarzer Oberlippe ist hier liegengeblieben, wohl bisheriges Eigentum des gerade abtransportierten Opfers. Einer der vier zieht sein Taschentuch heraus und wickelt es um die fünf paar Gramm Menschenfleisch. Er will es behalten, »as a souvenir«. Er lacht und spaziert davon, verschwindet Richtung *East Drive*. Ich stoppe die Zeit: 4.16 Uhr, eine tote Männerlippe wird in den *Central Park* getragen.

SCHREIE UND FLÜSTERN

WARUM REPORTER?

Jeden von uns plagen Träume. Sie entstehen wohl in der Zeit, in der wir Kinder sind. Wenn wir Teil der Welt werden und nach unserem Platz in ihr suchen. Hat einer Pech, dann wird er als Kloschüssel-Fabrikant aufsteigen und irgendwann mit allen Kloschüsseln an die Börse gehen. Andere Kinder sind weiser. Das eine will als Doktor ganz Afrika retten, das andere als Geigerin verzaubern, das dritte als Koch die Sinnenfreuden der Menschheit vermehren. Was auch immer ein Kind träumt, der Traum soll eines Tages Wirklichkeit werden, soll sein Leben vielstimmig und herausfordernd machen.

Da beginnt der Stress. Und er kann Jahrzehnte dauern. Oder immer dauern. Weil mancher, als Erwachsener, nie bei seinem kindlichen Wunschdenken ankommt. Einer wollte Pilot werden und landete auf dem Schreibtisch einer AOK-Filiale. Eine wollte ein Hotel führen und tippt Zahnbürsten und Karotten bei Aldi ein. Zwei wollten vor dreißig Jahren um die Welt segeln und schmieden noch immer Pläne. Warum ist das so? Warum gehen Träume vor die Hunde? Mangels Phantasie? Intelligenz? Glück? Talent? Unbedingtem Willen? Woher soll ich das wissen!

Das kurze Kapitel hier hat eine andere Aufgabe. Es will versuchen, auf die immer wiederkehrende Frage so mancher Leser zu antworten: Wie wird man Reporter? Oder anders formuliert: Wie kann man – wenn man sich denn vom Reisen und Schreiben das Glück verspricht – den real existierenden Lebensumständen, oft stumpfsinnig, entrinnen? Und wieder seinen Träumen nahkommen? Denn jeder spürt intuitiv: Wenn das Sehnen nie wahr wird, nie wirklich, dann frisst sich die Erinnerung (an die Sehnsucht) wie Säure ins Herz, verpestet wie Giftmüll das Denken.

Nein, muss nicht sein. Manchmal, ja oft sogar, verläuft sich die Säure, wird dünn, ätzt irgendwann nicht mehr und wandelt sich im Laufe der Zeit in ein diffuses Gefühl von Unzufriedenheit, von Frust. Der Traum stirbt diskret und der Träumer richtet sich in seinem traumlosen Leben ein. Hat sich mit den Umständen arrangiert und ein Arsenal von Ausflüchten zurechtgelegt. Um die Treulosigkeit zu rechtfertigen. Kurz, er hat die Utopie verraten, sie eingetauscht für etwas, das ihn nie begeistern wird.

Ob er (sie) verantwortlich ist für den Niedergang? Auch das kann ich nicht sagen. Fest steht: Aus Ex-Träumern werden Tote, diese Scheinlebendigen, die uns jeden Tag über den Weg laufen. Eher friedliche Zombies, die nichts mehr befeuert. Keine Vision, kein Taumel, kein Hunger, kein Sehnen nach einem anderen Dasein. Sie sterben jetzt, mitten im Leben, werden sacht und beständig vom Verlangen nach Bravsein und Mittelmaß erledigt. Ein Phänomen, das ich noch immer nicht verstanden habe. Hat doch jeder nur ein Leben, seines. Und er geht damit um, als gäbe es tausend Dinge, die kostbarer sind.

Um radikal ein Missverständnis zu vermeiden: Hier wird nicht zur gefühlsduseligen Träumerei angespornt. Dafür ist Paulo Coelho zuständig, der bemühte Herr aus Rio de Janeiro, dessen Bücher als Erbauungstabernakel die Ladentische überschwemmen. An lässig durchtrainierten Gedanken feilt er nicht, dafür schenkt er seinen Lesern griffiges Eso-Geseiche. Eine seiner verbalen Hottentottereien hört sich so an: »Folge deinem Herzen, auch wenn es in die Irre geht.« Wer nervenstark genug ist und – ohne ins Koma der Fassungslosigkeit zu rutschen – weiterliest, wird bald erfahren, dass es sich nur um eine scheinbare Irre handelt. Denn der Meister weiß: »Gefühle irren nie.« Soviel forsche Dümmlichkeit hat auch etwas Rührendes. Die Hunderte von Millionen, die überschäumend vor Hingabe und hirnloser Unbedenklichkeit Hitler oder Stalin oder Pol Pot oder anderen Monstern weit offenen Herzens gefolgt sind, immer unbeirrbar von der Richtigkeit ihrer Gefühle überzeugt, oft mörderisch grausam überzeugt, nein, sie sollen nicht zählen. Auch nicht die Hunderte von Millionen Frauen (und Männern), die sich – immer der »inneren Stimme« vertrauend – herzensrein verliebten und irgendwann aufwachten und nicht wahrhaben konnten, um wie viele Lichtjahre sie, nein, ihr Herz, danebengepeilt hat.

Das soll Paulo, den emsigen Sprechblasen-Schmied, nicht kümmern. Das Herz ist der Kronzeuge in Señor Coelhos entrückter Welt, es funkelt immer, es kommt vom Herrgott persönlich, es ist unfehlbar, es strahlt vor Göttlichkeit, es hängt irgendwo im luftleeren Raum, wird nie angefeindet vom tatsächlichen Leben, nie bestochen von dunklen Trieben, nie ausgeliefert unserem Wunschdenken.

Mir ist aufgefallen, dass unser Mann aus Brasilien immer dann zum majestätischen Ton greift, wenn er die peinlichsten Böcke abliefert. Wie diesen hier, auch er passt zum Thema: »Ein Krieger darf den Kopf nicht hängen lassen, denn dabei würde er den Blick auf den Horizont seiner Träume verlieren.« Man hört das Raunen, gleich darauf das vollendete Schweigen seiner Leserschaft. Nachdem hier ein Sprachgigant seinen Gral weltentiefer Rätselhaftigkeiten für uns Sterbliche geöffnet hat. Erhabener hat es noch keiner verkündet. Hier spricht die Vorsehung, hier ruft uns ein Welterlöser die letzten Bausteine für ein gelingendes Leben ins Bewusstsein: Mach nicht schlapp, Mann, auf zum Horizont, dort gibt's Träume!

Bin ich vom Thema abgekommen? Überhaupt nicht. Mit dem Umweg über Paulo C. wollte ich nur daran erinnern, dass Träumen auch mit Hirn zu tun haben darf, nein, haben muss. Eben mit dem Wissen, dass unsere Sehnsüchte in Verbindung mit unserer Wirklichkeit stehen sollten, zu unserer ganz persönlichen. Bittschön.

Ein Beispiel: Ich habe nie davon geträumt, ein Titan der Weltliteratur zu werden. Weil ich – so einfach der Grund – nicht nur auf mein eitles, narzisstisches Herz hörte, sondern rechtzeitig meinen Verstand abrief. Der mich sogleich wissen ließ, dass dafür die Talente nicht reichten. Hätte ich meinem »nie irrenden« Herz zugehört, ich säße heute in einer Sozialwohnung und bastelte an Romanen, die niemand lesen will. Dank meines Gehirns – immer inbrünstig verteufelt vom holden Kreis der Herzensmenschen – bin ich da angekommen, wo ich einigermaßen hingehöre. Dabei habe ich, wie überraschend, noch immer »Gefühle«.

Ich will beides behalten, mein Herz und mein Hirn, will mit beidem auf die Welt zugehen, sie denken und analytisch erklären und/oder sie träumen und intuitiv erfassen. Alle meine geistigen und sinnlichen Werkzeuge sind mir willkommen. Das Herz ist nicht »wahrer« als das Hirn. So wenig wie die linke Arschbacke wichtiger ist als die rechte. Einmal brauche ich die eine, einmal die andere, meist beide. Ähnlich mit den zwei »noblen Organen«. Wer sie gegeneinander ausspielt, ist ein Dummkopf. Mir ist jedes Teil an meinem Körper recht, die noblen und die nicht ganz so durchgeistigten, um mit der Komplexität der Welt fertig zu werden.

O.k., die Missverständnisse sind ausgeräumt. Und ich habe inzwischen jene vom Platz geschickt, die als Kind die schönsten Flausen (und vielleicht Talente) im Kopf herumtrugen, aber später nicht bereit waren, die Kopfgeburt zur Welt zu bringen. Oder zu schnell einknickten. Sie wollten das Wunder umsonst. Oder fast umsonst. Sie wurden irgendwann Taxifahrer und lassen seitdem jeden zweiten Fahrgast wissen, dass sie »eigentlich« zu Höherem geboren sind, aber eben kein Glück hatten im Leben. Wer kennt sie nicht, diese Alibi-Athleten. Je cleverer sie sind, desto raffinierter ihre Notlügen. Ich habe keine Ahnung, ob ihre Ausreden gerechtfertigt sind. Ich konstatiere nur.

So bleibt noch die ungeheure Minderheit, jene mit der heiligen Dreifaltigkeit, die a) träumte, die b) ein kreatives Potential mitbekommen hat und die c) bereit war, es zu plündern, sprich, eben so lange danach zu fahnden, bis das Außergewöhnliche zum Vorschein kam.

So sollen, ich wiederhole mich, zwei ewige Wahrheiten für jene gelten, die es schaffen wollen. Wahrheiten, von denen so viele, seltsamerweise, noch nie gehört haben. Numero uno: Ein Talent muss vorhanden sein. Als Geschenk der Natur, des Teufels, des Himmels, von wem auch immer. Für die mittlere Beamtenlaufbahn braucht es keine Gaben, da braucht es Sitzfleisch und den unbeugsamen Willen, nie einen eigenständigen Gedanken zu produzieren. Kein Mensch, sprich Schreiber, wird gut, wirklich gut, ohne nicht schon von Anfang an etwas mitbekommen zu haben. Als Beweis dieser These vielleicht der Hinweis auf eine zukünftige Schönheitskönigin: Läge in ihren Genen nicht schon die Botschaft, dass Augen und Busen und Hintern und die langen Beine einmal atemberaubend gedeihen werden, nie würde aus ihr eine Frau, die eines Tages Millionen (auch Millionen Frauen) den Schlaf raubt. Ist das gerecht? Natürlich nicht. So wenig gerecht wie die Tatsache, dass einer als Mozart auf die Welt kam und ein anderer als Heino das Leben aushalten muss. Ähnlich skandalös hört sich der Unterschied zwischen den Herren Shakespeare und Coelho an. Der Engländer kann so wenig für seine Wunderwaffe, die Sprache, wie der Brasilianer für seine Bonsaiprosa. Den einen liebten die Götter, den anderen bestraften sie. Und uns.

Und die zweite Wahrheit? Noch banaler: eben die Bereitschaft – schon angedeutet –, sich jeden Tag hinzuknien und das Göttergeschenk auszubeuten, genauer, sich auszubeuten. Ich will es mit einer Metapher verdeutlichen: Nehmen wir den dreckigen faustgroßen Klumpen, den ein Arbeiter in einem Diamantenbergwerk findet. Der Klumpen ist der »Rohling«, der ungeschliffene Edelstein, das vielversprechende »Gen«. Aber so, wie er daherkommt – eben klobig und stumpf –, ist er wenig wert. Deshalb muss er zu einem Diamantenschleifer. Und der schleift ihn, bis die Kartoffel blitzt und schimmert, bis das Schmuckstück so aussieht, dass alle es haben wollen. So in etwa sollte ein begabter Schreiber an seine Begabung herangehen, sie schleifen: besessen, schönheitsdurstig, nicht ruhend, bis jeder Satz wie ein kleines Juwel vor ihm liegt. Deshalb sieht ein Schreibtisch wie eine Folterbank aus. Wobei Folterer und Gefolterter eine Person sind.

Schreiben ist ein anstrengendes Business. Neben Schweiß schwitzt man auch Blut. Dabei darf der Leser den Sätzen nie die Mühsal ansehen. Gewiefte Sprachliebhaber wissen, dass das Leichte das Schwerste ist. Vor mehr als 200 Jahren notierte Fürst Metternich, das Wiener Scheusal, einen respektablen Satz: »Die Kunst ist, oben zu bleiben.« Die giftige Anmerkung gilt für Pornostars, Wolkenkratzer-Fensterputzer und Schreiber. Ein paar Augenblicke lang sind viele von uns famos, aber einen langen Text lang, ein Buch lang, Bücher lang? Deshalb die Folterbank, deshalb die lustvolle Bereitschaft, sich zu quälen. Damit einer schreibt, wie Muhammad Ali tänzelte. Cool, federleicht, immer wissend, dass Eleganz ungemein besticht.

Ach ja, warum Reporter? Sorry, jetzt bin ich tatsächlich abgedriftet. Warum also Reporter und nicht Saxophonspieler oder Gynäkologe? Ein Blick auf meine Website zeigt, was einer alles nicht können kann und trotzdem eines Tages dort eintrifft, wo er es aushält. Bin eben ein *latebloomer*, ein Spätblüher, der länger braucht als andere, um seine Begabung und sein Ziel zu entdecken.

Die erste Antwort, haargenau: Ich wüsste von keinem anderen Gen in mir, für dessen Ausbeutung jemand Geld hinlegen würde, sprich, ich habe keine andere Veranlagung entdeckt. Andere können aussuchen, ich nicht. Bin ja schon überglücklich, dass ich das eine, das einzige, gefunden habe.

Und die zweite Antwort, auch schlicht und sofort einleuchtend: Mit dem »Beruf Reporter« – ob man das nun Reiseschriftsteller oder Berichterstatter oder einfach nur »writer« nennt – bekomme ich Zugang zu zwei unerschöpflichen Schatztruhen: dem Wunder der deutschen Sprache und dem Weltwunder, der Welt. Als bekennender Flüchtling, immer auf der Flucht vor dem Grind des Alltags, habe ich es nicht schlecht getroffen. Denn ich will nicht in Würde altern, sondern mit Würde wach bleiben. Picasso wusste es längst: »Es dauert verdammt lang, um wieder jung zu werden.«

Noch eine heitere Fußnote. Ich kann sie mir nicht versagen, zudem gehört sie zum Kapitel. Denn ein Autor, der vorlaut Behauptungen aufstellt, tut gut daran, sie mit Fakten zu untermauern. Zur Sache: Wann immer sich eine Gelegenheit bietet, denunziere ich Paulo Coelho. Mindestens einmal pro Buch. Weil ich ihn für den Inbegriff jener Sorte Schreiber halte, die rastlos zur weltweiten Verdummung beitragen. Und da der Grad von Verblödung – unendlich viele versuchen, uns zu verblöden – täglich zunimmt, will ich meinen bescheidenen Beitrag leisten, indem ich ab und zu dagegen anstinke. Gegen ihn, gegen andere.

Zuletzt: Die Anekdote ist einfach zu außergewöhnlich, einfach zu beweiskräftig, um sie der Öffentlichkeit vorzuenthalten. Sie ist der Kronzeuge, sie adelt alle meine bisherigen Warnrufe in puncto PC, des Ex-Werbefuzzis. Vielleicht reagiert mancher nach der Lektüre dieser Zeilen ähnlich wie jene Leserin, die mir einst schrieb: »Ich habe mich wahnsinnig über Ihre abfälligen Bemerkungen über Paulo Coelho geärgert. Aber Wochen später hatte ich die Kraft, nochmals in seine Bücher hineinzulesen. Und siehe da, Ihr Gift hat gewirkt. Plötzlich wurde mir die ganze Seichtheit, der ganze esoterische Humbug bewusst, mit dem Coelho sein Pseudowissen verbreitet.«

Wie dem auch sei, hier kommt die Unglaublichkeit: Ich hatte eine Lesung in einer Buchhandlung. Volles Haus, Hausherr und Hausherrin und Publikum schienen zufrieden. Hinterher lud mich das Ehepaar zum Essen ein. Und jetzt erzählte der Mann, animiert durch eine von mir vorgelesene Paulo-Coelho-Lächerlichkeit, einen bedenkenswerten Vorfall. Damit die Anekdote auch von Branchenfremden verstanden wird, hier ein paar Zusatzinformationen: Zwei Mal pro Jahr, Frühjahr und Herbst, schicken Verlage ihre Vertreter landesweit in alle Buchhandlungen. Damit sie die Neuerscheinungen anpreisen und somit den Buchhändler zur Bestellung ermuntern. Denn ein im Laden sichtbares Buch geht vielmals besser als ein unsichtbares.

An einem Tag war der Vertreter von Diogenes angekündigt. Ein hoch angesehener (Züricher) Verlag, der die Lizenz für die deutschsprachige Ausgabe von Coelhos Büchern besitzt. Wie die meisten Verlagshäuser ist auch er zur sogenannten Mischkalkulation verpflichtet: Man druckt berühmten Schrott, um die guten Autoren, die weniger zahlreich verkauft werden, zu finanzieren. Und der gemütliche Herr, fernab aller bissigen Polemik, zog »Brida«, den neuesten Coelho-Erguss, aus der Tasche, senkte die Stimme und sagte, unbezahlbar und aus allererster Hand: »Lieber (beep), dieses Mal kann ich mich nicht zurückhalten, jetzt müssen Sie es erfahren: Wir alle im Verlag wissen, dass Coelho gequirlte Scheiße schreibt. Die sich jedoch bestens verkauft. Ich bitte also um Nachsicht, wenn ich ihnen auch heute wieder Mist andrehe.«

WHEN A WOMAN LOVES A MAN
Das ist die Geschichte von O., einer Frau, die ich als gute Freundin kannte. Irgendwann fing O. zu erzählen an und irgendwann schrieb ich mit. Erst zögerlich, da ich nicht wahrhaben wollte, was ich hörte. Bis ich begriff, dass sie von ihrer Wirklichkeit sprach, von einer sagenhaften, wüsten, ja urkomischen Wirklichkeit. Und ich begriff, dass man sie aufschreiben musste. Schon aus Bewunderung für jene, die von ihrer Freiheit nicht lassen wollen. Deshalb gehört sie in dieses Buch. Damit andere Frauen sie nachlesen. Als Aufklärungsschrift, als Warnschuss, als den zum Schreien aberwitzigen Tatsachenbericht einer in die Hölle abgestürzten Liebe. Das folgende »Ich« gehört O., der Frau, die davonkam.

Meine Geschichte soll Freude machen. Und Mut. Eine Geschichte von drei Jahren Irrsinn aus dem Leben einer Frau und eines Mannes. Ich bin diese Frau und wenn ich heute an diesen Mann denke, bleibt mir für einen Augenblick das Herz stehen. Um dann umso heftiger weiterzuschlagen. Weil ich anfange zu lachen. Weil ich platze vor Stolz. Stolz über mich, die ich so lange am Saum eines geisteskranken Männerhirns entlangtaumelte. Und alles überlebte. Nur wahrhaft reicher geworden bin um das Wissen über die Abgründe des Menschenherzens. Schon erstaunlich: Nichts ging verloren, auch nicht meine Begabung, Männer zu mögen und zu begehren.

B. war nicht schön, nicht hässlich. Ein vierzigjähriger, fester, sehniger Körper, Normalgröße, eine gute Sprache,

Dozent für Elektrotechnik. Eindrucksvoll war seine Art, ohne Umwege und Verzögerungen ordnend in mein Leben einzugreifen: Geldanlage, Steuererklärung, ein lästiger Prozess mit einem früheren Arbeitgeber wegen ausstehender Gehaltszahlungen. Was mich seit Jahren belastete, erledigte B. in wenigen Wochen. Wie beruhigend schien mir das Auftauchen eines Menschen, der zielstrebig meine Existenz aufräumte.

So ging die ersten Monate alles gut. Nur manchmal entdeckte ich flüchtige Indizien eines wunderlichen Benehmens, denen ich aber nicht nachging. Wohl aus Trägheit, wohl in der leichtfertigen Überzeugung, mich getäuscht zu haben.

Als wir am Ende des ersten Jahres heirateten, war die Schamfrist vorüber. Jetzt spürte ich schlagartig, welch schier übermenschliche Kraft dieser Mann investiert hatte, um den Teufel in sich zu bändigen und mit welch erlösender Genugtuung er nun aus sich herausließ, was unaufhaltsam aus ihm herausmusste.

Ich denke nicht, dass irgendein Wesen auf unseren Breitengraden existiert, das auf radikalere und unvorhersehbarere Art als er versuchte, diesen Trieb nach materieller Keuschheit und unbedingter Entsagung auszuleben. Keiner wird mir glauben, wenn ich hier von dem uferlosen Reichtum an Fantasie, Raffinement und spektakulärem Sadomasochismus erzähle, mit dem B., dieser nun maßlos gewordene Geizkragen, sich anschickte, unser gemeinsames Leben einzurichten auf den Grundpfeilern der Buße, des Irrwitzes und der Ekstasen der Lächerlichkeit.

Wo soll ich anfangen? Ich weiß nicht mehr, welche seiner Misshandlungen schwer wiegt und welche schwerer. So will ich der Reihe nach aussagen und alles veröffentlichen. Sollen andere entscheiden, was noch als menschenmöglich gilt und was nicht.

Nach dem Hochzeitsessen mit zwei Trauzeugen, einer Brezel, einem Glas Bier und einem Paar Weißwürsten pro

Person zogen wir in eine seiner beiden Eigentumswohnungen, die sogleich umgerüstet wurde. Am Telefonkasten installierte B. eine Stoppuhr. Ferngespräche waren grundsätzlich untersagt. Im Stadtbereich waren jedem von uns zehn mal acht Minuten erlaubt. Das entsprach exakt der Anzahl der zwanzig kostenlosen Einheiten. So betrug unsere Telefonrechnung grundsätzlich 27 Mark Grundgebühr. War sie höher, wurde sie mit einem grimmigen, zur Begleichung der Mehrkosten zwingenden, Blick an mich weitergereicht.

Regeln der Nahrungsaufnahme wurden festgeschrieben: der penible Zeitraum, innerhalb dessen, und die Konditionen, unter denen Lebensmittel zuzubereiten und einzunehmen waren. Nebenbei hatte ich strengstes Kochverbot und es war ausschließlich B. vorbehalten, samstags und sonntags ein bescheidenes Mahl bereitzustellen. Ansonsten ernährten wir uns kalt. Außertourliche Kalorienzufuhr, sprich, außerhalb offizieller Esszeiten, war untersagt. Nicht einmal eine Extratasse Kaffee wurde genehmigt. Nicht nachmittags, nicht abends. Die Lagerung von Naturalien erfolgte selbstverständlich auf dem Fensterbrett. Nur in sommerheißen Notzeiten verlagerte er die Margarine und die Milch in den sonst leerstehenden Kühlschrank.

Ich will es gestehen: Eine Zeit lang war ich fasziniert von seinem Tun und Lassen, von diesem unbarmherzigen Willen, sich bis zur Selbstaufgabe zu kasteien, dieser Sucht nach einem unabhängigen Körper, der mit einem Minimum äußerlicher Zuwendung gesund und belastbar überlebte. B.s Leib war straff und biegsam, seine sexuelle Kraft häufig und zuverlässig. Ich wollte leben wie er, wollte mein Fleisch überwinden und stolz sein können auf eine karge, einfachste Existenz. Seine Ideologie, verbreitet mit Hilfe einer klaren Sprache, hatte etwas Verführerisches: absolutes Rauchverbot, eine einzige Tasse Kaffee, ein Minibudget für Kleidung, die strikte Verweigerung von Ruhepausen – all das stählte auf unübersehbare Weise seine

Kräfte. Dass er sogar per Fahrrad innerhalb der Stadt seine eigene Post ausfuhr, hatte etwas Überwältigendes.

Erst als mir klar wurde, dass ich ein solcher Mensch nicht war, dass mein leichtsinniges Herz und mein heiterer Umgang mit den Dingen des Lebens nicht umerzogen werden konnten, weder durch Moralpredigten noch durch Prügelstrafen, erst als ich das alles begriffen hatte, begann sich mein Widerstand zu organisieren und unser Dasein schlitterte ins Inferno eines sadistischen Alltags.

Natürlich änderte auch B. sein Verhalten. Sobald er sah, dass ich die demütige Haltung der begeisterten Schülerin aufgab, erarbeitete er ein Programm physisch-psychischer Daumenschrauben, mit deren Hilfe er skrupellos nachlegte.

Eine furiose Eifersucht brach aus. Ein persönliches Treffen, sogar Telefongespräche mit jeder Art von Bezugsperson standen auf der schwarzen Liste: Eltern, Verwandte, Freunde. Männerfreunde wurden überhaupt nicht aufgelistet, so jenseits aller Vorstellung lag ihr Vorhandensein. Selbst seine eigenen Bekannten kamen in die Schusslinie. Er legte mich trocken, hungerte alles aus, meine Neugier auf andere, auf Zuhören und Mitreden.

Ein eisiger Winter begann. Kein Pfennig wurde verheizt. Dafür mit Holzwolle, Filz und Pappe die Fenster abgedichtet. Mit Mützen, je drei Pullovern, Pelzschuhen und Mänteln saßen wir in unserer eigenen Wohnung. Zwei erwachsene Menschen, beide mit einem gehobenen Einkommen, hockten – mitten in einem der reichsten Länder der Welt – wie zwei bis oben hin vermummte Vogelscheuchen auf einer Wohnzimmercouch. Bei Temperaturen knapp über dem Gefrierpunkt.

Bald konnte ich nicht mehr zwischen einem rasend gewordenen Traum und einer traumatischen Wirklichkeit unterscheiden. Verschärft wurde dieser Eindruck durch die Tatsache, dass wir am Schreibtisch dicht nebeneinander klebten, um im Lichtkreis der einzig gestatteten Lampe zu arbeiten.

Hinterher kamen neue Herausforderungen. Wie ein siamesisches Zwillingspaar deplatzierten wir uns vom Schreibtisch wieder zurück auf das Sofa. Zur Lesestunde. Der Weg dorthin vollzog sich im Dunkeln, da wir inzwischen die eine Lampe ausgeschaltet hatten, um die andere, die sogenannte »Leselampe«, einzuschalten. Wie Diebe der Nacht schlichen wir von Zimmer zu Zimmer. Nur benötigten wir keine Taschenlampen, so leichtfüßig blind bewegten wir uns durch die Finsternis.

Ich spürte, wie sich der Modergeruch dieses perversen Lebensstils in mir ausbreitete. War ich allein zu Hause und bemerkte plötzlich, dass zwei Glühbirnen zur selben Zeit brannten, stürzte ich drauflos, als gälte es, ein offenes Feuer zu löschen. Ich tat, was mein Verstand für schwachsinnig und absurd erklärte. Aber ich war bereits bis in die Nervenspitzen konditioniert. Wie ein Pawlowscher Hund verspritzte ich mein Adrenalin bei der geringsten Missachtung der von B. herrisch niedergeschriebenen Gebrauchsanweisungen.

Nach einem halben Jahr zog ich aus. Für eine Woche zu meiner Schwester. Da ich auch Sport unterrichtete, hatte ich das täglich wiederholte Bedürfnis, mich zu duschen. B. genehmigte nicht einmal eine kalte Brause. Ein Waschlappen war zu benetzen und damit der Körper abzureiben. Bis zu den großen Ferien konnte ich mich fügen, gab es doch in der Schule alle notwendigen sanitären Anlagen. Auch aß ich in der Kantine, verbotenerweise, ja trank den so innig vermissten Kaffee, überzog mit jedem Bissen, mit jedem Schluck, mit jedem an meinen Körper verschwendeten Liter Wasser das Konto meiner Schuldgefühle.

Jetzt stellte ich B. ein Ultimatum. Woher ich die Kraft nahm, kann ich nicht sagen. Vielleicht die Hetzreden meiner Schwester, vielleicht mein unbeugsames Reinigungsbedürfnis: Entweder durfte ich ab sofort zu Hause duschen oder mein Auszug wäre endgültig! Zwei Tage später kam die Antwort. B. brauchte die Zeit, um zu tüfteln, um auf

Biegen und Brechen eine Lösung zu finden, die beide Fronten befriedigte: seine Raffgier und meinen Anspruch.

Seine Lösung war verblüffend: Er manipulierte den Gaszähler, brachte ihn zum Stehen, wenn der Verbrauch auf kleinster Flamme lief. Nachts wurde nun ein Zehn-Liter-Topf auf den Herd gestellt und erwärmt. Dreimal die Woche. Ich ließ mich auf dieses Angebot ein und kniete mich montags, mittwochs und freitags in die Badewanne, während B. das (kostenlose) Warmwasser auf mich goss. Für ihn war es ein Hattrick: Ich war zurück, die Dusche umsonst und als spektakulärer Kantersieg entpuppte sich die Entdeckung, zukünftig auch spesenfrei kochen zu können.

Trotzdem suchte B. nach Rache. Wie absehbar, denn eine Frau stellt kein Ultimatum. Selbst wenn sich eine solche Anmaßung in einen Triumphzug des Mannes verkehrte. Und die Rache war bitter. An den drei Waschtagen und den davorliegenden Nächten bestand rigoroser Liebesentzug. Keine Berührung, kein Sex, kein einziges warmes Wort. Zugegeben, ich litt. War das doch der letzte Bereich, in dem so etwas wie gegenseitiges Verlangen und Sehnsucht bestanden.

Aber es gab kein Zurück. Ich hielt der Erpressung stand. Ich wuchs, ich entdeckte das simple Menschenrecht, mich täglich brausen zu dürfen. So kroch ich still aus dem Bett und machte auch in den vier übrigen Nächten einen Eimer Wasser warm. Bis B. den borstigen Widerstand entdeckte und Gegenmaßnahmen ergriff. Jetzt war mir mit Liebesentzug nicht mehr beizukommen, jetzt gab es eine Gewaltzulage. Mittels Fäusten, mitten ins Gesicht.

Ich zog wieder aus. Mit den dreißig Litern pro Woche hätte ich mich – nach Einführung des Faustrechts – abgefunden. Nicht aber mit der Weise, auf die sie verabreicht wurde, die Wasserration. Irgendwann fühlte ich mich wie eine Schlachtsau, die kurz vor dem Fangschuss noch einmal kräftig abgespritzt wurde. Ich registrierte den Verlust meiner Würde und B.s höhnische Befriedigung beim Anblick seiner vor ihm knienden Frau.

Mein Fortgehen bedrohte ihn. Wieder zerlegte er sein Technokratenhirn, um einen Ausweg zu finden. Keinen menschlichen, natürlich nicht. Es gab nur technische Antworten. So auch diesmal. Die Zubereitung des Wassers blieb dieselbe, illegal und zehnliterweise. Was sich änderte, war die Inbetriebnahme. B. montierte eine Gießkanne in die Dusche. Eine Art Handbrause zur Selbstbedienung. Ich zog an einer Kette und das Wasser begann auf meinen Körper zu sprühen. Ein Narrenspiel: In einer voll ausgerüsteten Dusche hing eine blecherne Kanne, deren Inhalt über acht Stunden erhitzt wurde, um endlich – linkisch und kompliziert – seiner endgültigen Bestimmung zugeführt zu werden. Aber immerhin stand ich jetzt aufrecht. Allein und ohne die hämischen Blicke von B.

Dennoch, keine Gießkanne der Welt rettet einen auf den Grundfesten der Paranoia etablierten Ehestand. Mit einem Menschen, der Schaum spie, wenn er erfuhr, dass man zwei deutsche Mark für eine Busfahrkarte verschwendet hatte, statt durch den strömenden Regen zu laufen, mit einem solchen Zeitgenossen war nicht zu leben. Diese verfrorenen Winter, diese ungewaschenen Sommer, diese hysterische Entsagung, diese ununterbrochene Abwesenheit von Freunden, unsere Blindflüge durch die Wohnung, mein von Schuldgefühlen zerfressenes Herz, nichts und niemand war fähig, eine solche an den Endstationen der Idiotie angesiedelte Existenz zu reparieren. Auch kein Therapeut, zu dem wir zuletzt gingen und der von einem Lachkrampf in den nächsten schleuderte, so amüsiert schien er von unseren Erzählungen.

Ich zog ein drittes Mal aus. Um mich anschließend über ein Jahr lang mit ihm zu treffen, täglich. Zeit für bohrende Diskussionen zwischen B., der nicht aufgeben wollte und sein gepanzertes Herz wie einen Sicherheitsgurt durch die Wirklichkeit trug, und mir, die von ihm schändliche Male gedemütigte Kuh, die noch immer bereit war, sich zu versöhnen. Warum nur, warum? Diese typische Frauendummheit, die noch nach tausend Niederträchtigkeiten an die Wiederauferstehung der Liebe glaubt? Die Feigheit vor dem Alleinsein? Mein unerbittliches Verlangen nach Zärtlichkeit und Behütetwerden? Und wäre es die Wärme und der Schutz eines verhornten Seelenkrüppels? Ich weiß es nicht.

Das Ende, das tatsächliche, das endgültige, passierte dramatisch und mit einem herrlich langgezogenen Lacher. Meinerseits. Mitten in einer unserer zähen Friedensverhandlungen war B. plötzlich aufgesprungen und hatte sich mit winselnder Stimme an meinen Hals geworfen: »Ich kann ohne dich nicht leben, bitte, bitte komm zurück!« Ich blieb gefasst und stellte nur eine Frage: »Darf ich mir ab und zu eine Tasse Kaffee kochen?« Kaum hatte B. das Fragezeichen gehört, überkam ihn ein Heulkrampf und er schluchzte, am ganzen Körper vibrierend: »Nein, nein, das geht nicht, das kann ich nicht zulassen.«

In genau diesem Augenblick war ich von allem erlöst. Jetzt kamen auch mir die Tränen. Diesmal sicherer Beweis eines orgiastischen Gelächters, das umso unaufhaltsamer aus mir herausbrach, je mehr mir bewusst wurde, dass von dieser Minute an mein Leben in eine andere Richtung treiben würde, dorthin, wo es fröhlicher zuging, lässiger, großzügiger. Und dass sein Leben, das Leben von B., verloren war, zerbrochen an hundert Kubikzentimetern warmen Wassers.

Die Scheidung war nur noch eine Formsache. Ich (sic!) gab alles zu, wenn ich nur wiederbekam, was alles gutmachte: meine Freiheit. Ich rekonvaleszierte. Nur manchmal ertappte ich mich dabei, eine zweite Lampe auszuschalten. Oder hörte den inneren Hader beim Stehen unter einer voll aufgedrehten Dusche. Kaffeetrinken zu allen erdenklichen Tageszeiten und Nachtstunden definierte ich von nun an als den reinsten Ausdruck von Glück.

Meine Freiheit gebe ich nicht mehr zurück. Auch nicht an den Mann, der jetzt mein Freund ist. Er heißt A. und gehört zu den hellblauen Männern, die ich so mag. Ach ja, B. schickt zuweilen Briefe, per Fahrrad. Wie zu erwarten, ist er auf dem Weg in den siebten Kreis der Hölle. Was er darüber zu berichten hat, erkenne ich an den beigelegten Listen, auf denen er detaillierte, ins Fleisch schneidende Vorschläge zum Energiesparen unterbreitet. Das ist dann der Moment, den ich schon früher erwähnte, jener Augenblick, in dem mir für die Hälfte einer Sekunde das Herz versagt. Um sogleich freudezitternd wieder anzuspringen. Weil ich jetzt lache, schreiend und mit animalischer Wonne einen Mann auslache, der um ein Haar mein Leben zerstört hätte.

JEDER FURZ EIN ABENTEUER

Die Sprache ist eine elende Hure. Sie treibt es mit vielen. Hauptsache, der Kunde kennt das Alphabet auswendig. Knapp dreißig lausige Buchstaben verlangt sie, nicht mehr. Dann darf es ihr jeder besorgen, jeder sie schwängern. Dass hinterher eine Missgeburt zum Vorschein kommt, will die Schlampe nicht kümmern.

Zwei Typen von Kundschaft treten an: die professionelle Minderheit, das wären die Macher, die Machthaber, die Entscheider. Sie brauchen nur den Mund zu öffnen, damit wir uns sorgen. Um die Sprache, um uns, um die ganze Welt. Und es drängelt die Mehrheit, die Amateure. Das wären die Protzer, die Großgoscherten, die Maulhelden. Ihnen sei dieser kleine Text gewidmet.

Was sie besitzen, sind die vielen gewaltigen Sprüche und das kleinlaute Leben. Ihr hitziger Beischlaf mit der Sprache tut ihnen gut, wie Matadore steigen sie anschließend von ihr herunter. Ihr schmalbrüstiges Dasein hat auf einmal Format. Souverän – hier nicht unbegabter als die Profis – werfen sie mit den sensationellsten Wörtern um sich: Freundschaft, Mut, Herausforderung, Freiheit, Leidenschaft, Wirklichkeit, Wahrheit, Stolz, Ehre, Hingabe, Sehnsucht. Zu Schleuderpreisen gehen diese Preziosen über den Ladentisch. Männchen sprechen sich aus. Träge Geschöpfe sondern Vokabeln ab, die nicht zählen, nichts wiegen, die immer so bleiben: abwaschbar.

Am rabiatesten richten sie ein Lieblingswort zu, das

schöne, das dunkle, das muskulöse Wort *Abenteuer*. Orgien der Gewöhnlichkeit laufen heute unter diesem Begriff. Kaum organisiert jemand einen Waldspaziergang, lese ich davon in einer großen Tageszeitung unter dem aberwitzigen Titel »Abenteuer Freizeitgestaltung«. Ein Herrenmagazin, nachdrücklich verlangt von »echten Männern«, annonciert auf seiner ersten Seite: »Lust auf Abenteuer«. Ich stürze drauflos und finde inwendig zwei spektakulär ondulierte Fotomodelle, die unter der Überschrift »Outfits für Eroberer« geschmackvoll abgestimmte Viskosesocken von Valentino, handgebügelte Hemden von Fiorucci und taillierte Seidenjacketts von Jil Sander vorstellen. Sie stehen mitten im Urwald von Borneo und an ihren Fesseln tragen sie die raffiniert geschnittenen Sandalen von Kenzo. Als Alternative zu den edlen Rindslederstiefeln von Santoni.

Wie wahr: Verzappelte Würstchen betrachten hochgestylte Kleiderständer beim Vorführen aktueller »Abenteuer-Accessoires«. Die intensive Beschäftigung mit erlesen abgestimmtem Zubehör als Ersatz für ein lauwarmes Herz. Der Blick auf schmalzige Schönlinge im »Abenteuer-Look« als Aphrodisiakum für tote Hosen.

In einem anderen bunten Heftchen dürfen wir dabei sein, »wenn Helden reisen«. Der Leser erfährt sogleich die »wichtigsten Geheimtipps, um sich auf abenteuerliche Weise fortzubewegen«, ja, mit angehaltenem Atem erfahren wir, »was tun, um als richtiger Kerl seine eigenen Grenzen kennenzulernen«. Ganz offensichtlich, hier schreiben Hasardeure für Hasardeure.

Erbarmen mit diesen Dünnmännern. Ein Beispiel mag zeigen, wie peinlich der Aufprall ist, wenn die Realität nicht hergibt, was die so fett gedruckten Worte versprechen: »Motorradfahren in China« traut man sich anzubieten. Aber herdenweise, unter Aufsicht, zwei Wochen lang 250 Kilometer pro Tag auf nagelneuen BMW-Maschinen. Und abends ins reservierte First-Class-Bettchen. Das einzig

Aufregende an diesem Kinderpopoausflug ist der Preis: über 6300 Euro für ein solches Abenteuerlein.

Ein renommierter Verlag veröffentlicht unter dem Titel »Abenteuerreisen« einen Sammelband. Ich besitze ihn sofort. Das erste Kapitel berichtet von einem Bayern, der ein rollendes Hotel erfunden hat. Weitere neununddreißig Abenteurer dürfen bei ihm mitfahren. Und »hautnah erleben«. Dazwischen deutsche Küche, Vollpension. Weiter hinten im Buch spaziert ein anderer Recke mehrere Stunden lang auf dem ausgelatschten *Inka-Trail* zum Machu Picchu. Den Höhepunkt liefert ein dritter Gigant, der für zwei Tage im Gefolge seiner Mitstreiter und unter der fürsorglichen Anwesenheit eines deutschen Aufsehers durch den »Dschungel am Äquator« zieht, um die »Eingeborenen in ihren typischen Festgewändern« heimzusuchen. Arme Afrikaner.

Und sie schämen sich nicht. Nicht für das schamlose Ablichten von »Wilden« (doch das ist ein anderes Thema), nicht für den schamlosen Missbrauch eines Worts, das allemal zu wuchtig ist, um die läppischen Spritztouren dieser Sonntagsausflügler zu beschreiben.

Diese monströse Verschwendungssucht von Superlativen, diese eiskalte Hinrichtung eines sagenhaften Worts. Der Daddy-Tourist mit einmal sechzig Minuten freiem Auslauf pro Tag gilt als »Abenteuer-Urlauber«. Das Foto seiner Gattin, den Häuptling umarmend, als Nachweis für die »aufregende Begegnung mit fremden Kulturen«.

Aber es geht noch billiger: ein »shopping adventure« für jeden, der den Weg ins nächste Kaufhaus schafft. Das »Abenteuer-Auto« für jeden, der »mehr will«. Wo andere resignieren in öffentliche Verkehrsmittel flüchten, fordert unser Out-of-Africa-Verschnitt das Schicksal heraus. Mit Vierradantrieb, Tierschutzgitter und Sturzbügel schlägt er sich durch. Vom Wannsee zum Prenzlauer Berg.

Neben dem Zorn über den Raubbau an der Sprache noch ein anderes Gefühl: mitleiden beim Betrachten dieser »Siegertypen«, deren Aufregungen auf dem Millimeterpapier Platz haben. Das unwiderrufliche Bedürfnis, ihnen eine warme Decke überzuwerfen. Damit sie nicht in Tränen ausbrechen, wenn es nieselt und ein Lüftlein zieht.

Ich bin gegen alle Verharmlosung dieses einmaligen Worts. An dem jeder Mehlsack sich heute rotzfrech vergreift. Ich mag ihn nicht, diesen ordinären Nuttengeruch, der heute an ihm klebt. Die neun Buchstaben riechen einfach zu gut, als dass man sie aushielte in der Nähe asthmatischer Sparkassenexistenzen.

»Was ist Glück?«, wurde Freud einmal gefragt. Und der damals Dreiundsiebzigjährige antwortete: »Einen Kindertraum erfüllen.« Die Welt wäre sinnlicher, wenn wir ein paar unserer Träume ins Erwachsenenleben gerettet hätten. Wohl nicht. Dafür haben wir – verdämmernd unter dem Sirenengeheul nach immer mehr Plunder – das 800 Jahre alte Wort *abentiure* (»Wagnis«) ordentlich zugerichtet. Damit auch Gartenzwerge es aussprechen können, ohne daran zu ersticken.

DIE BEULE

Ich wollte das Fliegen lernen. Und stürzte ab. Ich wollte leicht sein. Und landete im Dreck. Ich wollte sein wie Buddha oder Bond. Easy, cool, ein Lächler. Einer, der Dinge erledigt, die er versteht. Und von Dingen lässt, die andere besser können. Aber ich war nie 007 und nie Gautama, ich war immer nur ich.

In der amerikanischen Pädagogik gibt es den Ausdruck *negative learning*: um die Welterfahrung derjenigen zu bezeichnen, die länger brauchen als andere. Statt geradewegs auf ein Ziel zuzugehen, machen sie Umwege. Sie lernen »negativ«, sie lernen das, was sie *nicht* wollen. Erst dann – haben sie Glück – finden sie, was sie bejahen. Die Intelligentesten unter den Langsamen werden gar *late bloomers*: jene, die spät blühen.

Ich blühte nie, ich lächelte nie. Sagen wir, ich blühte und lächelte nie so wie die Herren Buddha und Bond. Wehmütig blickte ich sie an, ihr Geheimnis war nicht zu enträtseln.

Bis die Beule kam. An einem heißen Sommervormittag in Paris. Mit ihr kam das Glück, die Erleuchtung, dieser selige Zustand von Bescheidung und Erkenntnis. Vor dem Eintreffen der Beule war ich zehn Wochen lang mit dem Rucksack in Asien unterwegs gewesen. Und in keiner Sekunde während dieser Reise kam so viel Helligkeit und Klarsicht über mich wie jetzt. Keine Begegnung und keine Versenkung verschaffte eine solche Einsicht. Diese 11.36-Uhr-Beule war der Moment, in dem ich glücklich und verbeult die Konsequenzen zog und beschloss, nie wieder Hand anzulegen. Als Handwerker. Eben jener Augenblick, ab dem die Umwege, ach, die Irrwege, Vergangenheit sein sollten. Auch der Irrglaube, ich könne schwungvoll einen Nagel in die Wand treiben. Ohne den Nagel oder die Wand oder beides zu ruinieren.

In Bruchteilen einer Sekunde entschied ich, anders zu werden. In dieser Wohnung, meiner dreiundfünfzigsten, sollte das Leid ein Ende haben. Jene Beule, die allerletzte – verpasst beim linkischen Ausholen mit einem Hammer – in einer langen Serie sinnloser Beulen, sie endlich trieb mir den Hochmut aus. Jetzt war ich bereit, abzulassen vom eigenmächtigen Wändepinseln und Regalehämmern. Jetzt, blaugrün geschwollen und dämmernd vor Schmerz, wurde mir plötzlich klar, dass der Erleuchtete und James niemals bastelten und dass meine Hände – sollte irgendein Nutzen in ihnen sein – unter diesen Umständen zu nichts anderem taugten, als die *Gelben Seiten* durchzublättern und nach einem Handwerker zu telefonieren.

Und so geschah es. Monsieur Duchatel versprach, umgehend vorbeizukommen. Und er kam, sofort. Offensichtlich kannte er sich aus mit Typen wie mir. Talentlose Wichtigtuer, die sich als Selfmademen aufspielten. Souverän griff er in mein Leben ein und konfiszierte, seine erste Handlung, Hammer und Beißzange. Um mich zu entwaffnen. Erst jetzt war ich vor mir sicher. Ohne ein weiteres Wort zu verlieren, wandte sich der Meister seiner Arbeit zu und begann mit der Reparatur meiner Irrtümer. Ich war fristlos entlassen. Heiter und entstellt trat ich hinaus ins Freie. Die Heiterkeit hatte Gründe. Ich sah mich um und bemerkte, dass wir alle drei blühten und lächelten. Links der Leuchtende, rechts der Unbesiegbare und mittendrin ich. Wunderbar aufgehoben.

DIE LEERE

»Come back«, ruft er. Ich schrecke zusammen. Verstörter Blick auf den Mann, der vor mir steht. Jäh erinnere ich mich: Meditationsstunde in einem buddhistischen Tempel in Kyoto. Ich habe das Schlagen der Hölzer überhört, die das Ende der Sitzung ankündigten. Und Mönch Genko-san ist an meinen Platz gekommen, um mich zurückzuholen. In die Gegenwart.

Solche Situationen wiederholten sich. Öfters. Ich war hierher gekommen, um nur nach *einem* Zustand zu suchen: im Augenblick zu leben. Ich suchte nicht nach Gott, nicht nach Erlösung, nicht nach letzten Antworten, ich suchte einzig nach diesem sagenhaften Ort, der Jetzt heißt. Nicht mehr in der Vergangenheit zu streunen, nicht mehr in die Zukunft zu flüchten, sondern: im Präsens zu leben, präsent zu sein. Hatte ich Glück, so war ich das. Vermutlich zwei oder drei Minuten pro Tag. Die restliche Zeit war ich abwesend. Entweder in meinem Kopf oder in meinem Körper. Selten, dass die beiden sich am selben Platz aufhielten. Ich war wie 99 Prozent der Menschheit: Ich war nicht »da«. Nur immer woanders.

Als ich nach acht Monaten Kloster und Stillsitzen wieder in Europa lebte, wusste ich immerhin, dass ich mich permanent vor der Gegenwart drückte. Das war ein Gewinn. Die meisten wissen nicht einmal das.

Ich hatte noch ein zweites Geschenk bekommen, völlig unbemerkt. Wie eine Droge mit langer Inkubationszeit hatte es sich in mir ausgebreitet. Ich vermute, in der Zeit, als ich dasaß und mit halbgeschlossenen Augen auf den Boden des *Dojo* starrte, des vollkommen leeren Meditationsraumes. Eben in jenen endlosen Stunden, in denen ich versuchte, das Hirn zu leeren vom Müll belangloser Gedanken. Erst jetzt bemerkte ich es. Ein erstaunliches Geschenk.

Es war der Tag, an dem ich nach dem morgendlichen Aufwachen wie selbstverständlich die Männer vom Sperrmüll anrief und bat, den Großteil meiner Möbel wegzuschaffen. Es war der Morgen, an dem ich beschloss, »leer« zu werden. Wenn nicht im Kopf, so wenigstens außerhalb von ihm. 48 Stunden später schwor ich mir, jeden Tag ein Stück weniger zu besitzen. Und nach etwa zwei Wochen hatte ich endgültig begriffen, dass Stapeln und Anhäufen das Gegenteil von Leben ist. Je weniger ich verwaltete, sprich, je weniger Gerümpel mich umzingelte, desto »leichter« würde meine Existenz, umso inniger könnte ich mich auf das konzentrieren, was ich für wesentlich hielt. »Get your priorities straight«, sagen sie in New York: Finde heraus, was zählt.

Wer mir nicht glaubt, den führe ich einen Vormittag lang durch die *Galeries Lafayette,* das größte Kaufhaus von Paris, führe ihn vorbei an den vierhundert oder fünfhundert mühselig Beladenen, die letzte Nacht wieder keine Frau oder wieder keinen Mann umarmten, wieder nicht lauthals lachten, wieder keine Zeile Poesie lasen und wieder keine halbe Stunde Zeit fanden, um stillzusitzen und wahrzunehmen, was fehlt, ja unheimlich fehlt in ihrem Leben. Und sie deswegen jetzt einen siebenstufigen Bananenmixer kaufen oder eine Armbanduhr mit allen Börsenzeiten der Welt oder ein Handy mit 3333 Apps. Und Mixer und Uhr und Telefon werden sie wieder – und wieder nur hundsgemein kurzzeitig – darüber hinwegtrösten, dass keine Wärme und keine Freude und kein schwungvoller Gedanke sie beflügeln.

Ich hatte verdammtes Glück. Klar, ähnlich wie meinen Zeitgenossen waren auch mir immer wieder die sinnlicheren Manifestationen des Daseins abhandengekommen. Glück hatte ich dennoch. Wurde ich doch Zeuge einer Begebenheit, die wie eine kleine Erleuchtung wirkte, wie ein Peitschenhieb. Sie spielte in keinem Kloster, kam nicht als Geistesblitz über mich, war nur unübertrefflich irdisch. Denn auf rabiate Weise war mir, einmal mehr, bewusst geworden, dass ich meine siebzig oder achtzig Jahre anders hinter mich bringen wollte als diejenigen, die kein Glück haben, sprich, ich leben müsste wie jene vom Konsum Gezeichneten, die nie die Flucht antraten.

Hier die Szene, nur Sekunden lang: Ich stand auf dem Parkplatz von *Walmart* in Oklahoma City und sah einen Mann – mit Tüten schwerst beladen – auf sein Auto zustürmen, hörte, wie er schon von weitem seiner Frau zurief, den Kofferraum zu öffnen, sah ihn gleichzeitig mit titanischer Willenskraft weiterstürmen, um ja nicht zusammenzubrechen unter der Fracht so viel hartnäckigen Raffens, sah ihn tatsächlich bis auf zwei Meter an seinen Wagen herankommen, dann doch das Gleichgewicht verlieren und – unfassbar – mit dem Kopf voraus in der Tiefe des Kofferraums verschwinden, alle Last eisern mit sich reißend. Ein grandioses Bild.

Wie dankbar ich hinterher war. Denn bald stand nach dem Anblick dieses Geschundenen unverbrüchlich fest: Meine Wohnung ist keine Wärmestube. Jedes Ding, das hinein will, muss sich fragen lassen, ob es aus mir einen sinnlicheren Zeitgenossen macht, einen geduldigeren, einen mutigeren? Gar einen gewitzteren Schreiber? Oder richtet es das Gegenteil an? Macht es tatenlos, träge, verbarrikadiert es meine Träume? Diese Fragen müssen sein. Denn in allen Ecken meines Kopfes spukt ein Satz von Karl Kraus. Der Wiener war nicht Schriftsteller, er war Zen-Meister, naiv und gerissen wollte er wissen: »Gibt es ein Leben vor dem Tod?« Das ist eine bedrohliche Frage. Sie hält wach, sie schürt die Achtsamkeit, sie erinnert ununterbrochen an JETZT.

DIE HINRICHTUNG EINER SCHÖNEN GELIEBTEN
Ich bin gern Durchlauferhitzer. So will ich von mir reden, das bietet Angriffsfläche, das provoziert, das erleichtert die Identifikation. Und erhitzt die anschließende Diskussion. Epikur meinte einmal, dass in einer geistigen Auseinandersetzung derjenige Sieger ist, der verloren hat. Weil er etwas Neues gelernt hat.

Ich verliere gern. Unter der Bedingung, dass ich hinterher reicher, sprich, geistreicher davongehe.

In diesem Essay werde ich Nachrichten an Redakteure vorstellen. Schriftlich abgefeuert von mir auf sie, nachdem ich mitansehen musste, wie Sprachbehinderte sich an meiner Arbeit vergangen hatten. Notwehrschreie an jene, die nicht schreiben können, dafür aber gern die Axt schwingen, um sprachliche Eleganz totzuschlagen. Mein Pamphlet soll sie denunzieren. Damit sie ihren Beruf aufgeben und sich einen neuen suchen. Taxifahrer werden gebraucht, Orangenpflücker in Spanien, immer wieder Türöffner in Edelboutiquen. Von mir aus dürfen sie auch auf Bundeskanzler oder Papst umsatteln. Nur Redakteur dürfen sie nicht mehr sein, nur nie wieder einer werden, der Hand anlegt an fremden Texten. Ich war zu lange Opfer ihrer rastlosen Unbegabung, jetzt ist es Zeit für einen Rachefeldzug.

Klar, über Sprache werde ich auch reden. Über die fulminante deutsche. Nicht reden werde ich freilich über die zehn Regeln zum »Schöner Schreiben«. Wer bin ich, um mir derlei Unternehmungen zuzutrauen? Ich habe kein Germanistikstudium hinter mir, war nie auf einer Journalistenschule, weiß heute noch nicht, wie man eine Zeitung macht. Aber ich erinnere mich an einen Abend hinter der Bühne des Residenztheaters, wo Klausjürgen Wussow – noch fern vom Ruhm der *Schwarzwaldklinik* – und ich (direkt von der Schauspielschule) auf unseren Auftritt warteten. Und ich den Meister verschämt fragte: »Sagen Sie, wie spielt man tolles Theater?« Und Wussow, kurz angebunden: »Sie können alles spielen, nur stimmen muss es.«

Eine solche Antwort gilt auch fürs Schreiben. Keine festen Regeln, alles ist erlaubt, aber Vehemenz muss es haben, Rhythmus, den Swing. Muss im Leser das innige Gefühl verbreiten, dass man den Raum nicht verlassen will, ohne die vorliegenden Zeilen gelesen zu haben.

Ich denke an ein Interview mit Edward Albee, dem amerikanischen Dramatiker (»Wer hat Angst vor Virginia Woolf?«), der sich wünschte, dass die Zuschauer seiner Stücke nach Verlassen des Theaters von den vorbeikommenden Autos überfahren würden. Soll sagen, er träumte von einem Publikum, das am Ende der Vorstellung nicht sofort wieder ins gewohnte Blabla regrediert, sondern so mitgenommen ist, dass es tief versunken in die nächste Stoßstange rennt. Schöner Traum.

Diese Streitschrift soll noch einen anderen Zweck erfüllen: jenen – nicht nur den Redakteuren – das Schreiben auszureden, die es nicht lieben. Die glauben, sie kämen linkshändig davon. Für sie, die Grobschlächtigen, die Faulpelzigen und Talentlosen, sollte man *amnesty international paper* gründen. Wird doch – nach der Menschenhaut – nichts so sehr geschunden wie ein weißes Blatt Papier. aip würde im Bedarfsfall umgehend einschreiten und den Satzschiebern und Wortbrechern das Handwerk legen. Gustave Flaubert meinte einmal: »Die Sprache ist das erste Genie eines Volkes.« Das ist ein vorlauter

Satz, wenn man bedenkt, wie das Volk mit seinem ersten Genie umgeht.

Postskriptum: Ich vermute, dass andere Schreiber die nächsten Absätze mit Genugtuung lesen werden. Aus Berichten von Kollegen (mit zorngelben Gesichtern) weiß ich, dass ich nur *ein* Opfer von vielen bin, deren Sprache via »editorial hatchet work« niedergemacht wurde.

Wut

Nun die Auszüge. Sie stammen aus der Zeit, in der ich vor allem als Reporter für Zeitschriften und Magazine arbeitete. Klug wäre, wenn der Leser umgehend vergäße, dass ich der Autor der folgenden Zeilen bin. Denn meine Sarkasmen könnten von jedem sein, der schreibt und gleich darauf erdulden muss, wie seine Sprache durch die Lauge brausender Mittelmäßigkeit geschleift wird. Damit die Wörter nicht wehtun, nicht überraschen, nicht wüten, keinen Abonnenten verscheuchen, ja, sich geräuschlos dem ersten Gebot eines wohlfeilen Kapitalismus andienen: dem der Verkäuflichkeit, dem der merkantilen Kriecherei.

In meinen Antworten wird auch klar, wie ich mir passables Schreiben vorstelle. Es geht also hier nicht um A. A., den Briefbomben-Verfasser, sondern um Briefe, die als Vehikel dienen, um Vorschläge zu transportieren.

Aus Barmherzigkeit, auch mir gegenüber, werde ich keine Namen nennen, nicht die der Redakteure, nicht die der Zeitschriften, nicht die Titel der massakrierten Artikel. Deshalb die vielen »XY«. Was sichtbar werden soll, ist die Hartnäckigkeit, mit der die deutsche Sprache geschurigelt wird. Hier nun einige Passagen aus einem langen Brief, in dem ich den Redakteur XY beknie, mein von ihm kleingehacktes Skript wieder in die Nähe des Originals zu rücken.

Der erste Totengräber, erster Auszug:
»Lieber XY, hier brach das Donald-Trump-Syndrom aus. Kennen Sie den? Diesen Maulhelden aus New York, der keinen Satz schafft, ohne dabei einen Superlativ zu veröffentlichen. Wir sollten ein bisschen abgeilen. Nicht sofort das Wort ›Sensation‹ verbraten, wenn zwei Dutzend Nackte auftauchen. Cooler schreiben, lässiger, nicht immer so rotfleckig und tumultarisch.«

Der erste Totengräber, zweiter Auszug:
»Lieber XY, ich merke jetzt, wie sich mein Geduldsfaden verkürzt. Habe ich doch das Gefühl, einem auf die Spur zu kommen, der mit rabiater Konsequenz sein bescheidenes Vokabular bei mir unterzubringen versucht. Denn das Wort »müßig« muss rein. Ich frage mich, ob es müßig ist, über diesen Furz zu reden. Leider ja, denn er steht unter meinem Namen, sprich, ich werde zur Rechenschaft gezogen. Hier kommt das richtige Wort, der richtige Satz, statt: ›Wie müßig wäre doch das Unternehmen, Schönheit zu beschreiben‹ muss es heißen: ›Wie übermütig wäre doch das Unternehmen, Schönheit zu beschreiben‹.«

Der erste Totengräber, dritter Auszug:
»Lieber XY, was rede ich, hier kommt es, das ›samt und sonders‹ bekamen Sie nicht unter, aber ein ›ganz und gar‹ möcht schon sein. Ich spüre eine Harnleitervereiterung auf mich zukommen, ganz und gar skandalös. Wir werfen Ihren Mist ›Hier beginnt der ganz und gar amerikanische Skandal‹ auf den Misthaufen und schreiben einfach: ›Hier beginnt der amerikanische Skandal‹.«

Der erste Totengräber, vierter Auszug:
»Lieber XY, sehe ich ihr ›zwecks have fun‹ (sic! sic! sic!) in meiner Reportage auftauchen, dann jagt mich die Angst einer genetischen Mutation. ›Zwecks have fun‹, das ist grandios blöd. Kein Wort davon soll an die Öffentlichkeit.

Dafür würde man Sie schlachten. Viele, lieber Redakteur, schreiben, wie sie vögeln: immer in der Missionarsstellung. Einer lässt die Hose herunter und die arme Frau, sprich der arme Leser, weiß sofort, wo der fade GV, sprich der fade Text, entlangstottert. Phantasielos und hastig stochern Sie, lieber Redakteur, in meiner Geliebten, der ungeheuren, der ungeheuer schönen deutschen Sprache.«

Der nächste Fleischer, ein Auszug:
»Lieber XY, Ihr himmelblöder Satz ›Die Geschichte hätte Sie geschmückt, wie sie es jetzt uns tut‹ hat mich mit Einsicht und Milde versorgt. *You've got it or you ain't*, sagen sie woanders. Und Sie haben es nicht. Wem ein solcher Wortverhau – *wie sie es jetzt uns tut* – gelingt, ohne dass ihm ein Riss das Hirn spaltet, beweist einmal mehr, dass ihm die Gabe des Schwungvollen und Harmonischen nicht gegeben ist. Dass sich gerade solche Mitmenschen wie Sie in die deutsche Sprache verlieben, das ist eines der vielen Geheimnisse, die mir entgehen. Klar, so viel irrgelaufene Hingabe zur Kunst, das ergreift, appelliert nachdrücklich an meine abendländischen Werte: eben auch jene zu respektieren, die sich so schweißgebadet und linkisch ihre stachligen Nebensätze abdrücken. Lassen wir das grausame Spiel, lieber XY, ich bin zu schwach oder zu neugierig oder zu ungeduldig, um immer wieder von vorn anzufangen. Die Stunden, die ich mir ab jetzt spare, wenn ich darauf verzichte, einem Unbedarften wie Ihnen das Wunder der deutschen Sprache einzubläuen, diese Stunden will ich in Zukunft dafür hernehmen, um – noch intensiver – den (vielen) zuzuhören, die begabter sind als ich.«

Der dritte Henker, ein Auszug:
»Lieber XY, danke für die Zusendung der redigierten Fassung. Wieder finde ich Ihre scharf riechenden Markierungen. Warum schlachtet man die Kinder von Kabul und warum nicht Sie, den Redakteur, den Sprachschlächter?

Nur ein Beispiel. Ich schrieb: ›Bis der Krieg um die Hauptstadt Afghanistans losbrach und Turgut und seine Familie eine volle Breitseite aus den Betten jagte.‹ Und Sie, der Überleber aller an der deutschen Sprache verübten Verbrechen, fingerten daraus: ›Bis Turgut und seine Familie eine Rakete traf.‹ Das ist, als hätte man die fünfzig besten deutschen Schreiber in einen Raum gepeitscht und ihnen bei Todesstrafe verboten, nicht eher den Raum verlassen zu dürfen, bevor sie nicht die fahlste, die totgefickteste Wendung gefunden haben. Und sie fanden sie: ›Bis eine Rakete sie traf!‹ – Elvis ist tot, Hendrix ist tot, und Sie leben. Warum?«

Der vierte Meuchler, erster Auszug:
Vorgeschichte: Wieder musste ich erleben, wie ein Redakteur, der Textchef geworden war, weil er die Anmeldefrist für die Bäckerlehre versäumt hatte, ein Manuskript von mir erledigt hatte. Ich schrieb dem Kanalarbeiter und wies ihn darauf hin, dass ich diese ›Verharmloserbrunze‹ nicht dulden würde. Etwas Sonderbares geschah. Der Kanalarbeiter lief heulend zu seinem Chef, der daraufhin – schriftlich – auf mich anlegte. Bekanntlich geht es in der Medienwelt ähnlich widersinnig zu wie bei Ärzten oder Ingenieuren: Untereinander wird ordentlich gehackt, kommt jedoch ein Angriff von außen, wird stramm gemauert. Beschwert sich ein Patient nach einer Operation über Bauchschmerzen, dann ist die Schuld beim weinerlichen Operierten zu suchen und nicht beim Onkel Doktor, der die Schere irgendwo in der Nähe des Zwerchfells vergaß. Ähnlich hier. Der Chefredakteur schmückte sich sogleich in der Pose des Beschützers, auch wenn alle Welt wusste, dass drei oder vier ausgewiesene Flaschen bei ihm untergekommen waren. Auf die Empörung des Chefs, der mich in seinem Brief wissen ließ, dass es sich bei dem Kanalarbeiter um eine Fachkraft ersten Ranges handelt, antwortete ich folgendermaßen:

»Lieber XY, mit deinem Brief habe ich gerechnet. Dass du deine schwarze Galle gleich so giftgrün und aufrecht entrüstet aufs Papier schleuderst, überrascht. Redakteur XY bittet um Schützenhilfe – wohl getan – und die Chefredaktion knüppelt. Nicht ganz fehlerfrei. Auch stilistisch etwas matt. Aber das soll nicht zählen. Jetzt wird abgerechnet, da kommt so manches abhanden. Fakten, frühere Lobeshymnen, unsere gemeinsame (?) Geliebte, die deutsche Sprache. Erheitert jedoch haben mich deine drei Pünktchen am Ende mancher Sätze. Sie erinnern mich an katholische Mädchenpensionatsaufsätze. Die haben auch Pünktchen. Denn dahinter lauert das Unsägliche, das Unsagbare. Pünktchen, Pünktchen, Pünktchen.

Das Niveau der Fahnen werde ich nicht mehr diskutieren. Es verbietet sich im Namen unserer Geliebten. XY pimperte in ihr herum, als wollte er die Schöne zur Volksausgabe zusammennageln. Ich musste ihn bremsen. Damit sie am Leben bleibt. Und ich.

Ihr ›moderiert‹, ihr mäßigt meine Sprache, ihr stampft sie ein, ihr zerschneidet ihr das Maul, ihr druckt sie besonnen. Nichts soll mehr lästern, nichts brüskieren, nichts fremd sein. Ich weiß, XY, wie du mir dazwischenreden willst, wie du noch immer an deinen auswendig geleierten Journalistensprüchen hängst und mich mit ›Handwerk und Präzision‹ zur Ordnung zu rufen versuchst. Wie ich dir deine Handwerkerei schenke. Mensch, XY, mich hungert nach etwas ganz anderem, nach hintereinander aufgestellten Worten, die mich betäuben, die mir ein Geheimnis vom Leben erzählen, die mich, den Leser, verstört oder verzaubert zurücklassen.«

Der vierte Meuchler, zweiter Auszug:
Zum besseren Verständnis der folgenden Zeilen ein schneller Hinweis: Wer sich gegen die Bimboisierung der deutschen Sprache wehrt, muss für die Konsequenzen geradestehen. Damit die Geldbesitzer zur Kenntnis nehmen, dass

nicht jeder mit Geld zu besitzen ist. Auf die Androhung des Chefredakteurs, weiterhin den fraglichen Text von mir zu bearbeiten, faxte ich folgende Klarstellung:

»Lieber XY, lass es mich glasklar hinschreiben: Weitere Zugriffe auf das Skript – von notwendigen Kürzungen abgesehen – werden nicht stattfinden. Nicht von anderer Seite, nicht von meiner. Viele deiner Vorschläge habe ich berücksichtigt, manche nicht. Weil sie nicht richtig, nicht kompetent, nicht sinnlich sind. Wollt ihr weiter zugreifen, bin ich – wie selbstverständlich – bereit, die an mich überwiesenen Gelder (einschließlich Spesen) wieder herauszurücken. Ausfallhonorare nehme ich grundsätzlich nicht. Wer zahlt, schafft an. Will sich einer nichts (mehr) anschaffen lassen, zahlt er zurück. Das sind die Spielregeln und ich spiele sie.«

Die fünfte Null, diesmal kein Redakteur:
Ein letzter Brief, ausnahmsweise an einen Übersetzer. Er arbeitete für ein schickes Käseblatt, ein *In-flight*-Magazin, in dem alle Artikel und Reportagen auf Deutsch und Englisch veröffentlicht werden. Dieser Vorfall zeigt, dass die Sprachschänder überall lauern, auch da noch, wo sie nichts anderes sollen, als von einer Sprache in die andere zu übertragen. Hier mein Kommentar an den Kleinkriminellen, der zufällig als Übersetzer tätig war:

»Lieber XY, den Ursprung der Affäre kennen Sie doch? Wenn nicht, lassen Sie mich Ihnen auf die Sprünge helfen: Über Umwege höre ich von einem Fluggast, der meine Story zuerst im deutschen Original, hinterher die englische Version las und anschließend zu seinem Sitznachbarn sagte: ›Altmann should sue the translator, this translation is pure shit‹. Nachdem mir diese Bemerkung zu Ohren gekommen war, las ich Ihr Opus und musste kleinlaut feststellen, dass das Wort *shit* den Sachverhalt mit einem einfachen und uneleganten Wort beschreibt. Mit Scheiße eben. Wenn Sie folglich von einem wissen, der noch unbegabter, noch sprachdürftiger, noch dreister als Sie dem Autor und noch leckmichamarschiger dem Leser gegenüber die wunderbare deutsche Sprache in die wunderbare englische Sprache übersetzt, wenn Sie denn von so einem erfahren sollten, dann lassen Sie hören. Mit freundlichen Grüßen, A. A.«

Kleines Notabene, um jedes Missverständnis zu vermeiden. Alle meine Reportagen hätte man anders, leider ja: besser schreiben können. Werfe ich heute einen Blick auf sie, dann bin ich froh, wenn sich niemand mehr an die jeweiligen Hohlstellen erinnert. Sinnigerweise wurden sie, diese Stellen, von den damals zuständigen Sesselfurzern nicht angemahnt. Natürlich traf ich Redakteure, die aus mir einen besseren Schreiber machten. Redakteure, die nebenbei fantastische Leser waren und – von keiner Profilneurose gewürgt – das Manuskript mit klugen Vorschlägen bereicherten. Was mich am heftigsten an ihnen begeisterte: Sie verschonen mich mit ihrem harmonisierenden Senf, den beizutragen sich die anderen bemüßigt fühlten. Mein Text durfte parteilich bleiben, verletzend, behütend, widersprüchlich, zornig, gar gefühlsstark. Nie suchten sie mich heim mit der lauwarmsten aller Forderungen: dem Ruf nach Objektivität, nach Distanzierung, nach Unparteilichkeit.

Leidenschaft

Jeder, der schreibt – sagen wir lieber, jeder, der schreiben muss, weil er zu nichts anderem taugt –, wird den folgenden Satz von H. C. Artmann verstehen: »Ich habe zwei Leben, eines besteht aus Essen und Trinken, das andere aus Schreiben.«

Schreiben heilt. Und Nicht-Schreiben zermürbt. Wie

gefahrlos erscheint da die Existenz des Reporters, der Schreiben als ästhetisches Problem begreift, nicht als Ja oder Nein über sein Schicksal. Aber ich – nur Reporter, nie Romancier – treibe mich gern in der Nähe der Meister herum. Weil ich von dem Wahn ergriffen bin, dass das Berühren ihrer längst verlassenen Bettstatt oder ihres längst aufgegebenen Schreibtisches etwas abfallen lässt für den, der sie so rückhaltlos verehrt.

Ich wanderte zum *Blarney Castle*, einer Burg im Süden Irlands. Dort gibt es den *stone of eloquence*. Man muss sich vor ihm auf den Rücken legen, sich leicht verbiegen und den Stein, von unten, küssen. Dann, so die Sage, überkäme einen die Kunst der Beredsamkeit. Das schöne Märchen entstand, weil der einstige Schlossbesitzer McCarthy nie seine Zusage einhielt, Königin Elisabeth I. militärische Unterstützung zu leisten. Seine Ausreden waren so blumig und originell, dass man ihm alles glaubte.

In Tanger traf ich den marokkanischen Schriftsteller Mohamed Choukri, gewiss einer, der über die Gabe der Beredsamkeit und des Schreibens verfügt. Ich notierte damals: »*Zwei Stunden, nachdem ich in der Stadt gelandet bin, klopfe ich an seine Tür. Eine drei Monate lange Reise durch Afrika liegt vor mir und ich will den Verführer vorher noch sehen. Damit ich die Erinnerung an ihn mitnehmen kann. Als Wegzehrung für weniger heitere Stunden.*

Mohamed Choukri öffnet. Ich habe Glück und er erinnert sich an mich. In der Zwischenzeit war er mindestens ein halbes tausend Mal betrunken und die Gefahr, irgendwann aus seinem Hirn zu verschwinden, weggeschwemmt von einem letzten Grappa, diese Gefahr besteht. Täglich, ab vier Uhr nachmittags.

Er hat noch immer Flecken auf der Hose und noch immer stehen die zwei Betten in seiner Wohnung. Das breite für den Damenbesuch, das schmale zum Überleben: auf ihm schreibt er. Das Beste, was er darauf produziert hat, machte ihn berühmt. »Le pain nu«, das nackte Brot, ein Tatsachenbericht aus der Hölle seiner Jugend. Sein Vater, der Prügler und Mörder. Sein Hunger und die Brot-

rinden aus den Abfalltonnen. Sein einsames Geschlecht und die tierische Lust auf Schafe und Ziegen. Fünfzig Jahre später sind die Wunden verheilt. Nur die Narben schmerzen. Er behandelt sie jeden Tag von Neuem, beschreibt sie jeden Tag mit seinem dunkelschwarzen, ätzenden Humor.«

Noch eine Erfahrung, die mit Sinn und Schreiben zu tun hat: Am *Naropa Institute* in Boulder, einer Kleinstadt in Colorado, der einzigen offiziell anerkannten buddhistischen Universität in den Vereinigten Staaten, werden auch sogenannte »Schreibkurse« angeboten. Ich wurde eingeladen, einen Abend lang (still) anwesend zu sein.

So bin ich der Zuschauer einer Klasse von Studenten, die sich in *Writing and Poetics* eingeschrieben haben, fünf Frauen, ein Mann. Und ein Prof, der Finne Anselm Hollo, ein seit dreißig Jahren in den Staaten tätiger Schriftsteller. Er lehrt nebenbei an den Universitäten in Helsinki und Tübingen, hat sich (auch) einen Namen als Brecht-Übersetzer gemacht. Wir sitzen im *Chestnut House*, die intime Atmosphäre des kleinen Kastanienhauses entspannt. Meine erste Befürchtung, dass sie hier täglich einen hehren Literatur-Gottesdienst abfeiern, erfüllt sich nicht. Hollo ist launig und schlagfertig, die Jungen penetrant neugierig und schwer verliebt in die englische Sprache. Die Umgangsformen sind eher amerikanisch, sie lachen viel und als Terence furzt, lachen sie am lautesten.

So mag einer von derlei Lehrgängen denken, was er will. Aber ich begreife während der zwei Stunden, in denen ich dem Amerikaner, den vier Amerikanerinnen und der Australierin zuhöre, dass sie auf geradezu unverschämte Weise privilegiert sind. Ein paar Jahre dürfen sie Worte ausprobieren, dürfen sich auf nichts anderes konzentrieren als auf den feudalen Luxus, das genau stimmige Wort zu finden. Konzentriert sich die Mehrheit der Studenten des Landes auf *economic studies*, um später einmal exakt ausrechnen zu können, wie viele Stoßdämpfer und Entsafter das Volk braucht, so reden sie hier über ihre mitgebrachten Gedichte, hören Vierteltöne, feilen an Nuancen, fürchten sich wohl alle vor dem herrischen Satz Mark Twains, der uns wissen ließ, dass der Unterschied zwischen dem richtigen Wort und dem beinahe richtigen Wort derselbe ist wie der zwischen einem Blitz und einem Glühwürmchen.

Trägheit

Ich möchte jedem achtsamen Schreiber vorschlagen, eine *black list* anzulegen. Für all die Wörter, die nicht mehr vorkommen dürfen in seinem Wortschatz. Weil Faulpelze sie schon zu oft von anderen Faulpelzen abgeschrieben haben. Weil man nicht zur dreisten Mehrheit gehören will, der frech der Pawlowsche Speichel rinnt, wenn sie nach der nächstschlechtesten Wendung greift, um einen Text hinter sich zu bringen. Weil man Sprache liebt und wie ein Liebhaber die Liebe immer wieder überraschen will. Wie sagte es Roland Barthes: »Ekel stellt sich ein, wenn die Verbindung zweier wichtiger Wörter sich von selbst versteht.« Hier fünf Beispiele von fünftausend, um zu demonstrieren, was er meint:

Das Wort »versagen« taucht auf. Und nichts zwischen Himmel und Erde kann den Skribenten davon abhalten, »kläglich versagen« zu schreiben. Vor versagen muss kläglich stehen. Was lernen wir daraus: Der Skribent ist ein kläglicher Versager.

»Kleinarbeit« fällt dem Skribifax ein. Und was noch? Natürlich, wir brauchen gar nicht hinzusehen: Kleinarbeit ist – bis nach dem Jüngsten Tag – »mühevoll«: in mühevoller Kleinarbeit, ad infinitum absurdum!

Joschka Fischer wurde einst Außenminister und ab sofort ist er millionenfach der – was wohl? – »frischgebackene Außenminister« (gegen frisch gebackene Missionare hätte ich nichts einzuwenden). Da mag ein neues Paläozoikum losbrechen, für den deutschen Durchschnittsskribbler wurde Fischer »frischgebacken«. Dass Fischer inzwischen seine Jeans abgelegt hatte und »feinsten Zwirn« trug, auch diese Plattitüde wurde den Lesern hunderttausendfach um die Ohren gehauen.

Volkswagen brachte den modern gestylten *Beetle* heraus. Der Wagen war noch nicht einmal um das Werkgelände gebraust, da outeten ihn die fachkundigen Kritzler – unbremsbar, unkorrigierbar, unfehlbar banalissimo – als »Objekt der Begierde«. Alles, was irgendwie fähig ist, unsere Aufmerksamkeit für Sekunden zu strapazieren, ist ein – mir will sich die Zunge spalten – »Objekt der Begierde«.

Äußert jemand eine Meinung, die nur Millimeter vom *mainstream* abweicht, dann hört unser Mann/unsere Frau der Feder einem zu, »der gegen den Strom schwimmt.« Wer so schreibt, wird nie verdächtig, stromaufwärts zu denken. Er gehört zum trägen Treibholz, das von keiner anderen Sehnsucht getrieben wird als von der, zum großen Haufen zu gehören. (Zudem: Der eitle Satz »Ich schwimme gegen den Strom« ist nichts als der Ausdruck eines Dünkels, mit dem der Kleinbürger gewiss baden geht.)

Literatur-Nobelpreisträger Derek Walcott notierte einmal: »Ich würde gern Wörter schreiben, auf denen noch der Tau des Morgens liegt.« Auf den oben erwähnten Beispielen liegt kein Tau, da liegt der Schimmel nervzehrender Öde. So sollten wir eine Halleluja-Minute für Steven Brill einlegen, den Gründer des amerikanischen Magazins *Brill's Content*, der an den Rand eines lausig geschriebenen Artikels schrieb: »Schon mal an Selbstmord gedacht?«

Klarheit
Die Nachwirkungen meines Aufenthalts in dem buddhistischen Kloster in Kyoto trafen erst spät ein: wie die materielle Magersucht. Ich begriff, dass nichts versöhnlicher auf mich wirkt als Leere. Aber es dauerte eben, bevor ich sie zuließ. War ich doch in einer Gesellschaft aufgewachsen, die von dem Drang besessen schien (und scheint), die Welt mit Ramsch zu verstellen. Ich kann mich nicht an zehn Wohnungen oder Hotelzimmer erinnern, bei deren Anblick mich nicht der Wunsch überfallen hätte, mit einem Bulldozer durchzufahren. Um die Atemnot abzustellen.

Erstaunlicherweise hörte diese Lust nach Wenig, bescheidener: nach weniger, nicht auf, als ich begann, als Reporter zu arbeiten. Je weniger Worte, je weniger Adjektive, desto eleganter, ja, intelligenter schien mir ein Text. Die Lust verstärkte sich über die Jahre, nicht zuletzt durch die Lektüre anderer Autoren, die Hohnkübel über jene ausschütten, die mit endlosem Erzählspeck ihre Seiten vollmachten. Max Frisch formulierte es so simpel: »Schreiben heißt weglassen.«

Nachrede
Unter den linken Scheibenwischer eines Autos, aus dem ich eine hübsche Frau steigen sah, steckte ich einst ein Gedicht von William Butler Yeats. Plus meine Telefonnummer. Und irgendwann klingelte das Telefon, die Hübsche rief an. Natürlich, nicht ich hatte sie verführt (sie wusste ja nichts von mir), sondern der irische Dichter. Gabriel García Márquez meinte einmal auf die Frage, warum er schreibe: »Um geliebt zu werden.« Und Katja Lange-Müller weiß: »Ich schreibe, um zu lieben.« In dem Film *Der Postmann* begeisterte der chilenische Dichter Pablo Neruda

seinen Postboten Mario, der ihm jeden Tag eine Ladung Fanpost brachte, für die Magie der Sprache, ja, zeigte ihm an Beispielen, dass ihr Geheimnis in der Metapher liegt. Zuletzt schrieb Neruda für den Briefträger die Liebesbriefe. Damit die Schönste im Dorf sich in Mario, den Sprachlosen, verliebte. Einmal gab Pablo dem Briefträger folgende Zeile mit: »Mi voz buscaba el viento para tocar tu oído«, *und meine Stimme suchte den Wind, um dein Ohr zu berühren.* Diese Metapher, diese Vorstellung vom Wind, der die Liebesworte zur Geliebten weht, ein solches Bild muss jemandem erst einfallen. Wäre ich Frau, ich würde mich blindlings an den Hals des Erfinders solcher Wörter werfen. Hat er doch Sprache, hat er doch (fast) alles.

EROS
oder
Hütet euch vor den Träumen,
die in Erfüllung gehen

Zunächst ein paar erhellende Worte zu den folgenden Texten. Nicht vieles ist trostloser als ein Mann, der von seinen erotischen Heldentaten erzählt. Der Quotient des Fremdschämens auf Seiten des Lesers ist beträchtlich. Weil ein Frauenheld eben kein Held ist, nur ein Gockel, der protzen will mit etwas, das – so machen es die Gentlemen – besser verschwiegen wird. Nicht aus Scham, natürlich nicht. Sondern aus dem souveränen Bewusstsein heraus, dass gewisse Handlungen nicht an die Öffentlichkeit gehören. Sie gehören genossen und innig verwahrt. Wenn ich nun doch sechs Geschichten unter dem Titel EROS vorstelle, dann mit dem Wissen, dass alle sechs nur nebenbei mit dem Thema zu tun haben und dass Eros und Sexualität hier vor allem dazu dienen, wieder einmal – über verschlungene Umwege – von der herzbewegenden Absurdität unseres Lebens zu berichten. Zudem zeigen sie, wie eine Handlung, die sich eher verspielt und übersichtlich anließ, unerwartet eine Drehung bekommen kann, die schwer kontrollierbare Emotionen provoziert. Siehe »Die Vergewaltigung«. Gefühle, die nur am Rande durch die intime Nähe der jeweils Beteiligten ausgelöst wurden. Die aber plötzlich durch andere Umstände rasant an Tempo und Tiefe zulegten. Schöne Tiefen, bedrohliche Untiefen.

FERNANDO

Wir lächelten uns an. Ich stand im Vorraum des Klosters *San Francisco* und fragte nach der nächsten Führung. Und Fernando sagte Ja, obwohl kein weiterer Besucher mehr zu erwarten war. Der junge Kerl verdiente sich nebenbei als Kirchenkenner ein paar Pesos.

Wir zogen los und Fernando deutete mit seinen gepflegten Händen auf Gemälde von Zurbarán, lenkte meinen Blick auf die holzvertäfelten Decken, sprach von dem Wunder, dass dieses Gebäude seit dreihundert Jahren allen Erdbeben Limas widerstanden hatte.

Wie leicht es fiel zuzuhören. Der junge Peruaner war intelligent, ironisch, charmant. Dennoch, je länger er redete, desto weniger passten Gesicht und Worte zusammen. Er schien auf seltsame Weise abwesend. Es dauerte eine Weile, bis ich verstand: Führung und Verführung lagen unmittelbar nebeneinander. Fernando war homosexuell, kein Zweifel. Seine Worte redeten von Architektur und seine Gedanken handelten von uns. Nichts Tuntiges oder Grelles war an ihm. Im Gegenteil, er war wohltuend diskret. Aber er verfügte über Töne und Gesten, die Männer von Männern unterscheiden.

Ich genoss das. Und fürchtete zugleich, was da auf mich zukam. Reines Glück war das Bewusstsein, begehrt zu werden. Mitansehen zu dürfen, was dieser Mensch inszenieren würde, um mich zu versuchen. Einmal nicht Gockel und Geck, nicht Hochstapler, Falschmünzer und Zauberer sein müssen, um jemanden – immer eine Frau – von sich zu überzeugen. Wie hinreißend das klang. Die Lust lag im Vertauschen der uralten Rollen. Diesmal durfte ich warten, durfte warten lassen, konnte in Ruhe das Angebot studieren. Ein wahrlich neues Erlebnis.

Der Schrecken lag woanders. Dass Fernando etwas anrühren würde, was meine intimsten Phantasien betraf. Phantasien, die großartig oder schmerzhaft in Erfüllung gehen konnten. Seit Jahren schwelte der Wunsch in mir, »genommen« zu werden. Sehr konkret. Beim Liebesspiel Schoß zu sein. Wenigstens *einmal* eine Ahnung davon zu bekommen, wie es sich anfühlte, wenn ein Mann in mich eindringt. Um diese Erfahrung beneidete ich jeden, der von ihr wusste. Alle drängenden Fragen, die ich Männern und Frauen dazu stellte und alle Antworten, die ich von ihnen gehört hatte, machten mich jedoch nicht wissender. Was immer sie aussagten, ich verstand nichts. Es ließ sich wohl nicht beschreiben. So wenig wie ein Eisenbahnunglück. Oder die Geburt eines Kindes. Oder das schmerzlose Gehen über glutheiße Kohlen. Es ließ sich nur physisch, nur sinnlich begreifen und nie via Sprache einem anderen vermitteln.

Mir wurde klar, dass ich den Zustand leben musste. So verkehrt herum (wörtlich), so gefährlich (gesundheitlich), so verschmäht (moralisch) das Vorhaben auch war. Und so geschah es: Als Fernando eindeutiger wurde und anfing, spielerisch meinen Hals zu berühren, durchzuckte mich die Erinnerung an einen seit Jahrzehnten verdrängten Vorfall: Mein älterer Bruder und ich lagen zusammen im Bett, nackt und mit wachsender Erregung bei der gegenseitigen Erforschung unserer Geschlechtsteile. Hinterher delirierte ich, übergab mich vor Scham und Schuldgefühlen, konnte nicht fassen, mich so gegen Katholizismus und Gott vergangen zu haben. Dass ich wie so viele andere Jugendliche eine Phase latenter Homophilie durchlebte, wusste ich damals natürlich nicht. Ich wusste nur von

Fluch und Frevel und dem Hass auf »Arschficker« und »Schwulensäue«.

Die schmalen Finger von Fernando manipulierten nun sanft und schonungslos mein Bewusstsein. So kamen alle Empfindungen zusammen, vollzählig und gleichzeitig: die Neugierde auf meine – möglicherweise – homoerotischen Talente, die Lust auf Intensität, die mögliche Wollust, der mögliche Schmerz, die schiere Angst und – das Bewusstwerden einer längst vergessen geglaubten Vergangenheit.

Inzwischen standen wir vor Tausenden von Totenschädeln und Skeletten. Hier in den Katakomben hatten die Mönche die Seuchenopfer der Stadt deponiert. Der Peruaner erzählte jetzt von seinem Leben als Lustknabe für Gringos (seine Hauptkundschaft kam aus den USA). Am bemerkenswertesten war ihm ein Priester im Gedächtnis geblieben, der genussfähig seine christlichen Todsünden auslebte. Der Callboy wurde meist ins *Sheraton* gerufen, das inoffizielle Eros-Center von Lima.

Nach knapp hundert flüchtig intensiver Nächte überkam den Einundzwanzigjährigen ein Bedürfnis nach Nähe. Er drosselte seinen Verbrauch und verliebte sich in einen blonden Menschen aus Schweden. Nach drei Monaten Liebe kam der Schmerz der Trennung. Seitdem war Fernando aus dem Geschäft. Er war zu sehr verwöhnt von den nächtlichen Zärtlichkeiten. So verzichtete er fortan auf klimatisierte Hotelbetten und schwor Enthaltsamkeit.

Das war. Es schien, als wäre nun der Tag gekommen, der Keuschheit abzuschwören. Vielleicht nur, weil ich so blond und schwedisch aussah. Meine Person als Ersatz für einen entschwundenen Geliebten. Jetzt gleich. Wäre es nach Fernando gegangen, er hätte mich umstandslos auf einem Berg ausgebleichter Knochen geliebt. Während er mich zu küssen versuchte, war ich hochgradig amüsiert und keinesfalls erregt. Nur von der Idee beflügelt, dass ein Mestize mein erster Mann sein könnte.

Wir kehrten zurück zur Erdoberfläche. Ich verging vor

Lust bei der Vorstellung, dass ich umworben und bebalzt wurde, dass ich launisch und arrogant festlegen konnte, wie mit mir zu verfahren sei. Zu oft hatte ich Frauen in einem solchen Zustand beobachtet und sie um ihre Macht über mich beneidet. Jetzt war ich Frau und jetzt besaß ich diese Macht.

Wir gingen die paar Schritte hinüber zur *Casa de la Inquisición*. In der Öffentlichkeit blieb Fernando auf Distanz, Homopärchen waren verpönt. Zwischen angerosteten Daumenschrauben, Stahlruten und längst verglühten Brennstäben begannen Führung und Verführung von Neuem. Welch Gegensätze. Vor mir die kniehohen Erdlöcher, in denen Männer ein halbes Leben dahingesiecht waren, und auf meiner rechten Wange die warmen Lippen von Fernando, die Liebesworte und verwegene Details flüsterten. Der Tod und diese Liebelei, so nah, so frivol nebeneinander.

Schweren Herzens verließ ich den Ort. Im Angesicht von so viel Mord und Totschlag empfand ich unser beider Absicht als eher komisch, ja aufdringlich. Der Rausch war begraben. Vorläufig zumindest.

Fernando und ich tranken noch eine Tasse Tee, dann wollte ich allein sein. Meinen designierten Liebhaber ließ ich im Ungewissen. Den Beischlaf müsse ich noch einmal überschlafen. Ich würde morgen Bescheid geben. So oder so.

Vierundzwanzig Stunden später hatte sich mein Verlangen nach Fernando erholt. Um acht Uhr abends trafen wir uns im vereinbarten Restaurant. Der Peruaner leuchtete vor Freude und ich wollte nun unbedingt wissen, wie mein Körper mit einem Männerkörper umzugehen gedachte. Wir rauchten, warteten auf die Dunkelheit, dann brachen wir auf.

Das Hotel *Damasco* lag nur drei Ecken entfernt, direkt neben der *Plaza de Armas*. Der Mann an der Rezeption wusste sogleich Bescheid. Ein Doppelzimmer für Männer ohne

Gepäck? Das war eindeutig. Wir bekamen Nummer 26, eine stickige Besenkammer, fensterlos. Die Rache eines heterosexuellen Portiers. Wir gingen zurück und drohten mit Auszug. Diesmal erhielten wir den Schlüssel für das Zimmer gegenüber. Schon besser, eineinhalb Quadratmeter größer und mit einer Luke zum Öffnen.

Wir saßen am Bettrand und fingen an. Mit Reden. Als Beruhigungsmittel. Ich sah, wie feiner Schweiß über meine Handflächen kroch. Um uns zu beschäftigen, zogen wir uns aus. Zuletzt in Unterhosen, heimlich wie Kinder. Als Fernando anfing, mich mit Händen und Lippen anzufassen, ja mir mein letztes Kleidungsstück abzustreifen, war alle Unklarheit verschwunden: Ich wusste augenblicklich, dass sich Begehren und Erotik nicht ausbreiten würden in mir. Umgehend erfuhren alle meine Sinne, dass ein nackter männlicher Körper nur Hilflosigkeit und Desinteresse in mir auslöste. Frauen waren geschwungen und unergründlich, hatten rätselhafte Höhen und Tiefen, verbargen ein Geheimnis nach dem anderen. An Fernandos Leib entdeckte ich nicht ein einziges Wunder, er war glatt und geheimnislos wie mein eigener.

Das änderte nichts an meinem Plan. Drei Viertel meines Gehirns bestehen aus Neugier. Und wäre das Neue auch voller Tücken und gemeiner Überraschungen. Ich wollte diese mir so fremde Vertrautheit, und wäre es über mein Blut und meine Tränen.

Von all dem, von all den tosenden Überlegungen hinter meiner Stirn, hatte Fernando keinen Schimmer. Er begehrte eben Männer, mich eingeschlossen. Kronzeuge seines eindeutigen Anliegens war sein Geschlecht, das sich nun in Windeseile neben meinem schüchternen Körper aufbäumte.

Fernando musste lernen. Hätte er allein zu entscheiden gehabt, er wäre mit Furioso in mich hineingefahren. Jetzt, im Moment praller Erregung, war er eben ganz Mann, ganz Macho. Er musste einsehen, dass ich Zeit benötigte, dass sich bei zu heftigem Drängen meine Eingänge versperrten, noch mehr versperrten. Vor Schreck, so fulminant betreten zu werden.

Ich spürte, wie der Ex-Stricher mit sich kämpfte. Ein Heterosexueller als linkisches Liebesobjekt, das war neu für ihn. Zudem hatte er meist auf Stundenlohnbasis penetriert und den anfallenden GV als Akkordarbeiter erledigt. Die hastige Routine schien Teil der (käuflichen) Liebe.

Dennoch, ich wollte ihn nicht überfordern. Guten Willens war er gewiss. Aber sein immer schwerer werdender Atem, Zeichen wuchernder Geilheit, die sich nun über seine gesamte Hautoberfläche ausbreitete, setzte meinen Bitten ein eindeutiges Limit.

Ich reichte ihm die vorsorglich mitgebrachte Cremetube. Reichlich, nein, verschwenderisch wurde nun eingefettet. Gleichzeitig betätigte sich Fernando als Entspannungstherapeut. Ich solle vom Kopf aus Befehle geben, um den Muskelring zu lockern. Leicht gesagt. Ich tat, was ich konnte.

Es war zu wenig. Wie einen glühenden Dorn registrierte ich seinen ersten Versuch. Vier Mal musste er mich wieder verlassen, kein anderer Weg half, um diesen pfeilspitzen Schmerz abzustellen. Als ich ihn beim fünften (sechsten?) Mal fragte, wie weit – ich vermutete ihn sehr weit – er schon in mich eingedrungen wäre, sprach er von zwei, drei lächerlichen Zentimetern. Ich verstummte.

Fernando war jetzt nicht mehr zu bremsen. Mit Vehemenz stieß er sich Stück für Stück hinein. Plötzlich konnte ich nachvollziehen, warum das Wort »Penetration« bei manchen so furchterregend deutlich nach Gewalt und Willkür riecht. Ich lag mit dem Kissen zwischen den Zähnen auf dem Bett, in meinem Kopf wütete die unerbittliche Frage nach dem Sinn des Unternehmens. Ich fühlte mich pervertiert, versuchte an befreundete Männer und Frauen zu denken, die mein Tun bejahen, die diesen Trieb nach Erkenntnis nicht verurteilen würden. Zeitgenossen, bei denen ich mir Mut holen konnte, um nicht aufzugeben.

Auf und ab, der Peruaner richtete sich ein. Mehrmaliger Stellungswechsel. Durch meine Ungeschicklichkeit in der ganz anderen Rolle als Frau verlor Fernando – nun in animalischer Hochstimmung – mehrmals den Kontakt zu mir. Und jedes erneute Eindringen stach wie ein feuriges Schwert in meinen Unterleib.

Ich näherte mich meinen Schmerzrändern, die Grenzen tolerierbaren Leids rückten näher. Um rechtzeitig erlöst zu werden, bettelte ich um ein baldiges Ende und forderte Fernando auf, doch endlich seine Lust in mir abzuladen. Der Satz war noch nicht ausgesprochen, da erkannte ich meinen Fehler. Fernando erschrak, sein zuckendes Statussymbol schrumpfte. Sofort leistete ich Abbitte, hieß ihn einen grandiosen Liebhaber und gelobte Besserung. Meine Lügen heilten. Mächtig und stolz kehrte sein Stachel zurück. Mir selbst versprach ich, stillzuhalten und – wenn nötig – bis zur bluttriefenden Ohnmacht auszuharren.

Dann ein neues Problem, peinlichst und schier unbeschreiblich. Fernandos schwungvolles und auf eigensinnige Weise verbogenes Lingam reizte meinen Dünndarm. Mich überkam nun das Bedürfnis, mich prustend zu entleeren. Jetzt hatte ich zwei Leiden: die Qual meiner aufgescheuerten Schließmuskeln und das hektische Verlangen, auszuscheiden. Hätte ich nicht in den nächsten Sekunden Fernandos erlösten Atem vernommen, nicht mitbekommen, dass er sich selig erschöpft auf mich legte, unsere Liebesnacht wäre in einem barbarischen Desaster geendet.

Unbeweglich und mit pochendem Herzschlag lagen wir nebeneinander. Eine Phantasie war Wirklichkeit geworden. Eine Wirklichkeit, von der ich lange geträumt hatte und der ich nie wieder begegnen wollte. Als sich Fernando behutsam, ja sacht, mit seiner ganzen Männlichkeit aus mir löste, da signalisierten die geschundenen Nerven ein letztes Mal, was ich hinter mir hatte.

Freundschaftlich gingen wir auseinander. Für den Augenblick unseres Abschieds taugte ein Satz von André Gide:

»Ich will dabei sein, und koste es das Leben.« Und noch ein Gedanke war da, auch er jetzt unwiderruflich: dass meine Sehnsucht nur Frauen ersehnte. Und dass keiner es mit dieser Wahrheit aufnehmen konnte, keiner je versuchen sollte, sie außer Kraft zu setzen. Kein Mann, keine Frau.

DIE VERGEWALTIGUNG

Ein kurzes Vorwort für die moralisch Tadellosen: Manche nennen das, wozu ich in dieser Story angestiftet habe, »versuchten Mord«. Laut Gesetzgebung aller europäischen Länder bin ich kein Mörder, auch kein potentieller. Hätte ich mich für eine andere Lösung entschieden als für jene, von der hier die Rede sein wird: Das Leben aller Beteiligten sähe heute trostloser aus. Dass die besseren Menschen unter uns nach der Lektüre nicht umhin können, den Autor einmal mehr als »haltlosen Egomanen« abzuservieren, sei ihnen unbenommen. Die weniger aufrechten, dafür genaueren Leser, werden ohne Empörungsgepluster den Text wahrnehmen und zu einem anderen Urteil kommen. Hier wird eine delikate Geschichte erzählt, in die sich beide Protagonisten plötzlich verstrickt sahen. Ohne bösen Willen. So vermute ich einmal. Sie »passierte«. Und ich habe darauf reagiert. Um – ich wäge die Worte genau – mein Leben zu retten. Mit durchaus dubiosen Tricks. Zu meiner Verteidigung will ich Jean-Paul Sartre zitieren: »Das Letzte«, so notierte er, »was Literatur braucht, sind gute Gefühle.« Sie soll die Wirklichkeit aufschreiben. Hier steht sie.

Nie betrat sie meine Wohnung vollständig bekleidet. Von Teilen ihrer Garderobe hatte sie sich bereits im Hausflur befreit. Als sie durch die Tür trat, war eine Hälfte ihres Körpers bereits nackt. Sie schloss lächelnd ab und legte die andere Hälfte frei.

Wir unterhielten das, was die Franzosen »une histoire de cul« nennen, eine – vornehm übersetzt – Bettgeschichte.

Lauras Auftritt war Teil unserer Abmachung: keine linkischen Reden, keine Lügen und Notlügen, keine umwerfenden Gefühle. Nur Sinneslust, nur das gegenseitige Ehrenwort, sie so oft und so umwegfrei wie möglich zu bedienen. Brach im Kopf eine Sehnsucht aus und war diese Sehnsucht heftig genug, um die zuständigen Hormone zu alarmieren, kam jedem von uns nur ein Gedanke: den anderen per Anruf von seinem Alarmzustand zu informieren, ihn also aufzufordern, alle nötigen Ingredienzen – den Körper, ein Zimmer, eine Stunde Freizeit – zügig und nicht minder alarmiert zur Verfügung zu stellen.

Ein Bett war nicht unbedingt notwendig. Laura verfügte über das stupende Talent, jedes andere Möbelstück den Formen und Bewegungen der Liebe anzupassen. Neugierig und biegsam entdeckte sie in allen Dingen nie vorgesehene Nutzungsmöglichkeiten. Selbst ein so fades Möbel wie ein Herrendiener wurde mit Hilfe ihrer Phantasie einem viel sinnlicheren Verwendungszweck zugeführt als dem Ablegen von Hosen mit Bügelfalten.

Eine wunderbar keusche Beziehung gelang uns. Keusch, da unbefleckt von der Erbsünde der Heuchelei. Unsere Leiber erklärten wir für hirntot, keine Grabenkämpfe zwischen oben (Kopf) und unten (Genitalien) fanden statt, kein Verlangen nach Ewigkeit belastete. In unseren besten Momenten waren wir vollkommen amoralisch, vollkommen unbeschwert von der Schwere eines zweitausend Jahre alten Abendlands. Keine Zivilisation redete uns dazwischen. Nur dem Drängen unserer Körper hatten wir Treue geschworen.

Laura gehörte zu der seltenen Rasse von Frauen, die nie hinhörte, wenn andere ihr einredeten, dass es die schnelle weibliche Lust nicht gäbe. Ihre Lust überkam sie schnell und sagenhaft weiblich. Sie haderte nicht mit irgendeiner inneren Stimme. Sie nahm die Bedürfnisse ihres Körpers nicht nachlässiger zur Kenntnis als andere Bedürfnisse, die sogenannten geistigen. Sie gehörte zu den drei, vier unbezahlbaren Wesen, denen ein Mann im Laufe seines Lebens begegnet. Wenn er innig nach ihnen sucht. Und Glück hat.

Zwei Jahre lang glaubte ich, Glück zu haben.

Bis an einem heißen Junimorgen das Telefon läutete. Ich war gerade von einer mehrwöchigen Reise zurückgekommen. Es war Laura. Sie wäre schwanger. An dieser Meldung war nichts Furchterregendes, sie war unerfreulich, aber nicht bedrohlich. Als sie ausgeredet hatte, ging ich zu meinem Computer und suchte die einschlägigen Adressen. In fünf Ländern wusste ich von gut geführten Häusern, die sich diskret um derlei Eingriffe kümmerten. Ich kannte diese Privatkliniken nicht als »Betroffener«, nur als Reporter. Jetzt war ich betroffen.

So war es von Anfang an ausgemacht zwischen uns beiden, zwischen Laura und mir, ja, unumstößlich beteuert: Ein Kind war das Letzte, was wir mit unseren Körpern produzieren wollten. Nackte Wollust hatten wir uns versprochen. Sonst gar nichts. *Vor* Ausbruch allererster Nähe war das festgelegt worden. Mit eindeutigen Worten. Ich betrachtete mich – in diesem Punkt – immer als verantwortungsvollen Mitbürger. Männer, die gern und verantwortungslos besamen, hielt ich für kaltblütige Trottel.

Ich kam zurück zum Telefon und bat Laura zu notieren. Stille. In diesem Augenblick begann der grausame Teil unserer Bekanntschaft: Laura verweigerte die Annahme der Anschriften, sagte die ungeheuren Worte, dass sie den Fötus nicht hergeben wolle, sie unwiderruflich beschlossen hätte, Mutter zu werden. Natürlich wäre ich bereit gewesen, für alle finanziellen Auslagen der Abtreibung aufzukommen, Flug, Hotel, Klinik. Natürlich hatte ich sie beim letzten Mal – wie alle Male zuvor – ausdrücklich gefragt, ob ich »aufpassen« müsse. Hasste sie doch (nicht ich) jede andere Form der Verhütung. »Nein«, hatte sie gesagt, »rück alles raus.«

Ich werde wohl nie wissen, ob das eine Falle oder ein Rechenfehler war. Eher das zweite, eher eine Fehlkalkulation ihres Knaus-Ogino-Rhythmus'. Laura war ein Triebwesen, lustig, sinnlich, keine Schlampe, die sich ein Kind machen ließ, um abzuzocken. Noch dazu wusste sie von meiner Unlust auf lebenslängliche Zweisamkeit, in der – Gottfried Benn hatte es perfide aufgeschrieben – »von Steuergesetzen begünstigter Geschlechtsverkehr stattfindet«. Nie verpasste ich eine Gelegenheit, in alle vier Windrichtungen über den erotischen Trübsinn in bürgerlichen Betten zu höhnen. Und Laura höhnte mit. So fühlte ich mich sicher.

Ich taumelte. Aus einer federleichten Vögelei sollte – in meiner Panik phantasierte ich sogleich die wildesten Albträume – der biedere Ernst einer sterbensöden germanischen Einehe werden.

Statt cool zu bleiben und eiskalt zu überlegen, wie ich die Wahnsinnige zur Räson bringen könnte, machte ich alles falsch, was man in einer solchen Situation nur falsch machen konnte. Ich schrie, ich drohte, ich tobte, ich wimmerte. Umsonst, nur kindisch. Denn nichts verhalf ihr zur Einsicht, nichts widerrief ihre Unbarmherzigkeit. Im Gegenteil, Laura mobilisierte schon am selben Nachmittag ihre – um keinen schrillen Nagellack weniger extravaganten – Freundinnen. Prompt trafen die ersten Anrufe dieser Nasenringträgerinnen bei mir ein, das einzige Thema: mein »ätzendes Verhalten«. Wie abzusehen, inkarnierte ich umgehend zur Sau, zur »Machosau«, zum »geilen Pimperer«, der endlich anfangen sollte, das Wort »Verantwortung« auswendig zu lernen.

Der Geifer dieser Parzen hatte immerhin einen positiven Nebeneffekt: Er weckte mich endgültig auf. Ich begriff nun tatsächlich die dramatische Lage. Ich sagte alle beruflichen Verpflichtungen ab. Ich musste mich konzentrieren, wenn ich den richtigen (Not-)Ausgang finden wollte.

Am nächsten Tag fiel mir das passende Wort ein, das Lauras Verhalten so umstandslos beschrieb. Leise flüsterte ich es vor mich hin: *Vergewaltigung*. Hier wurde ein Mann zu einem Kind gezwungen, von dem er nie geträumt hatte. Mir reichten meine eigenen Erfahrungen vom Leben ohne Vaterliebe, ich legte keinen Wert auf mich als Zeuger, der nicht lieben konnte, was er gezeugt hatte.

Der letzte Punkt stimmte, aber er sollte nicht zählen. Das hätte der Geschichte einen Dreh gegeben, der nicht zu ihr passte. Ob mit oder ohne die Erfahrung eines liebenden Vaters: Ich hatte andere Lebensentwürfe im Kopf, als eine Kleinfamilie zu gründen mit einer gerade Volljährigen, die Henry Miller eine mordsbegabte »Fickliesl« genannt hätte, und die – außerhalb des Betts – als Kamikazefrau unterwegs war, augenblicklich damit beschäftigt, auf mein Leben anzulegen.

Und ihr eigenes gleich mitzuversenken. Weit und breit bot ihre Existenz nicht die kleinste Chance, die seelischen (und materiellen) Reserven für die Erziehung eines Kindes zu organisieren. Sie ernährte sich von schnellen Jobs, wechselte ununterbrochen, lebte von einer Nacht in die nächste. Jetzt gehörte sie plötzlich zur Horde jener Halbwüchsigen, die eine Kindsgeburt mit dem Auftauchen einer Boje verwechselten. Ein nagelneuer Mensch musste her, um in der eigenen, chaotischen Existenz nicht abzusaufen. Wir alle drei standen auf dem Spiel, wir alle drei riskierten unsere Zukunft.

Mir schwindelte, Ohnmachtstraumata jagten durch meinen Körper, nachts träumte ich von Rachefeldzügen. Einmal zerrte ich das Weib aufs Schafott, wie von Sinnen schwang ich das Hackebeil. Und wachte schweißgebadet auf: Das Telefon klingelte.

Von der Hinrichtungsstätte holte mich mein Anwalt, den ich am Tag zuvor um Rückruf gebeten hatte. Seine

Auskünfte beamten mich wieder zurück in die Hölle: Ich sollte mir nichts einbilden, rechtlich hätte ich nicht die geringste Möglichkeit, Laura zu einem Schwangerschaftsabbruch zu zwingen. Selbst wenn sie mich gezielt getäuscht, mich aus schierer Berechnung als Befruchter und Mann ausgesucht hätte, selbst wenn ich das schriftlich und/oder per Video beweisen könnte, das Gesetz überlässt ausschließlich der Frau die Entscheidung, ob sie gebären will oder nicht. »Machen Sie keine Dummheiten«, sagte er noch und hängte ein.

Wie löblich, dass er mich daran erinnerte. Die seltsamsten Gedanken waren mir bereits gekommen: Ich hatte früher als Taxifahrer gearbeitet, war immer nur nachts gefahren. Nicht die schlechteste Möglichkeit, um ein paar beflügelnde Individuen kennen zu lernen. Darunter auch einige Huren. Sie mochten mich, weil ich zuverlässig Kundschaft heranschaffte. Das tat uns allen gut, denn für jeden Johnny kassierte ich eine Provision. Um vier Uhr morgens holte ich die Mädels ab – vom Puff oder vom Straßenstrich – und brachte sie nach Hause. Ich denke, sie konnten mich leiden, weil ich sie nach ihren Gedanken fragte und nie auf die Idee gekommen wäre, ihnen eine Predigt vom anständigen Leben zu halten.

Es hatte nicht lange gedauert und sie stellten mich ihren Freunden vor. Betriebswirtschaftsstudenten, Ärzte, ein paar Zuhälter, ein paar Kriminelle. Keine Totschläger, aber nervöse Typen, weniger der Kunst des geschliffenen Dialogs zugetan als dem Bedürfnis, Probleme zügig und mitunter handgreiflich zu lösen. Für Probleme, die sie nicht lösen wollten, kannten sie andere Kriminelle. Ich notierte mir damals ein Dutzend Telefonnummern.

Jetzt, ein Jahrzehnt danach, rief ich an. Glaubte ich mich doch im Recht, fühlte ich mich doch missbraucht, ja, auf perfideste Weise hintergangen. Die Herren waren jedoch inzwischen verzogen. Wie einsichtig, nie hatten sie den Eindruck vermittelt, längerfristige Mietverträge zu unterschreiben. Als ich ein paar von ihnen schließlich ausfindig machte, waren sie nonchalant und zugänglich wie eh. Ich erklärte ihnen meinen Plan und sie redeten über den bereitzustellenden Unkostenbeitrag. Und sagten zu. Wenn es soweit wäre, sollte ich vierundzwanzig Stunden zuvor Bescheid geben.

Bald hatte ich jeden, den ich brauchte. Auch den (angesehenen) Arzt, der bereit war, den Job zu erledigen. Ich wusste von seinen heimlichen Praktiken – cash bezahlte Abtreibungen – und ließ ihn wissen, dass ich bei etwaiger Weigerung über seine illegalen Praktiken plaudern würde. Eine miese Tour, ich weiß. Fand ich doch seine Heimlichkeiten moralisch gerechtfertigt. Aber die nächste Hälfte meines Lebens drohte dunkelschwarz zu werden. Das galt es zu verhindern, und wäre es auf skrupellose Weise. Meine Freiheit war nicht verhandelbar. Ich sah jetzt rot, ich sah jetzt nur dieses Ziel.

Ich wartete. Wartete auf den Tag, an dem ich klar und bestimmt das Startsignal geben konnte: die drei per Handschlag angeheuerten Muskelberge auf die Frau loszuschicken, um sie – per Chloroformtuch und beulenfrei, wenn irgend möglich – in den Zustand der Bewusstlosigkeit zu befördern. Und sie lautlos und unauffällig in die Praxis zu transportieren. Zur Zwangs-Curettage, unter Vollnarkose.

Hinterher würde ich mit ihr über den Coup plaudern. Und über meine drei neuen Freunde, ihr zugleich nahelegen, für alle Zukunft den Mund zu halten. Dann hätte sie Ruhe. Vor mir und dem stets auf Arbeitssuche befindlichen Trio.

Der Plot war niederträchtig. Aber ich hatte gründlich abgewogen und begriffen, dass er nicht niederträchtiger war als das Vorhaben einer Frau, ein Kind in die Welt zu setzen, das nicht viel haben würde von dem, was einer braucht, um ein ganzes Leben durchzuhalten. Nur leben, nur auf der Welt sein – wie unmenschlich. *Wie leben, wie auf der Welt sein*, das allein entschied. Ganz abgesehen von meiner jämmerlichen Unbegabung für die Rolle des Vaters. Mir fehlte alles, auch die Bereitschaft, meine Sehnsüchte durch zwei oder – noch undenkbarer – durch drei zu teilen. Dass ich in den Augen von Lauras Freundinnen, den Stachelfrisur-Philisterinnen, nichts als nackte Ich-Sucht repräsentierte – wie unerheblich.

Dennoch, ich zögerte. Ich hasse Gewalt. Und Gewalt gegen Schwächere hasse ich noch mehr. Ich hatte bis zu diesem Tag kein Kind und keine Frau geschlagen. Nicht ein Schatten davon. Ich fand mein Vorhaben, drei muskeldicke Hohlköpfe zu engagieren, abstoßend, armselig, ja widerlich. Auch verabscheute ich den Anblick von blauen Flecken, die von woanders herrührten als vom Eifer eines hitzigen Liebesspiels.

Aber noch etwas störte mich: meine Eitelkeit. Ich hatte immer gedacht, dass es nichts Cooleres auf der Welt gäbe, als smart zu sein. Also mit Köpfchen, mit Eleganz ein Problem zu lösen. Draufhauen kann jeder, aber Hirnfunken zünden kann nicht jeder. Ich wollte, nein, ich musste Laura »verlocken«, sie zu dem so menschlichen Gedanken überreden, dass unser aller künftige Befindlichkeit von ihrem Einsehen abhing. Ich brauchte einen Blitz, einen Geistesblitz, um sie zu erleuchten.

Meine Alternativen – sollte kein Blitz kommen – schienen kümmerlich. Die Vaterschaft abstreiten? Kindisch und teuer, irgendwann würde ein Gentest mich überführen. Mich im fernen Ausland verstecken? Nicht machbar, ich hatte einen Beruf, der davon lebte, mit anderen zu kommunizieren. Ihr den Säugling überlassen? Geradezu absurd, denn jede von Laura verabreichte Erziehung würde auf alles vorbereiten, nur nicht auf ein selbstbestimmtes Leben. Und – gar unvorstellbar – mich ergeben? Der Frau, dem Kind, der Kleinfamilie, dieser einfallslosesten *ménage à trois*, die je erfunden wurde? Dann lieber mit dem Kopf voran im nächsten Baggersee versinken. Wieder einmal bewies mir mein Widerwille dieser Existenzform gegenüber, dass ein solches Karma in meinem Leben nicht vorgesehen war, nicht vorgesehen sein durfte. Andere Unglücke, gerne. Aber das da, das nicht.

Ich unternahm noch einen Versuch und bat Laura zu einem letzten Gespräch. Sie kam und ich stieg hinab in die dunkelsten Tiefen der Selbsterniedrigung. Zuletzt war ich auf Knien und winselte um Erbarmen, berichtete noch einmal von meiner psychischen und physischen Untauglichkeit, mich als Vater aufzuspielen. Schien doch nichts unvereinbarer als permanente professionelle Abwesenheit und das gleichzeitige Einrichten eines stabilen Familienlebens.

Laura hörte weg. Taub und eisig wies sie mein Gnadengesuch zurück. Das Kind musste auf die Welt, nun war das Mutterkuh-Syndrom in ihr ausgebrochen, jede frühere Abmachung war nichtig, jetzt ging sie über Leichen.

Die Auseinandersetzung hatte uns erschöpft, eigenartig still war es geworden, keiner sagte etwas. Bis Laura einen merkwürdigen Satz aussprach: »Werde nicht hysterisch, ich glaube dir kein Wort. Du warst doch früher einmal Schauspieler, du ziehst doch hier nur eine Show ab.«

Mit dieser Bemerkung kam der Blitz, in Bruchteilen eines Nichts erkannte ich seinen sagenhaften Wert. Mit dem wertvollsten Wort im Satz, dem Wort »hysterisch«. Denn es erinnerte mich an eine zähe, zeitintensive Behandlung, die – lange schon – hinter mir lag. Nicht wegen Hysterie, wegen anderer Defizite.

Ich brauchte noch fünf Sekunden, dann stand mein Plan fest. Unser Treffen war zu Ende. Zerknirscht verabschiedete ich mich von Laura, wobei ich andeutete, dass ich ihr in den nächsten Tagen zwei, drei Nachrichten zukommen lassen würde: »Ich wollte dir diese Informationen ersparen«, sagte ich eindrucksvoll zerknittert, »aber dein Verhalten lässt mir keine andere Wahl.« Laura grinste nur abschätzig und verschwand.

Als sie draußen war, brauchte ich nochmals zehn Sekunden, um ein Stück Papier – DIN A4 und schon angegilbt – in meinen Unterlagen zu finden. Eineinhalb Gramm, die mir das Leben retten sollten: Das seriöse *Max-Planck-Institut für Psychiatrie* hatte mir zwei Jahrzehnte zuvor ein Attest ausgestellt. Um die Krankenkasse zur Zahlung einer Therapie zu veranlassen. Die zwei großartigen Wörter »streng vertraulich« standen am Ende des Befunds und, gleich daneben, die imposanten Unterschriften zweier Professoren.

Der Rest war nur noch Formsache. Da ich wegen Urkundenfälschung schon einmal vorbestraft worden war, wusste ich, wie man ein solches Schriftstück fehlerlos präpariert. Denn meine hier höchstoffiziell notierten Fehlleistungen waren garantiert nicht schwerwiegend genug, um eine gebärversessene Punklady zur Umkehr zu bewegen.

Einen halben Tag und eine Nacht brauchte ich mit Toms Hilfe (noch eine Adresse, die ich mir gemerkt hatte), dann standen auf dem Papier ein paar Zusatzdaten: so furchterregende Auskünfte wie der (angebliche) Selbstmord meines Vaters und die (angebliche) Zwangseinweisung meiner Mutter in eine Nervenheilanstalt. Und als Zauberformel die sieben Buchstaben: »Erblich.« Mit der beeindruckenden Aufforderung, mir eine Vaterschaft genau zu überlegen. Drohte doch die Gefahr, dass meine Nachkommen mit größter Wahrscheinlichkeit der *Dementia praecox* anheim fallen würden, dem frühen Irresein. Wie meine Eltern.

Um neun Uhr früh ging eine Kopie des Dokuments mit einem Begleitwort per Kurier an Laura. Ich bat sie darin um Verständnis für die Tatsache, dass ich ihr diese Informationen nicht eher vorgelegt hatte. Aber es wäre, bei Gott, nicht einfach, von der eigenen närrischen Familie zu erzählen. Doch jetzt, wo sie Gefahr liefe, Mutter eines potentiell schwachsinnigen Kindes zu werden, jetzt wäre ich dazu verpflichtet.

Das wurde ein grandioser Sommertag. Keine drei Stunden später klingelte das Telefon, Laura rief an. Meine Briefbombe war offensichtlich angekommen, gehoben verworren klang ihre Stimme. Wenn sich auch ihr punkiger Wortschatz nicht unbedingt geändert hatte: »Das ist ja ein echtes Kettensägenmassaker«, meinte sie, »ich bin bedient, Mann, aber einen bescheuerten Kegel will ich nicht aufziehen.« Mit keiner Silbe zweifelte sie an der Authentizität des Schreibens. Die Maßarbeit saß. Belämmert murmelte ich nochmals ein scheues »Sorry«, schön kleinlaut und bescheiden. Nur jetzt keinen Fehler machen.

Die nächsten 48 Stunden war ich als Lauras Chauffeur unterwegs. Mit einem Leihwagen, da ich eine Schwangere nicht mit meinem Fahrrad befördern wollte. Der Fall war klar, eine »eugenische Indikation« lag vor, mögliche Schäden des Kindes waren zu befürchten. Niemand widersprach, sogar die staatliche Beratungsstelle ersparte uns einen christlich-bigotten Belehrungssums, der zuständige Doktor lächelte und schrieb die Überweisung. Vor einer feinen Klinik lud ich Laura ab, Punkt 13 Uhr. Erst am Krankenbett verabschiedete ich mich, zum letzten Mal das »Schmerzensgeld« bestätigend: Eine Woche italienischer Meeresstrand mit Hotel und Flug, alles für sie allein und alles auf meine Rechnung.

Um 18.15 Uhr rief ich den Chefarzt an: Nichts, meinte er, hätte besser verlaufen können, ein Eingriff ohne Komplikationen, die Patientin würde schlafen. Dankend legte ich auf. Und räumte Tisch und Telefon beiseite, um Platz zu schaffen für einen Veitstanz der schieren Lebensfreude. Es gibt ein paar Momente im Leben eines Menschen, die nur ihm gehören. Das war einer.

Eine halbe Stunde später klingelte der Taxifahrer. Um 22.05 Uhr ging mein Nachtflug. Es wurde Zeit, dass ich wieder anfing zu arbeiten und Geld zu verdienen. Einer Dreiundzwanzigjährigen beim Wiederfinden ihres Verstands zu helfen, hatte sich als kostspielig erwiesen.

O.k., der letzte Satz ist der Satz eines Spießers, ich will

ihn nicht mehr aussprechen. Geld, wie belanglos jetzt. War ich doch gerettet. Als der Airbus 300 seine Flughöhe erreicht hatte, bestellte ich einen Martini. Ich suchte in meinem Kopf nach dem Wort, das eine Ahnung vermitteln konnte von dem Glück, das mich überwältigte. Dieses Wort gab es nicht.

Nachspiel: Ein langes Jahr später begegneten wir uns wieder. Reiner Zufall. Ich verließ ein Café, Laura kam gerade. Ich registrierte ein Zucken in meinem Körper, er schien sich vorzubereiten auf das lautstarke Stänkern der Hübschen. Sozusagen als Nachschlag für das entgangene Kind. Ich täuschte mich. Laura hatte wieder diese Silberaugen, diesen langatmigen, lässigen Blick auf einen Mann. Sie nahm mich bei der Hand und führte mich zurück auf meinen Platz. Und wir redeten, das heißt, ich hörte zu und sie beichtete. Beichtete ihre monatelange Wut auf mich und die irgendwann eintreffende Einsicht, dass mein Verhalten – das drängende Abraten – zwar »megauncool«, aber »wahnsinnig richtig« war: dass eben kein Nachwuchs in ihrem Leben Platz gehabt hätte, ja, dass noch Zeit vergehen müsse, bis ihr Chaos aufgeräumt sei und dass ich sowieso der »superfalscheste« Typ gewesen wäre. Als Vater, als Familienvorstand, als Erzeuger.

Die letzten drei Substantive sagte sie ohne Punkt, eher leicht, eher so, als wäre ein Mann noch zu anderen Zwecken verwendbar. Wenn ich mich recht erinnere, war diese kleine Frivolität das einzige Kompliment, das sie mir überließ.

Nun, das wurde ein heilsamer Nachmittag. Nach der Beichte gingen wir zu mir. Vorsichtshalber machte ich einen Umweg über die Toilette des Cafés. Und die »Gefühlsechten« gezogen.

NEUMOND

Herrn K. verdanke ich viel: eine Reihe üppiger Mahlzeiten und ein schönes Mädchen. Er war Gönner und Förderer junger Talente, ein großzügiger, unabhängiger Mensch. Mich mochte er, weil er mich für begabt hielt. Oder umgekehrt. Er hielt mich für begabt, weil er mich mochte. Ich weiß es nicht. Als (meist bankrotter) Student am *Mozarteum* in Salzburg war ich fraglos dankbar. Seine Abende waren ein Geheimtipp. Sobald das Essen auf der Terrasse offiziell vorüber war, begann die Party und es wurde, sagen wir, ziemlich unziemlich. Der Hausherr stellte ein paar seiner Räumlichkeiten im ersten und zweiten Stock zur Verfügung. Wer aber wollte, konnte weiteressen, weiterreden, sich blau trinken.

Ich blieb. Weil sie blieb. Sechs Meter entfernt, schräg gegenüber der langen Speisetafel, war sie der einzige Mensch, der sitzen geblieben war. Und erst in dem Augenblick, in dem ich selbst den Stuhl zurückschob, fiel sie mir auf. Vorher hatten zwei Dutzend Leute zwischen uns gesessen. Jetzt war die Sicht frei. Und sie war erfreulich. Während ich mich beiläufig wieder setzte, so als hätte ich nie weggehen wollen, kamen aus den Lautsprecherboxen die Stones mit *As tears go by*. »Das ist mein Lieblingslied«, sagte sie, einfach so, sechs Meter weit weg, »komm, lass uns tanzen.«

Als ich auf sie zuging, war sie bereits aufgestanden. Ich wusste, dass ich jetzt gerade Glück hatte, nichts sagen musste, nichts vorführen musste, mich nur hingeben durfte an etwas, das so nachlässig und vielversprechend begonnen hatte. Wir nahmen uns bei der Hand und tanzten.

Der Abend hatte kein Ziel, die Küsse reichten uns. Die waren schwer und endlos. Sodass wir Zeit brauchten, sie zu verdauen. Zudem hatten wir Angst, von Anfang an. Linda wohnte noch im Haus ihres (geschiedenen) Vaters. Die Neunzehnjährige beschrieb ihn als muskulösen Eiferer, der jedem anderen Mann die Prügelstrafe mit Todesfolge (sic!) versprach – falls er ihn im Bett seiner Tochter ertappen sollte. Todesfolge für beide. So war er. Wir mussten auf der Hut sein.

Wir beschlossen zu gehorchen. Was die Sehnsucht nicht bremste, im Gegenteil. Die verordnete Keuschheit wirkte wie ein Aphrodisiakum. Schnell begriffen wir unsere langatmigen Schmusereien als Vorspiel auf den Tag X, die nächste Geschäftsreise des Vaters: jene Nacht eben, in der wir nichts falsch machen wollten.

Das wurde ein guter Sommer in Salzburg. Festspielzeit. Ich war ein Engel. Ein Engelskomparse im Himmelschor. Ein Burgmime gab den Herrgott und ich durfte dreimal »Halleluja« schreien. Der Herrgott als Hofschauspieler war großartig. Während ich ihm zujubelte, dachte ich an Linda und verstand mein dreifaches Gejohle als Ausdruck von Freude über jemanden, der von so zärtlicher Vehemenz sein konnte wie sie.

Eines Abends holte mich meine Freundin nach der Vorstellung ab und wir fuhren hinaus nach G., wo die Villa ihres Vaters stand. Sie lächelte hintersinnig und ich wusste, der Hausbesitzer war auf Reisen. Das war unsere Stunde, die Stunde X. Noch im Auto schlüpfte ich in die Badehose. Sie selbst trug unter dem T-Shirt und den Jeans einen weißen Bikini. Wir wollten vorher noch baden. Im familieneigenen Swimmingpool, zwischen Maulbeersträuchern und Rosenbeeten.

Die Nacht war seltsam dunkel und undurchdringlich. Eine solche Finsternis machte uns Mut. Wir tauchten ins warme Wasser. Wer uns beobachten wollte, musste schon bis auf einen Meter herankommen, um zu erkennen, was wir vorhatten. Wir zogen uns gegenseitig aus. Wobei wir nicht eine Sekunde vergaßen, dass alles, was wir jetzt taten, mit möglichst wenig Lärm vonstatten zu gehen hatte. Keine hitzige Silbe, kein Seufzer sollte uns entschlüpfen. Die unheimliche Angst vor dem Vater verließ uns nie, auch jetzt nicht. Verschwiegen und wie hinter Glas vollführten unsere Lippen und Hände ihre Liebkosungen.

Der Boden des Bassins war abgeschrägt. Langsam bewegten wir uns auf die Seite zu, an der das Wasser nur bis zum Bauchnabel reichte. Linda legte sich mit dem Rücken über den Rand und begeistert beugte ich mich nach vorne. Nichts wollte ich auslassen, nichts übersehen von dem, was sich so dunkel und verboten mir anbot. Gandhi fiel mir noch ein, der lästige Sittenapostel, der für derlei brisante Situationen empfahl, sich die Augen »sterilisieren« zu lassen. Als Notbremse. Ein Verrückter, dachte ich abwesend, und liebkoste mit dem Mund den Himmelskörper meiner Freundin. Wie alle Verliebten einer Sommernacht hauchten wir süßen Nonsens:

»Magst du das?«, flüsterte ich.
»Und wie«, flüsterte sie zurück.

Vielleicht war es Einbildung, vielleicht wollte ich es einfach zu sehr, aber ihre Stimme klang so inständig, mit einem solchen Unterton von Alles-Haben-Wollen, dass ich glaubte, Zeit und Ort wären nun gekommen, um endlich das zu tun, was wir beide so närrisch ersehnten.

Noch immer war die Nacht dunkelschwarz und die Umgebung ohne verdächtiges Geräusch. Nur manchmal das heimliche Plätschern unserer Bewegungen im Wasser. Ich registrierte, dass ich fast bis zur Schmerzgrenze erregt war. Die schöne Nackte hatte sich inzwischen umgedreht und ihr Po und die Beine starrten mich – so bildete ich mir ein – erwartungsvoll an. *Now or never*.

Linda muss meine Gedanken erraten haben, denn während ich ihr mit mühsam gezügelter Leidenschaft näherkam, sagte sie: »Tu's nicht, du weißt doch, Neumond bringt Unglück.« Ich zuckte zurück, ich wusste gar nichts. »Wieso denn das? Wer zum Teufel sagt, dass Neumond Unglück bringt?« – »Albert sagt das, er hat das zweite Gesicht.«

Ich kannte Albert, ich mochte ihn. Er war der Hausmeister der Familie, ein ruhiger Alter, der umsichtig für das Anwesen sorgte. Augenblicklich aber hasste ich den Mann. Ein Narr, das zweite Gesicht, Neumond und Unglück, nicht auszuhalten. Und in meinen Armen ein Kinderherz, das diesen Unfug tatsächlich ernst nahm.

Ich war ungerecht, natürlich. Und sauer und lüstern. Aber ich hielt den Mund. Albert hatte gesprochen, basta. Ich disziplinierte mich. Ein Überredungsbeischlaf kam nicht in Frage. Und Neumond dauerte nicht ewig. Wir verließen den Pool und kleideten uns an. Zwei Uhr früh war es bereits und ich machte mich auf den Weg zu meiner Studentenbude. Ich zwang mich zur Konzentration, vergaß alles Gewesene und materialisierte im Kopf meine wasserfüßige Zimmerwirtin. Ich entspannte.

Die Tage und Nächte vergingen. Und eines Nachts war wieder alles so, wie wir es uns die letzten Wochen über erhofft hatten. Der Alte jagte über ferne Autobahnen und Linda und ich – schier blöde vor Entsagung und Vorfreude – waren nun fest entschlossen, alles, wirklich alles, nachzuholen.

»Komm«, hatte sie am Telefon gesagt, sonst nichts. Typisch Linda. Wir gingen zuviel ins Kino. Kaum, dass uns noch ein normaler Satz unterlief. Wir redeten in Filmdialogen, das intensivierte unsere Sprache und verschaffte uns eine gewisse Exklusivität. Und ich kam, nein, ich rannte.

Ihr Zimmer lag im ersten Stock. Es war noch immer Sommer und die beiden Fenster standen weit offen. Ein paar Kerzen brannten und ohne zu zögern kroch ich zu ihr unter die Decke. Gierig und zart beschmusten wir unsere hungrigen Körper. Und irgendwann sagte sie zum zweiten Mal in dieser Nacht: »Komm«. Und diesmal war es ganz anders gemeint.

Dann ging alles rasend schnell. Vom Gartentor herauf zog ein kurzer, quietschender Ton, anschließend das Geräusch eines näherkommenden Fahrzeugs. Mein Gott, der Alte! Er hatte uns hereingelegt, hatte geblufft, von Terminen in Frankfurt und Hamburg keine Rede. Jetzt war er da, um uns die Lust aus dem Leib zu prügeln. Unsere fiebrig seligen Gesichter wurden zu Fratzen. Was für ein widerliches Gefühl, eine innig umschlungene Frau in panischer Angst loszulassen.

Keine Gedanken mehr, nur noch Reflexe. Flucht. Vielleicht hatten wir eine Chance, wenn ich unbemerkt verschwand, das hieße durchs Fenster. Ich fetzte in die Hose und – sprang. Knapp drei Meter tiefer landete ich auf dem gepflegten englischen Rasen. Linda wusste, was sie jetzt zu tun hatte: Spuren verwischen, ein Päckchen *o.b.* auf das Nachtkästchen stellen und ein Buch zur Hand nehmen. So hatten wir das mehrmals durchgesprochen und auf das Mädchen war Verlass.

Inzwischen hatte ich das Hemd übergezogen, stopfte die Mokassins in die Hosentaschen und schlich barfuß um beide Ecken zur Vorderseite, zum Haupteingang. Nichts, kein Mensch. Mein Herz keuchte vor Aufregung. Rüber zur Garage, wieder nichts. Stockfinster. Der Alte konnte unmöglich schon im Haus sein. Seit den ersten Verdachtsgeräuschen waren vielleicht eineinhalb Minuten vergangen und der Weg vom Tor bis zur Garage war weit.

»Ja, der Herr Andreas, was machen Sie denn hier so spät in der Nacht?« Zuerst Herzstillstand. Dann das Wiedererkennen von Alberts Stimme. Als ich herumfuhr, begriff ich sofort: Neben Albert stand sein Fahrrad, Albert, der Radfahrer, die Garage, darüber seine Wohnung, das Quietschen, das Knirschen auf dem Kiesweg, unsere Hysterie, die zwischen einem bedrohlichen Sechszylinder und einem harmlosen Radfahrer nicht mehr unterscheiden konnte. Alles so klar, so easy, so harmlos.

Ich kann mich nicht erinnern, was ich geantwortet habe. Wohl irgendwie herumgestottert von wegen Spazierengehen an der frischen Luft bei den alten Kiefern. Mir flossen die Salzperlen übers Gesicht, der kalte Schweiß einer eingebildeten Gefahr schimmerte auf meiner Haut. Ich hätte vor Freude losheulen können: nur Albert und nirgends ein Vergeltung fordernder Großgrundbesitzer.

Ich versuchte, mir nichts anmerken zu lassen. Abwesend freundlich verabschiedete ich mich von dem Faktotum und schlenderte zurück Richtung Villa. Ich wusste, dass Albert den Mund halten würde. Er war zwar nicht ganz richtig im Kopf, besaß aber ein freundliches Gemüt. Intime Nachrichten behielt er für sich. Hoffentlich.

Kaum hatte ich die wuchtige, eisenbeschlagene Haustür hinter mir geschlossen, hörte ich von oben ein wüstes Geschrei. Ein jämmerliches, zeterndes Gekreisch. Ich startete durch, die Treppe rauf, den Flur entlang, die letzte Türe links, dort lag Lindas Zimmer. Dazwischen Gedankenfetzen: der Alte durchs Fenster? Alles mit Albert ein abgekartetes Spiel? Weiter kam ich nicht, zu lächerlich, zu abstrus erschienen mir solche Überlegungen. Ich stieß die Tür auf, rasend vor Wut jetzt, auch unberechenbar geworden durch die Angst, die sich in einen Zustand blindwütiger Notwehr verkehrt hatte. Nun war ich bereit zurückzuschlagen.

Ein Blick genügte: kein Vater weit und breit. Nur Linda, noch immer im Bett, und sie schrie, wimmerte, zitterte, rotzte sich ins Gesicht, kratzte sich mit den Fingernägeln über den Busen und schluchzte ununterbrochen: »Bitte nicht, bitte nicht, bitte nicht!«

Sie hatte einen Nervenabgang, kein Zweifel. In Erwartung eines mordsüchtigen Erwachsenen hatte sie vorübergehend den Verstand verloren. Während ich die Fenster schloss, durchströmte mich ein außergewöhnlich warmes Gefühl für diese Frau. Ich blieb ein paar Augenblicke still stehen, um es ganz auszukosten. Dann eilte ich ins Badezimmer, holte das Baldrianfläschchen und zwei Librium. Mit sanfter Gewalt musste ich mich an sie heranmachen. Sie schlug noch immer um sich und es dauerte, bis sie Tropfen und Tabletten intus hatte. Ich blieb neben ihr sitzen, umschloss sie mit meinen Armen, wiegte sie beruhigend hin und her. Das Sedativ begann zu wirken. Linda wurde leiser und schwerer, die Tränen stockten, sie schlief ein.

Ich bewegte mich lange nicht, veränderte nichts an der Umarmung. Irgendwann verlosch die letzte Kerze. Die Welt war totenstill. Wieder eine dieser schwarzen, undurchschaubaren Nächte. Mir dämmerte jählings etwas. Etwas Unglaubliches. Ich zog meinen Taschenkalender heraus, zündete das Feuerzeug an und suchte das Datum des Tages. Da stand es: Mittwoch, 9. August, Neumond.

COITUS INTERRUPTUS

Eine Pekingoper fordert zur Gegenwehr heraus. Um nicht im frenetischen, zweigestrichenen C der Akteure zu erlöschen. Noch eins höher und Blut spritzt aus den Trommelfellen ungeübter Zuhörer. Griechische Rachegötter, so scheint es, werden als Opernsängerinnen in China wiedergeboren. Ich ging trotzdem hin, wollte wissen, wie viel europäisch erzogenen Ohren zumutbar ist.

Der zweite Teil der Vorstellung fiel leichter. Während der Pause hatte ich Tara kennengelernt, eine Ärztin aus Prag. Ab sofort teilten wir unser Leid. Wann immer die Hauptdarstellerin – in quälendem Liebesschmerz befangen – nach vorn an die Rampe trat, um ihr Elend mittels kreischender Kopfstimme aus sich herauszuquetschen, hielten wir uns gegenseitig die Ohrmuscheln zu.

Das chinesische Publikum litt nie, im Gegenteil, nach jedem Intermezzo brach jubelnder Applaus los, alle strahlten vor Glück. Zudem bot das Ende jedes Begeisterungssturms die Gelegenheit, in ein mitgebrachtes Hühnerbein zu beißen, auf den Fußboden zu spucken und die verstopften Nasen leerzurotzen. Eine wahre Katharsis, für beide Seiten. Spieler und Zuschauer hielten nichts zurück, schonungslos schleuderten sie alles aus sich heraus.

Hinterher schlenderten Tara und ich die *Xichangan Street* entlang, die mitten durch Peking führt. Der warme Wind aus der Wüste Gobi, der seit Tagen durch die Straßen wehte, tat gut. Wir waren uns versprochen. Ohne große

Vorverhandlungen. Aber es eilte nicht, die nächtliche Stadt ohne ihre zehn Millionen Einwohner war ein kleiner Traum, den wir noch mitnehmen wollten. Und wir hatten Sehnsucht nach westlicher Musik, nach den *Bee Gees*, nach *Lionel Ritchie*, nach jedem, der echten, samtenen Kitsch versprach. Als Balsam, als Erste Hilfe für die lädierten Gehörknöchelchen.

Vorbei am Regierungsviertel und der *Verbotenen Stadt* erreichten wir kurz vor 22 Uhr das *Beijing Hotel*, wo man uns eine Diskothek versprochen hatte. Und einen Discjockey, bei dem man seine Wünsche anmelden konnte.

Aber China ist anders. Wir sind zu spät, hieß es. Witzig, wir hatten Angst, zu früh zu kommen. »No, you late«, bellte man uns entgegen. Und dann, unvermeidlich: »Mejou!« Das Lieblingswort der Chinesen. Ein schadenfrohes »Gibt's nicht«, das jede Diskussion im Keim erstickte. Wie auch immer, die Putzkolonnen waren schon aufmarschiert. Während die letzten Gäste noch ihren Campari tranken, tosten bereits fünf Staubsauger.

Zurück zum Theater, wo ich mein Fahrrad abgestellt hatte. Wir saßen zu zweit auf, ich trat in die Pedale, Tara balancierte auf der Lenkstange. Schöner Zufall, wir wohnten im selben Hotel, eine bekannte Absteige für Westler. Auf dem langen Weg zum *Quiaoyuan Guesthouse* roch ich das Haar einer fremden Frau.

»Mejou!«, bellten sie auch hier. Wir standen an der Rezeption und baten um ein Doppelzimmer. Bisher schlief jeder von uns in seinem *dormitory*, Männerschlafsaal, Frauenschlafsaal. Dreimal wiederholten wir unseren Wunsch, dreimal *Mejou*. Beim vierten Mal gab es ein Dreibettzimmer, das billiger war als ein Doppelzimmer. China ist anders.

Kurz vor Mitternacht wähnten wir uns in Sicherheit. Der Mond leuchtete auf unsere warmen Körper und durch das offene Fenster quakten die Frösche vom nahen Kanal. Momente, in denen alles stimmte. Auch unsere sanften, wispernden Stimmen. Weit weg schienen jetzt die letzten hundert *Mejou*s und die Ohren zerfetzende Drangsal unglücklicher Opernsängerinnen.

China ist anders. Ich erinnere mich genau. Der selige Augenblick, in dem Tara und ich uns ganz nahe kamen, entpuppte sich als der Anfang einer barbarischen Geisterstunde. Donnerschläge krachten gegen die Tür. Mit Händen und Füßen knüppelte jemand von draußen gegen das Holz. Gleichzeitig ging das Licht an, ein hässlicher, weißheller Lüster strahlte auf unsere toderschreckten Leiber. Ich drehte mich um und sah am Oberlicht einen Mädchenkopf, der gebannt auf unser Bett starrte. Wobei die Hammerschläge nicht aufhörten. Es mussten also mindestens zwei Barbaren sein, die nun erbarmungslos über uns herfielen.

Mir schwindelte vor Wut, als ich mich von Tara löste, die bleich nach dem Leintuch griff, um sich zu bedecken. Ich wollte losrennen und ausholen. Aber nach drei Schritten überkam mich die perfide Lust, die Situation aufs Äußerste zu provozieren. Splitternackt und noch immer in unübersehbar sinnlicher Erregung stellte ich mich in die Mitte des Hotelzimmers, sah die Augen der jungen Chinesin, die mich hypnotisiert anglotzten, sah ihr zur Fratze deformiertes Gesicht, sah den angewidert verzogenen Mund.

Doch ich wollte meinen Auftritt als nackter Mann nicht übertreiben. Auch hörte der infernalische Lärm nicht auf, nicht das tückische Ein- und Ausschalten der gleißenden Lichtquelle. Kurz nach ein Uhr war es jetzt und ich musste etwas unternehmen, um nicht an der eigenen Raserei zu ersticken.

Ich zog die Hose über und entriegelte das Schloss. An der Uniform erkannte ich sogleich das Zimmermädchen, das für diesen Flur verantwortlich war. Neben ihr der Hausmeister. Augenblicke lang war mein Hass nicht zu bremsen. Eingedenk ihres brutalen Angriffs auf die Menschenwürde vergaß ich kurzzeitig die Grundregeln der Völkerverständigung und stieß die beiden mit roher Heftigkeit von der Tür zurück. Ich holte nochmals aus, als sie einen nächsten Versuch unternahmen, das Zimmer zu betreten. Jetzt blickte der Hausmeister zum ersten Mal in mein Gesicht und begriff, dass ich ihn beim dritten Vorstoß zu Brei schlagen würde.

Eines wurde sofort klar: Schuld an diesem Skandal trugen wir selbst, unsere Freundlichkeit. Als Tara und ich die Treppen hochgestiegen waren, schlief die Kleine auf ihrem Stuhl. Hier wie auf jedem anderen Hotelflur der »Volksrepublik« saß eine Aufseherin, der Spitzel. Aus Rücksicht hatte ich die vielleicht 18-Jährige nicht geweckt, um ihr die Zimmerrechnung zu zeigen. Ich vergaß für Momente, dass China ein Polizeistaat war, somit jede Annäherung – mit wem auch immer – amtlich genehmigt werden musste.

So wird es gewesen sein: Irgendwann wachte das Mädchen auf, hörte »verdächtige« Geräusche und holte Verstärkung. Sex in einem nicht bezahlten Bett, so dachte sie wohl, rechtfertigte jedes Mittel, um dagegen einzuschreiten. Und wäre es das hemmungslose Eindringen in die privateste Sphäre anderer. Deshalb das Oberlicht und deshalb der Lichtschalter im Gang, um von außen jeden Tatort ausleuchten zu können. Sofort und ohne den leisesten Gedanken an die Grundregeln des Anstands. Hat Orwell recht, dann in diesem Land.

Ich zeigte den beiden die Rechnung und drohte für den Wiederholungsfall mit Prügel. Mit viel Hirn waren die beiden nicht verwöhnt, aber das verstanden sie. Wortlos trollten sie davon, ohne ein Wort der Entschuldigung. Ich verschloss die Tür, drehte das Licht aus und klebte die gestrige Zeitung auf das Glas. Gut, dass ich nie ohne Tesafilm reise.

Noch immer strahlte der Mond, noch immer quakten die Frösche. Vergeblich, still lagen Tara und ich nebeneinander, nicht ein Funken Sehnsucht regte sich noch in unseren Körpern. Irgendwann schliefen wir ein. Erst im Morgengrauen fiel uns wieder ein, warum wir in einem Doppelbett lagen. Wir kicherten, behutsam fingen wir zu flüstern an.

MAGDA

»Jeder von uns macht den Mund auf und redet darüber«, so Norman Mailer, »und dann wird offensichtlich, wie wenig er davon versteht.« Der Meister meinte unser Gerede vom Sex. Das typische Männerprotzen. Die Auskenner beim Fachsimpeln. Die souveräne Ignoranz der Alleswisser. Mailers Behauptung klang wie ein Offenbarungseid. Er schrieb gerade an seiner Biographie über Marylin Monroe, als er sich zu dem giftigen Satz hinreißen ließ. Er ahnte wohl, dass die Göttin auf wunderbar wortlose Weise etwas wusste, was ihm entging. Um sich zu trösten, ließ er uns andere Männer auch nichts wissen. Vorsorglich benutzte er den *pluralis modestiae:* »Jeder von uns …« Wie treffend.

Mailer und ich haben folglich zwei Dinge gemeinsam: Wir gehören zu den (wenig zahlreichen) Männern, die ihre Ahnungslosigkeit zugeben, und zählen zugleich zu den (überwältigend vielen) Männern, die nie Gelegenheit hatten, die Monroe kennenzulernen. Als Auserwählter Marilyns sozusagen, im Duftkreis ihres sagenhaften Körpers, der alles wusste, wonach Mailer und ich – und der Rest – so hungern.

Immerhin gab es einen Unterschied zwischen Norman und mir. Zu meinen Gunsten. Der Unterschied hieß Magda. Hätte der amerikanische Schriftsteller von ihr erfahren, er hätte wieder zu hungern begonnen. *Ich* habe sie erfahren. Weil sie bereit war, meinen Hunger zu stillen. Wie den von vielen, sehr vielen anderen Männern. Ihre Großzügigkeit war unersättlich, ihr Körper von tiefer Weisheit. Er wusste alles und nahm nie, ohne zu geben.

Noch heute könnte ich nicht sagen, was erstaunlicher war: der Sex mit ihr oder ihre Sexgeschichten. Beides war exquisit und ohne jede Moral. Nichts bedrückte sie. Kein christlicher Sexhass, kein katholischer Beichtspiegel, nie war sie verdunkelt von bürgerlicher Heuchelei und der Mühsal, ihre Lust und ihre Lustorgane zu rechtfertigen. Sie war Haut und Natur, sie war sinnlich und unschuldig, sie war wahr. Unheimlich wahr.

Ich bin Zeuge. Seitdem ich zum ersten Mal mit ansehen durfte, ja durfte, wie sich ihr Körper für jede kleinste Berührung bedankte. Wie schnell sich die Wonne in ihr ausbreitete, wie aus der Glut ein Buschbrand wurde und aus dem Buschbrand ein Erdbeben. Und wie sie bald in eine selige Trance schleuderte, aus der sie erst erwachte, nachdem der Gipfelsturm abgeklungen war und sie mich verdutzt neben dem Bett liegen sah. Hinausgeworfen auf dem Gipfel ihrer stürmischen Wollust, die irgendwann alles vergaß, auch die Zeit, auch den Lover, ja, die ganze Welt. Sie war ausschließlich. Ja, das Ausschließliche, das war das Bestaunenswerteste.

Sie unterrichtete mich, ich lernte, bekam bald ein Gespür für den Moment, in dem ich Gefahr lief, wieder im Sturzflug ihren bebenden Schoß verlassen zu müssen. Dann griff ich nach dem nächstbesten Körperteil und hängte mich ein. So schlitterten wir gemeinsam. Bei ihr war ich nie linkisch, nie zu früh, nie zu spät. Auf nachlässige Weise sorgte Magda dafür, dass keiner zu kurz kam. Nein, so ist es falsch, so war es: Sie sorgte sich um nichts, sie gab sich einfach hin, an den Augenblick, an mich, an das unglaubliche Gefühl von Nacktheit und Nähe.

Was sie so einzigartig machte, war – über allem – ihr Talent, einem Mann die Gewissheit zu vermitteln, er wäre ein bravouröser Liebhaber. Der Konjunktiv stimmt nicht, er *war* es. Weil sie so leicht entflammbar war. Weil ein

Mann in ihrer (nackten) Gegenwart nichts falsch machen konnte. Wir waren alle so gut, weil sie so überragend war. Niemals bildete ich mir ein, dass ihre Ekstase von mir abhing. Trotzdem schmeichelte ihr Schreien und Flüstern.

Für alles andere war kein Platz. Magda sorgte dafür, dass das restliche Leben draußen blieb, außerhalb des Betts: die Trübsal des Alltags, der Geschlechterkampf, die Angst, als tapsiger Beischläfer entlarvt zu werden. Immer ging ich als glücklicher, als beschwingter Mensch von ihr.

Magda war schnell im Kopf, keine: Doof fickt gut! Sie war Dolmetscherin, dreisprachig. *Cum laude* stand im Abschlusszeugnis. Wir lernten uns auf einem Studentenfest kennen. Schon in derselben Nacht – muss ich es noch hinschreiben? – flog ich aus dem Bett. Sie mochte mich sofort, sagte sie später einmal. Als ich grinsend erwähnte, dass sie viele andere auch sofort mochte, antwortete sie trocken: »Du hast recht. Aber du hältst mir keine Moralpredigten.« Das stimmte. Doch das Wichtigste war ihr entgangen: Ich beneidete sie, ich wusste, dass ich nie leicht werden würde wie sie.

Mit vierzehn verführte sie ihren ersten Mann. Mit fünfzehn wurde sie vergewaltigt. Ihre Lust behütete sie vor einem Trauma. (»Um ein Haar hätte ich es genossen!«). Ihre Freundschaft zu Männern blieb intakt. Die kommenden Jahre beinhalteten eine kurze (müde) Ehe und eine (lange) Serie atemberaubender Höhepunkte.

Was jetzt kommt, wirft kein gutes Licht auf mich, aber genau so war es: Bisweilen verschob ich unser beider Sehnsucht nach Körper und Hitze, schindete Zeit und vermied das Bett. Weil ich *vorher* eine Geschichte von ihr erzählt haben wollte. Ich hatte einfach Angst, dass ihr *nachher* die Konzentration fehlte, sie nur rauchen und auschillen wollte.

Hier die erste: Eines Nachts fuhr die Polizei mit Blaulicht in den dunklen Wald, weil besorgte Anwohner glaubten, die verzweifelten Schreie eines Gewaltopfers vernommen zu haben. Im Scheinwerferkegel der Beamten lag aber keine zerstückelte Leiche, sondern die schweißgebadete Magda M. auf der Motorhaube eines Renault 5. Äußerst lebendig, da ein gewisser Norbert M. (nicht der Ehemann), ebenfalls unbekleidet und verschwitzt, sich an ihr zu schaffen machte. Was wiederum dieses missverständliche und überaus ekstatische Gebrüll seiner Partnerin auslöste. Einmal mehr hatte Magda alles um sich herum vergessen. Auch die Fürsorge von Mitmenschen, die ein Leben lang nicht auf die Idee gekommen wären, dass hier ein Beischlaf stattfand und kein Meuchelmord.

»Schreien im Wald ist doch nicht verboten, oder?«, antwortete sie auf die Androhung einer Anzeige wegen öffentlicher Ruhestörung. Magda hatte Glück, sie kam mit einer mündlichen Verwarnung davon. Das passte zu ihr: eine Abmahnung für zu viel Lust.

Warum sie so ausdauernd schrie, war leicht herauszufinden: Magda hatte nie einen Orgasmus, immer nur Orgasmen. Keiner kam je allein. Einmal oben, einmal in Trance, legte nichts mehr sie still. Sie barst, ihr Körper floss über und trieb von einem Taumel in den anderen. Ihre Begabung zur erotischen Hemmungslosigkeit, auch die hätte ich gern gehabt.

Immer wieder sahen wir uns. Trotz Trennung durch weit voneinander entfernte Wohnorte. Wie selbstverständlich begannen wir bei jeder Begegnung umgehend zu kommunizieren. Auf der geistigen, auf der sinnenhaften Ebene. Es gab nichts wegzuräumen, nichts aufzubauen, nichts vorzubereiten. In diesen wenigen Stunden breitete sie ihren Körper und ihre Geschichten vor mir aus. Aus dem Stand Sie heilte mich, sie versöhnte mich mit meinen Niederlagen bei anderen Frauen. War bedenkenlos Komplizin, wenn es galt, irgendeine Phantasie mitten ins Bett zu holen. Und sie hob meine Ressourcen, entdeckte in meinem Leib Möglichkeiten, von denen er bisher nichts geahnt hatte. Alles an ihr war warm, alles von mir war willkommen. Kalter Sex war ihr fremd, so fremd wie die Scheinheiligkeiten der Monogamie.

Sie pflegte den unanfechtbaren Grundsatz, dass alles erlaubt sei, wenn nur die Teilnehmer – das mussten nicht unbedingt zwei sein – einverstanden waren. Konsequenterweise wollte sie von SM-Praktiken nichts wissen. Magda konnte sich nicht vorstellen, dass Sex mit Schmerzen zu tun haben sollte. Gab es eine absurdere Vorstellung? Sex war Freude, Freudenschreie, Seligkeit.

Eines ihrer Geheimnisse war die Tatsache, dass der »Geschlechtsakt« (was für ein unsinnliches Wort) nichts Besonderes für sie darstellte. Das Heilige, das Unsagbare, fehlte. Er war Alltag, er gehörte zu ihrem alltäglichen Leben. Wie Fremde-Sprachen-Sprechen, wie Atmen, wie Denken. Sie wollte keinen Teil ihrer Gaben vernachlässigen. Sie war »schamlos«, im guten Sinne des Wortes, bar aller (falschen) Scham. Jeder Quadratzentimeter ihrer Haut blühte, nichts an ihr schien niedergezüchtet von den Maßregelungen ihrer Umgebung. Ich hatte (diskret) über sie recherchiert und herausgefunden, dass sie einen »schlechten Ruf« hatte. Bei den Philistern. Das beruhigte mich.

Noch etwas fiel auf: Nie redete sie vulgär über Sex. Da sie mittels Sprache nichts nachholen musste, was im tatsächlichen Leben nicht stattfand, waren ihr unflätige Reden nicht geläufig. Da Sex sie erfüllte, sie ihn nie irgendeines Unglücks oder einer Schuld verdächtigte, war der Wortschatz, den sie diesbezüglich aktivierte, völlig normal, unaufgeregt, nur praktisch.

Nächste Geschichte: Magda lag in einer Privatklinik, die Gallensteine schmerzten. Ein hübscher Pfleger kümmerte sich um die hübsche Patientin. Nachts pflegte er sie weiter. So laut, dass sich andere Patienten – weniger intensiv versorgt – am nächsten Morgen beim Oberarzt beschwerten. Wieder hatte Magda die Spielregeln der Anständigen überschritten. Auch hinterher, als sie aussagen sollte, wer vom Personal die Krankenhaus-Ordnung so unverzeihlich missachtet hatte. Sie hielt dicht. Und packte die Koffer. Diesmal reichte eine Verwarnung nicht aus, um ihre Lust zu bestrafen. Sie bekam Hausverbot. Sie bereute nichts, natürlich nicht. Sie bestellte ein Taxi und ließ sich die Steine in der nächsten Stadt zertrümmern.

Gute Story. Sie zeigt, wie teuer sie für ihre Sinnlichkeit zu zahlen bereit war. Sie war nicht käuflich, ließ andere nicht für ihre Exzesse zahlen. Auf ihre Weise war sie moralisch, ja, aufrichtig. Auch das machte sie schön und begehrenswert.

Sie widersprach allen Klischees. Weil ihre Sucht sie nicht ruinierte. Im Gegenteil: Der fast tägliche Umgang mit Sex gab ihr Kraft und Ruhe. Sie war eine disziplinierte Arbeiterin, belastbar, pünktlich, eigenverantwortlich. Keinen Tag lebte sie auf Kosten eines Mannes. Der Job einer Simultandolmetscherin forderte. Sie arbeitete gern und viel. Ihr Kopf war so begehrlich wie ihr Geschlecht.

Eines Tages traf sie eine schwerwiegende Entscheidung. Aber sie zögerte und rief mich an, um meine Meinung zu hören. Das wurde ein langes und teures Gespräch, da ich zu diesem Zeitpunkt nicht in Europa lebte. Ihr Vertrauen ehrte mich, denn ihre Idee war spektakulär, geradezu aberwitzig. Ich war einiges gewohnt von ihr, aber jetzt ging sie einen Schritt weiter.

Sie wollte in einem *Cabaret* arbeiten. Nebenbei, abends, nach der Kopfarbeit. Sie betonte den Satz so anzüglich, dass man nichts falsch verstehen konnte. Das *Pink Inn* hatte statt einer Bühne fünfzehn sprudelnde Jacuzzis, in deren Mitte (nackte) Hostessen auf (nackte) Klienten warteten. Zur Verabreichung eines wohligen Schaumbads mit anschließendem Ganzkörperanschluss. Da wollte sie mitmachen. Aus schierer Geilheit? Aber sicher. Aus schierer Neugier? Gewiss auch. Irgendetwas lauerte in ihr, irgendetwas trieb sie. Ihre Bereitschaft, außergewöhnliche Zustände auszuprobieren, war heftig und schubweise. Mehrmals hatte ich diese Versuchung zum Risiko an ihr beobachtet. Dass ihre drängende Sinnenlust bei diesen Unternehmungen nicht zu kurz kam, war so wichtig wie die Möglichkeit, etwas Neues zu leben. Alles, was sie wollte, war alles.

Ich kannte sie zu gut, um überrascht zu sein. Selbstverständlich bestärkte ich sie. Ich war gleich lüstern auf die Geschichten, die sie mir erzählen würde. Sie versprach, mich auf dem Laufenden zu halten. Und hielt Wort.

Magda wurde aller Welt Liebling. Der Boss ließ sie von seinem Chauffeur abholen. Sie wurde sein Ass, sie sanierte den Laden. Und die Männer. Magdas Hilfsbereitschaft, ihr Raffinement und ihre Begabung, keinen genitalen Ernst aufkommen zu lassen, sprachen sich herum. Ihr Kundendienst war anders, er war höflich, geduldig, teilhabend. Sie war das Gegenteil einer desinteressierten Schlampe, die missmutig ihre Geschlechtsteile zur Verfügung stellte. Sie war eine Gunstgewerblerin, ein Freudenmädchen, eine Wohltäterin. Sie war vielleicht die einzige Hure, die ihre Bezahlung als Zusatzbelohnung begriff. Zusätzlich zur Lust, die ihr widerfuhr. Ihre Genussfähigkeit war grandios. Diplom-Psychologen würden möglicherweise mit dem Wort »Nymphomanin« nach ihr ausholen. Ach, die Dünnbrettbohrer, die gern die Moralkeule schwingen, wenn die Wirklichkeit sie überfordert.

Nach ihrem ersten halben Jahr im Einsatz kündigte sie an, mich zu besuchen. Sie wollte über einen Vorfall berichten, der ihr vor einiger Zeit widerfahren war. Drei Tage später traf sie ein. Ich holte sie am Flughafen ab. Und zähmte mich. Beides erregte mich, die Aussicht auf ihren begnadeten Körper und die Erzählung, von der sie gemeint hatte, man könne sie fernmündlich nicht mitteilen. Zu verwegen, zu vermessen wäre sie. Wir fuhren zu mir und ich bekam beides, ihren Body und die Geschichte. Hier steht sie:

Ein Kunde des *Pink Inn* hatte sie zu einer »private party« nach G. mitgenommen, dem Nobelviertel der Stadt. Sie läuteten an der noblen Haustür und Besitzer und Besitzerin der feinen Villa öffneten. Schon ausgezogen. Man vergnügte sich bald redlich zu viert. Jeder mit jedem, alle auf einmal, die Damen unter sich, die erschöpften Herren als dankbare Zuschauer. Dann plaudern, dann wieder alle zusammen. Das war vergnüglich und ein uralter Hut. Später stellte der Hausherr eine geschmackvolle Schatulle auf den Glastisch. Die Hausherrin reichte eine Rasierklinge und einen großen Geldschein. Es gab das beste Mittel, um ersten Erektionsschwächen entgegenzuwirken: weißes Pulver. Die beiden Frauen snifften auch. Mit dem Kokain im Blut trieb das Quartett neuen Freuden entgegen. Es war lebhaft und lautstark, aber noch lange nicht der Höhepunkt des Abends.

Der kam kurz nach zwei Uhr morgens. Es war die Stunde, in der die vier – gerade wieder in einer Ruhephase – Champagner und Cracker konsumierten und der Villenhund, ein ausgewachsener Dobermann, sich nonchalant dem nackten Freundeskreis näherte. Drago, der schöne Rüde, machte die Runde. Bis er vor Magda stand, die entspannt am Fuß der schmalen Wendeltreppe saß, die hinauf zum Schlafzimmer führte. Drago roch, schnüffelte und – entschied sich. Seine Hundeerektion war eindeutiger Zeuge seines guten Geschmacks. Magda zögerte, jetzt doch für Sekunden im Kampf mit den bedrohlichen Stimmen eines abendländischen Gewissens. Dann drehte sie sich elegant auf die Knie und wartete auf ihren vierbeinigen Liebhaber. Er kam, sie kam. Nichts schien einfacher. Die unerhörte Geschichte endete in seliger Ermattung.

Wie ich sie bewunderte. Magda war eine Revolutionärin. Sie riskierte alles, um ihre Sehnsüchte nicht zu verraten. Ihr Mut den eigenen Ängsten gegenüber war beängstigend. Sie wich ihnen nicht aus, sie floh nicht, sie träumte nicht, sie sprang: Sie lebte.

»Bis zu jenem Tag«, um ein Wort Otto Flakes zu zitieren, »an dem der Küster kam.« Der Küster als Sammelbegriff für alle Daddys, die nichts anderes anzubieten haben als Sicherheit und Ewigkeit. Mein Erstaunen war uferlos. Das unergründliche Menschenherz, einmal mehr. Ein Männchen trat auf und verführte sie. Auf den Weg aller bürgerlichen Biederkeit. Sie heiratete ein zweites Mal und alles hörte auf: die Geschichten, die Lustschreie, die Suche. Sie war jetzt vierunddreißig und die Angst vor der zweiten Hälfte ihres Lebens schien plötzlich unermesslich. Mehr war aus ihren wenigen Briefen nicht herauszulesen. Magda verwitterte, sie wurde still und unheilbar zufrieden. Wobei sie nicht nachließ in ihrer Radikalität, jetzt eben eine radikale Spießerin wurde. Nicht viele Klischees blieben übrig, die sie nicht nachholte. Die Revolutionärin und ihr Feuer waren erloschen.

Eines Tages kam ein Einschreiben. Diesmal von ihrem Ehemann. Darin verbat er sich »jeden weiteren Briefverkehr« mit seiner Frau. Ich wollte witzig sein und antworten, dass mir nun auch dieser Verkehr versagt bliebe. Aber ich hielt den Mund, denn ich wusste, der Ehemann hatte recht: Es war vorbei. Es gab nichts mehr zu wissen, nichts mehr zu erfahren, nichts mehr zu lachen.

MONSIEUR DANGER

Rose war eine gute Freundin. Kein Funken Leidenschaft sprühte zwischen uns. So konnten wir verschwenderisch offen sein, ein Zustand, der zwischen Liebhabern nie möglich ist. Als Malerin lebte sie in Paris und hatte das wiederholte Bedürfnis, sich anstrengend und leidvoll zu verlieben. Wenn möglich, schritt ich ein, warnte (vorher) und tröstete (nachher), je nach Lage der Dinge. Im Augenblick stand ein Barmann zur Diskussion. Deshalb rief sie an diesem Freitagabend an, bat mich, mitzukommen in die *Numéro 106* der Rue Saint-Honoré. Um vor Ort den Typen zu inspizieren, ihn toll zu finden und Ja zu sagen.

Eine feine Adresse. Gesichtskontrolle über Videokameras, der schwere Teppich auf dem Weg nach unten. Kaum hatten wir die Bar erreicht, zeigte Rose diskret auf einen nackten Hintern und nickte: der Hintern ihrer neuen Flamme. Auf der linken Hand balancierte der Mensch ein Tablett mit leeren Whiskygläsern, zwischen den Fingern der Rechten steckte eine brennende Zigarette. Kein Anblick zum Staunen. Rose hatte mich informiert. Ein großzügiges Etablissement war das hier. Spirituosen gab es, eine Tanzfläche und die Erlaubnis zu sexueller Freizeitbetätigung.

Als ich mich seitwärts annäherte, erkannte ich, dass des Barmanns Erektion im Mund einer Frau steckte. Gleichmäßig und zielgenau saugten die Lippen. Einige Besucher schauten zu, eher kühl und beiläufig interessiert. Keiner, der hitzig und heimlich herüberschielte. Andere hatten selbst zu tun. Eine ruhige, entspannte Atmosphäre. Nur unterbrochen vom leisen Schmatzen erregter Körperteile. Auf dem Boden lagen Cocktailkleider, Männerhosen, Büstenhalter und Seidenkrawatten.

Der Barmann war schön und gefiel mir nicht. Sein zynischer Mund versprach nichts Warmes für Rose. Außerdem war er geschmacklos. Ohne irgendwelche Prioritäten zu setzen, stöpselte er seinen Bananenstecker in jede verfügbare weibliche Öffnung. Dass sich meine Freundin ausgerechnet auf einen routinierten Sextäter kaprizierte, das lehrte mich einmal mehr, dass ich von Frauen nichts wusste und eher in Fort Knox eindringen würde als in die Widersprüche ihrer Wünsche.

Ich begann zu tanzen. Rose war momentan nicht zu helfen. Meine Warnschüsse hatte sie überhört, keine Macht der Erde war jetzt stärker als die Sehnsucht nach diesem Barmann.

Der Abend nahm eine überraschende Wendung. An der Theke stand jetzt Monsieur Danger, der mir seine Visitenkarte reichte, als ich ihn ansprach. Beeindruckend, Repräsentant einer deutschen Lastwagenfirma in Frankreich. Ein seltsamer Franzose. Sogleich fing er an, sein eigenes Land zu verteufeln und das Hohe Lied auf *Allemagne* zu singen: »l'ordre, la discipline, l'efficacité!« Der Eiferer musste mich missverstanden haben, denn alles, was ich von ihm wollte, war die Frau neben ihn. Als Tänzerin. Mehrmals hatten die beiden zusammen getanzt und es war unübersehbar, wie elegant und begabt die Schöne sich bewegte. Aber Danger ging auf meinen Wunsch nicht ein. So zog ich mich (taktisch) zurück, bedankte mich und tanzte allein. Ich wollte cool bleiben, wollte abwarten, die Nacht war ja noch lange nicht vorbei.

Gegen drei Uhr morgens wurde es ruhiger. Kein Sex mehr. Man unterhielt sich, jeder hatte alle Kleidungsstücke am Leib, Rose küsste den Barmann. Jetzt bat ich den unwirschen Danger noch einmal um den Tanz mit Isabelle, die mir längst verstohlen zugesagt hatte. Lange genug hatte ich mich schlachten lassen von den wilden, antifranzösischen Tiraden des Autohändlers.

Die Frau gehörte ihm, das stand fest. So war auch die Geste zu verstehen, mit der er mich endlich mit ihr entließ. Wie zwei losgelassene Kinder steuerten wir Richtung Tanzfläche.

Wir hatten die vier mal drei Quadratmeter ganz für uns. Und ich hatte mich nicht getäuscht. Zu jeder Drehung, zu jedem Schritt war sie federleicht zu verführen. Dennoch trennte ich bald unsere Körper, denn ich wollte sie schlängeln und kreiseln sehen.

Glückliche Entscheidung. Noch während sie sich von mir löste, öffnete sie den Gürtel und zog sich mit einer einzigen Bewegung das Kleid vom Körper. Hundertfünfundsiebzig Zentimeter nackte, bronzeschimmernde Menschenhaut kamen zum Vorschein. Ich behielt die Nerven und tanzte weiter. Wie sie. Ich registrierte die gespreizten Männeraugen, die von der Bar herüberflogen, bemerkte die eigene Anstrengung, nur ja nichts auszulassen: nicht den anmutigen Frauenleib, nicht ihr seliges Gesicht, nicht den Augenblick, in dem sie in Trance fiel und mit geschlossenen Augen zu schweben anfing. Jäh kam ein Hauch Erotik in dieses Mitternachtsbordell.

Nur einer verstand nicht. Aber immerhin hatte er eine märchenhafte Viertelstunde lang gebraucht, um zu begreifen, dass er nicht verstand. Erst dann bezog Danger entschlossen Stellung neben der Tanzfläche und wartete grimmig auf das Ende des Lieds. Aber seine Contenance hielt nicht durch. Aus den Augenwinkeln spähend, sah ich ihn plötzlich auf mich losmarschieren, begleitet von seiner Stimme, die mich nun ätzend verfluchte. Aber es war nicht ich, den er vermaledeite, nein, meine Hände (»Vos mains! Vos mains!«), denen er schamlose Versuchung und die Kraft der Manipulation unterstellte. Während ich mir mühselig ein Grinsen verbat, antwortete ich wahrheitsgemäß, dass ich selbstverständlich nicht die geringste Macht über irgendjemanden besäße. »Natürlich nicht«, fuhr er mir dazwischen, »ich, ich allein, habe Macht über diese Frau.«

Jetzt sah ich diese Frau ihr Kleid überstreifen, sah die flehentlichen Blicke des Discjockeys und der Geschäftsführerin. Ich befand mich am Rande eines Lachkrampfs und wusste nicht weiter. Fünf Sekunden war Pause, dann fühlte ich eine sanfte Berührung. Es war Isabelle. »Komm«, sagte sie und schob mich zum Ausgang. Nun überkam ihren Gebieter eine kleine Lähmung. Als wir ungehindert die Stufen erreichten, war mir unwiderruflich bewusst, dass hier Dinge geschahen, die anders funktionierten, als sie laut meiner Erfahrung hätten funktionieren sollen.

Das kurze Stück zum Café *Aux Perroquets* sind wir gelaufen. Damit der wiedererwachte Danger mich nicht auf offener Straße ohnmächtig prügelte. Wir fanden einen ruhigen Tisch und ohne weitere Verzögerung wurde klar, dass ich Isabelle nicht für drei Centimes interessierte. Auch der Kuss, den sie mir freundlicherweise verabreichte, war kein Nachweis für Begierde. Nur Ausdruck von Dankbarkeit. Weil ich mich von ihr hatte zweckentfremden lassen. Als Eifersuchts-Katalysator, Denkzettel und (harmloses) Racheschwert für und gegen Claude, den Wirrkopf, den sie liebte. Noch immer. Wieder so eine Liebe, die ich bis zum Weltuntergang nicht verstehen werde.

Später kam Rose dazu. Sie strahlte und gab mir den zweiten Kuss des Abends. Ebenfalls aus Dankbarkeit. »Wie recht du hattest«, flüsterte sie, »dieser Barfritze taugt nur als seelenloser Dauerständer.« Rose und Isabelle mochten sich auf Anhieb. Als Monsieur Danger das Café betrat, waren wir bereits unerschrocken und blau.

LAST EXIT

KEN OOSTERBROEK
ODER
DER MANN, VON DEM ICH MIR WÜNSCHTE, ER WÄRE MEIN FREUND

Hinter der Glasscheibe standen die lässig gekleideten Puppen. Die neue Sommermode war eingetroffen. »Fashion for Men with Future«, hieß das Motto. Die Männer aus weißem Plastik lächelten. In meiner rechten Hand hielt ich die *Courtesy Card* von Emmanuel Vilakasi. Hier in dieser Boutique, in einer Seitenstraße von Johannesburg, war er wohl Kunde gewesen. Seit etwa 8.30 Uhr nicht mehr. Mister Vilakasi war tot. Massakriert belegte er augenblicklich eine Kühltruhe beim städtischen Gerichtsmediziner.

Kurz zuvor hatte der Mann neben den Gleisen eines der Vorortzüge gelegen. Nachdem ihn seine Widersacher aus dem Fenster geschleudert hatten und ihr Opfer mit sieben Bruststichen auf den Schotter geknallt war. Als die Polizei die Leiche wegschaffte, fiel unbemerkt die blutklebrige *Courtesy Card* zu Boden. So wusste ich kurze Zeit später, dass die neue Sommermode eingetroffen war. Vermutlich hatte der Einunddreißigjährige nach der Arbeit hier einkaufen wollen. Mode für Männer mit Zukunft.

Am nächsten Morgen standen in der Presse vier Zeilen. Unter »Verschiedenes«: dass einer tot liegengeblieben war. Zu viele endeten hier gewaltsam, als dass die Nachricht mehr Platz hätte beanspruchen können. Der Schlusssatz solcher Meldungen war immer derselbe: »A murder docket was opened«, eine Mordakte ist angelegt worden. Und damit hatte es sich. Vilakasi gehörte zu den 300 Zugleichen des letzten Jahres. Schwarze Leichen, anonym und nutzlos. »Just another body«, meinte einer der Polizeidetektive, der mit dem Eröffnen von Mordakten vollauf beschäftigt war. Wer einmal zwischen zwei Aktendeckeln stand, starb ein zweites Mal. Als Karteileiche. Bis er verschimmelte. Vergessen, übersehen, ungesühnt. Kein einziger Mörder war bis dato verurteilt worden.

Zwei Tage vor dem Fensterwurf war ich angekommen. *GEO* hatte mich nach Südafrika geschickt, um über die Lage zu berichten. Vom Flughafen in Johannesburg war ich direkt zum *Star* gefahren, der auflagenstärksten Zeitung des Landes. Um Ken Oosterbroek zu treffen, den Cheffotografen. Er sollte die Bilder für unsere gemeinsame Reportage liefern. Er war dreißig, außergewöhnlich begabt (so sein Ruf) und schwer verliebt: Voller Freude zog er das Foto seiner Frau Monica aus der Brieftasche. Er sah aus wie das blühende Leben, so beschenkt von den Göttern. 513 Tage später würde er tot sein.

Die Szene mit dem gelynchten (modebewussten) Vilakasi war die erste, mit der wir konfrontiert wurden. Sie war typisch für die damalige Situation im Land: Nelson Mandela hatte nach knapp drei Jahrzehnten, am 11. Februar 1990, seine Zuchthauszelle verlassen, aber die ersten freien Wahlen sollten nicht vor dem 26. April 1994 stattfinden. In diesen vier langen Jahren avancierte Südafrika mühelos zum gefährlichsten Land der Welt. Mit Johannesburg als gefährlichster Stadt.

Ken war einer der fünf Millionen Weißen im Land. Aber er war liberal und klug, hatte verstanden, dass die bisherige Vorherrschaft ihrem Ende zuging und dass ein modernes Land ohne Demokratie, sprich, ohne die dreißig Millionen »Ureinwohner«, nicht überleben konnte. Er begrüßte die Aussicht auf Wahlen. Er hasste nicht, aber er wusste um die lange Geschichte des Hasses.

Angefangen hatte die schwarz-weiße Vergangenheit im Jahr 1660, als sich die ersten europäischen Siedler zu einem folgenschweren Schritt entschlossen: Sie legten eine lange, hohe Hecke an. Da, wo sie anlandeten. Damit sie unter sich blieben und die anderen, die Nicht-Weißen, draußen. Dieses Dickicht aus bitteren Mandeln war der Grundstein ihrer Politik, war aller Anfang dieses seltsam englisch-deutschen Worts *Apartheid*.

Soweto liegt auch hinter dieser Hecke. Zwei, vielleicht drei Millionen Schwarze leben hier auf knapp hundert Quadratkilometern. Zu Beginn der sechziger Jahre waren sie hierher verfrachtet und abgestellt worden. Damit sie, die »Kaffer«, den weißen Wohngebieten der Weißen nicht zu nahe rückten und nicht die Seuchen der »bastardization« und »mishmash cohabitation« ausbrächen.

Eisenbahnschienen waren zwischen den So(uth) We(st) To(wnships) und dem fünfzehn Kilometer entfernten Johannesburg verlegt worden. Um sicherzustellen, dass der Schwarze als Arbeitstier erhalten blieb. Morgens rein in die Stadt, abends raus ins Elend. Mit den Verhandlungen zwischen dem noch amtierenden Staatspräsidenten Frederik Willem de Klerk und Nelson Mandela fingen die Unruhen an und die »train violence« ging durch die Weltpresse.

Finanziert wurde das jahrelange Blutbad von weißen Nationalisten, der sogenannten *third force*, die de Klerk als »Hochverräter« und die Aufhebung der Rassentrennung als »Hochverrat« betrachteten. Sie reagierten und statteten ihre schwarzen Arbeitnehmer mit Waffen, Geld und Alibis aus. Am 13. September 1990 fiel der Startschuss (das Wort passt): Um 17.04 Uhr verlässt ein Zug den Hauptbahnhof von Johannesburg in Richtung Soweto. Drei Stationen später betreten acht Männer einen Waggon und legen los. Der Rausch dauert vier Minuten, dann liegen 26 Leichen – erschossen oder erstochen – zwischen 106 Verwundeten. Die schwarzen Täter verschwinden, die schwarzen Opfer schweigen. Da tot oder tot vor Angst.

Wer überlebte, hielt den Mund. Niemand wurde verhaftet, niemand zur Rechenschaft gezogen. Darum kümmerten sich die Auftraggeber. Wie sie auch dafür Sorge trugen, dass die Lieblingstheorie der weißen Hasser für das Gemetzel im Gespräch blieb: Die barbarischen Wilden, die durch Züge marodieren, um ihre Stammesfehden auszutragen. Denn der Hintergedanke der blutrünstigen Kampagne war: der Welt zu beweisen, dass die »Nigger« nicht taugen für ein zivilisiertes Zusammenleben. Dass der Weiße herrschen und der Schwarze beherrscht werden muss.

Bevorzugtes Schlachtfeld waren die Züge zwischen *Joburg* und den Vorstädten. Täglich riskierten ein paar Hunderttausend Pendler als potentielle Opfer ihr Leben. Alles Schwarze. Während der gesamten Zeit, die wir mit ihnen unterwegs waren, sahen wir nie einen Weißen. Auch in der ersten Klasse fuhr hier niemand in die Dritte Welt. Doch, eine Ausnahme: der Zugführer. Aber nur in Begleitung von zwei schwer bewaffneten Bodyguards wagte er sich an seinen Arbeitsplatz.

Als Ken und ich uns trafen, war die Blutspur bereits enorm angeschwollen. Das Land fieberte und ich lernte einen Mann kennen, der von einer Angst in die nächste jagte. Und sie jedes Mal überwand und im genau rechten Augenblick unheimlich mutig auftrat. Die Angst schien die Voraussetzung für seine Courage. Das eine bedingte das andere.

Wir haben uns oft angebrüllt, so blank lagen die Nerven, so nah lag das Lauernde. Wobei es in seiner Nähe öfter zuschlug, denn Ken trug die Wertgegenstände mit sich herum: Seine Kameras wirkten wie Goldkisten auf die arbeitslosen Desperados. Vor Jahren schon war er von Kollegen zum »most mugged photographer« gewählt worden. Keiner von ihnen war so oft beraubt worden. Und immer davongekommen. Mit heiler Haut, mit dem ganzen Leben.

Jeden Morgen brachen wir auf in den Krieg. Und wenn wir abends nach Hause kamen, dann zitterten wir noch immer. Vor Angst, aber auch vor Glück, denn der *adrenaline flow* war enorm. Natürlich fuhren wir nicht nach Hause, nein, wir preschten. Ken preschte, denn meist saß er am

Steuer. Die Hochgeschwindigkeit als letzte Ekstase des Tages. Dann setzten wir uns an den Tisch mit Monica. Und rauchten Marihuana oder Haschisch. Um friedlich und ruhig zu werden.

Die Oosterbroeks waren ein schönes Paar. Und »madly in love«. Sagten sie. Und zeigten es. Wie verspielte Welpen schmusten sie. Ich mochte die Nähe der beiden. Kein mürber Eheton verstank das Haus, nein, sie kicherten und redeten klug miteinander. Nichts fehlte. Beide – Monica arbeitete als Journalistin – verdienten passabel, Ken war bereits mehrmals als »best photographer of the country« ausgezeichnet worden. Wer sie sah, beneidete sie. Um das viele Glück, das sie begleitete.

Und noch etwas gefiel mir, gerade an ihm: Er verschonte seine Umgebung mit dem Geschwätz des Tugendhaften, der sich schneidig vor jede Flinte und jedes Desaster warf, um »der Welt den Spiegel vorzuhalten«. Der Fotograf als selbstloser Aufklärer, um dem Elend der Menschheit Einhalt zu gebieten. Aua. Nein, hundert Mal nein. Er fotografierte aus zwei Gründen: Weil er es meisterlich beherrschte und weil ihn nach Intensität hungerte. Die Aufregung, eben das Adrenalin, begriff er als Grundnahrungsmittel. Wenn seine Bilder nebenbei noch mithalfen, das Leid anderer zu lindern, umso besser.

Ach, wie erfreulich: Kein Weltenretter ging hier neben mir zur Arbeit. Wir verstanden uns, auch deshalb. Vom ersten Augenblick an. Wie Freunde nach langer Zeit.

Tief innen misstraute Ken dem Glück, hielt es für den Vorboten des Unglücks. Nie sagte er ein Wort über seine dunklen Gedanken, nur zufällig erfuhr ich davon: Wir saßen abends, irgendwo auf dem Land, in einem Hotelzimmer und das Telefon klingelte. Monica berichtete, dass frühmorgens der Fotograf Abdul Shariff, ein Freund von Ken, erschossen worden war. Umgemäht von einer AK 47. In einer Gegend, in der auch wir gearbeitet hatten. Ken verließ das Zimmer und verschwand. Und kam nicht wieder. Bis ich zwei Stunden später nach ihm suchte und ihn unter einem Baum im Hotelgarten kauern sah. Regungslos. Ich führte ihn zurück und er flüsterte wie unter Hypnose: »Ich weiß es genau, ich werde bald sterben.« Natürlich habe ich den Satz nicht ernst genommen und als pathetisches Gerede abgetan. Heute denke ich, dass er es »wusste«: dass einer, der so oft entkommen war, einmal nicht mehr entkommen würde.

Wir arbeiteten über die Jahre mehrmals zusammen und unsere Glückssträhne war phänomenal. Wie die Möglichkeiten für mich, etwas zu lernen: über das Land, über seine Bewohner, über die Gewalt und das Leid, die sie einander antaten. Und über die Menschenfreundlichkeit, von der manche nicht lassen wollten. Und über eine Freundschaft, die mit dem Tod von zwei jungen Männern endete.

Der Reihe nach, denn noch hielt die Phase voller Glück an. Stichwort *Men's hostels*, Männerwohnheime, die direkt neben den Stationen der Züge standen. Dort hausten die Zulus, mindestens 50 000. Hinter einem Stacheldrahtverhau und gehasst von allen anderen. Einsame Männer, deren Frauen in den fernen Kraals von Kwazulu lebten, dem »homeland«. Eine Art Reservat, einst zugewiesen vom Apartheid-Regime. Die Zulus bildeten die größte Ethnie, sie galten als die tapfersten, schonungslosesten Krieger. Schwarze Arier, die alles Fremde beargwöhnten. Sie wollten keinen Mandela, der zu den Xosa gehörte. Sie wollten keinen modernen Staat, sie wollten auf keine Privilegien verzichten, sie wollten nicht, dass der ANC, der *African National Congress*, die Wahlen gewann.

Es dauerte, bis sie uns Zutritt gewährten. Die (weiße) Presse hatte einen schlechten Ruf. Weil sie, so hieß es, die Schwarzen als Bestien hinstellte, die Mord und Totschlag säend über das Land zogen. Im *Nancefield Hostel* fanden wir einen »chief«, der uns einließ. Die vielen Flachbaracken erinnerten an ein riesiges Zuchthauslager. Auf den Dächern lag der Schrott der letzten Jahre. Autowracks rosteten auf dreckiger Erde, Biersäufer dösten unter einem der wenigen Bäume, Hunde streunten, Ameisen wimmelten über fauligen Tierschädeln. Daneben wurde auf offenem Feuer gekocht, Fett zischte. Einer brutzelte Innereien, ein zweiter rührte einen Kuhmagen um, der dritte wusch in einem Kübel Geschirr. Alle drei baten uns mitzuessen.

Wir wurden in eine der Bruchbuden gerufen, denn kein Außenstehender sollte von unserer Anwesenheit wissen. Hinter den Mauern sah es nicht wohnlicher aus: Eisenpritschen zwischen paraffinverrußten Wänden, versaute Toiletten, der Geruch der Armut wehte aus jeder Ritze. Ken ließ sich Zeit mit den Bildern, erst sollte ein Gespräch entstehen, eine Ahnung von Vertrauen. So fragten wir und die sechzehn Männer im Raum antworteten. Bald immer hitziger, immer betrunkener, immer mitgerissener von ihren Tiraden. Irgendwann schienen sie uns zu vergessen (oder vielleicht war es genau umgekehrt und unsere Gegenwart spornte sie an) und sie holten ihre Speere und Schilder unter dem Bett hervor, ihre traditionellen Waffen. Und fingen zu tanzen an, umkreisten uns mit ihren dampfenden Leibern, stampfend, unbändig, keuchend und randvoll mit Alkohol und Hass. Und schrien ihren Zorn, ihre Morddrohungen gegen die Xosa in die Welt: »We are going to kill them! 'Til the end of all days!« Die ganze Wut von einsamen Männern, die an einem Sonntagnachmittag noch einsamer und verbitterter waren als sonst.

Hinterher, drei Stunden später, waren wir zufriedener als zuvor, ja, geradezu euphorisch traten wir ins Freie. Die Ausbeute war bemerkenswert, Kens Fotos sollten sich als grandios erweisen. Wie schwer beladene Goldgräber schlichen wir davon. Schönes Reporterleben.

Wir nahmen den Zug zur Endstation, wo unser Wagen stand. Die Abendsonne leuchtete auf die dunklen, entspannten Gesichter der Passagiere. Manche rauchten, bisweilen ein kurzes Lachen. Ein Junge suchte unter den Sitzen nach leeren Bierdosen. Keiner drohte, Sonntage waren meist friedlicher. Bis es knallte und ein Pflasterstein durch die Scheibe neben uns flog. Während der Fahrt, einfach so. Das Glas splitterte, wie durch ein kleines Wunder wurde niemand getroffen.

Als keine weiteren Geschosse kamen, trauten wir uns zurück auf die Sitze. Ken, das Genie, hatte noch in der Fluchtbewegung die Kamera hochgerissen und den Schrecken fotografiert. Er strahlte. Das war ein guter Tag.

Den Mann konnte man um so vieles beneiden: um seine Liebschaft mit seiner Frau, um seine Frühbegabung und – um seine Fähigkeit, mit Freunden umzugehen. Sein vertrautester Kumpel war Kevin Carter (der kurz darauf den Pulitzerpreis gewinnen sollte). Die beiden gehörten mit zwei anderen Fotografen – Joao Silva und Greg Marinovich – zum damals berühmten, ja in Insiderkreisen weltberühmten *Bang Bang Club*. Sie waren die Viererbande, die mit ihren Fotos unsere Vorstellungen vom damaligen Südafrika, zerrissen zwischen Vergeltung und Versöhnung, maßgeblich prägten.

Eines Nachmittags fuhren wir zu Kevin, der uns mit einem Grinsen in seine Wohnung bat. Durch eine mit fünf Stahlrohren gesicherte Tür. Gemütlich und phantasievoll eingerichtet. Wir tranken Tee und der Hausherr verteilte drei Joints. Alles war gut, wenn es nur unsere, wieder einmal, lädierten Nerven beruhigte. Dann gingen wir hinunter zum Geldautomaten, zu dritt, das war sicherer. Kevin wollte Geld abheben, um Ken ein Objektiv abzukaufen. Zum Superfreundschaftspreis. Wie zwei begnadete Kindsköpfe standen sie vor der Bank und spielten Käufer und Verkäufer. Ihre Nähe war nicht zu übersehen. Sie stand, geschmiedet in jeder Gefahr.

Es war das letzte Mal, dass ich Carter sah. Genau hundert Tage nach Kens Tod würde auch Kevins Leben ein Ende haben. Selbstmord via Abgase, vergiftet im eigenen Pick-up. Zerbrochen an seiner Heroinsucht. Er lebte als Weltverzweifler, der schon fünfzehn Jahre lang den Gedanken aushalten musste, sich eines Tages umbringen zu wollen. Dazu der Druck, die beruflichen Erwartungen, das anstrengende Land, die Geldsorgen (Drogen kosten). In seinem Abschiedsbrief stand: »I have gone to join Ken if I am that lucky«, *ich bin fortgegangen, um Ken zu treffen, wenn ich denn soviel Glück haben sollte.* – Das klang wie eine Liebeserklärung an den Freund.

Südafrika hielt uns in Atem. An einem Wochenende verbrachten wir eine Achtstunden-Nachtschicht in der Notaufnahme des *Baragwanath Hospitals*, des größten Krankenhauses Afrikas. Mitten in Soweto. Im Fünfzehn-Minuten-Takt wurden sie hier eingeliefert, die immer dunkelschwarzen Körper. Mit zwei Kugeln in der Lunge, ein paar Messerstichen im Rücken, im Bauch, im Oberschenkel, mit einem Spalt im Schädel, einer Blutlache im plattgeprügelten Gesicht. Und sofort kam erste Hilfe: ein Atemschlauch in die Nase, ein Katheter in den Penis, eine Spritze gegen die Schmerzen. Und die Krankenschwestern hingen ein zweisprachiges Schild ans Bett: »Dringend (das ist Afrikaans!)/Urgent«. *Noch dringender* hätte es heißen müssen, denn alle benötigten sofortigen Beistand. Also wurde operiert, notoperiert, nicht länger als zwei, drei Zigaretten lang. Für Schönheitsoperationen fehlte die Zeit. Das hier war kein Hospital, eher ein Lazarett. Mit einem Kriegsgebiet direkt daneben.

Einmal sah ich Ken sich wegdrehen und die Augen schließen. Und mir fiel ein Satz von William Faulkner ein: »Sähe ein Mensch alles Elend aller Menschen im selben Augenblick, es würde ihn blenden.« Das muss so ein Moment gewesen sein, in dem man die Augen schloss, weil man die Welt nicht mehr aushielt.

Aber nicht alles ist schwarz und rot in meinem Gedächtnis. Am Ende dieser Nacht erinnerte ich mich auch an ein knappes Dutzend (weißer Ärzte). Junge Profis, die farbenblind und unsentimental schwarze Hautfetzen zusammenflickten. Das will etwas heißen, wenn man bedenkt, dass auch sie in die Schusslinie kamen. Kurz vor unserem Besuch war ein deutscher Chirurg getötet worden, mit einer Kugel im Kopf starb der Neunundzwanzigjährige. Ganz in der Nähe, auf einer Straße, auf dem Weg nach Hause. Ein schneller Mord, um sein Auto zu erbeuten.

Ken und ich hatten mehr Glück, viel mehr. Wir streiften durch *Chicken Farm*, einen Hotspot in Soweto mit knapp dreihundert Familien, ein Ort, noch verkommener als der Rest. Hier kämpften nicht Hühner ums Überleben, sondern Männer und Frauen. Weil hundsgemein arm und aussichtslos. Ein Fleischverkäufer saß am Straßenrand neben seinen Kutteln, mit einer Plastikdecke als Schutz gegen die Fliegenpest. Einer lungerte vor seinem »Easy Loo« und kassierte für den öffentlichen Abort ein paar Cent. Wohlweislich verlangte er verschiedene Preise, einmal für »small business«, einmal für »big business«. War der Kunde fertig, versperrte er mit einem Sicherheitsschloss wieder den Verschlag.

Und wir tappten in eine Falle. Zuerst ich, dann Ken: Eine Frau bat mich, ja bettelte, mit in ihre Hütte zu kommen. Sie wolle mir zeigen, wie heruntergekommen sie hier leben müsse. Und ich stand inmitten des Sperrmülls und hörte plötzlich die Stimme eines Mannes, nachdem er seine Waffe – das Klicken hinter meinem Rücken war eindeutig – entsichert hatte: »Give me your gun, give me your key.« Das war unverkennbar ihr Kompagnon, der mir hier aufgelauert hatte. Aber ich besaß keine Pistole, nur die Autoschlüssel. Die nahm er an sich und dirigierte mich hinaus. Wo zwei andere Halunken warteten, der eine mich durchsuchte (und nichts fand) und der andere mir sein Stilett an den Hals hielt. Während der Dritte, der Schwerbewaffnete, Ken auflauerte, von dem er wusste (die drei mussten uns beobachtet haben), dass er sich in einem Schuppen aufhielt, wo wir kurz zuvor mit einer Familie gesprochen hatten.

Sekunden später kam Ken aus der Tür, in voller Montur.

Und jetzt passierte etwas, was mich für die nächsten Monate mit Albträumen versorgte: Der Halbwüchsige rannte auf Ken zu, hielt sein Eisen auf den Bauch des Fotografen gerichtet, keinen halben Meter entfernt, und schrie unmissverständlich: »Get me your cameras!« Aber das war nur Vorspiel, der kleine Albtraum. Denn Ken, der Wahnsinnige, hielt die Hände vor seine Nikons und schrie nicht minder laut: »No, no, no!«

Im selben Augenblick – das Messer an meiner Gurgel, die Schusswaffe vor Kens Magengrube – stürmte der Familienvater heraus, ein ganz einfacher Mann, und redete wild gestikulierend auf die Gangster ein: Was sie sich eigentlich einbildeten und dass wir zwei nur gekommen wären, um über die grauenhaften Zustände zu berichten. Und dass Mandela ihr Tun niemals billigen würde. Wäre ich nicht von Angst gebeutelt gewesen, ich hätte den Menschen umarmt. Für diesen beherzten Akt der Menschlichkeit.

Sein Rettungsversuch scheiterte, natürlich. Einer meiner Bewacher stieß den Alten zur Seite und der Revolverheld schrie ein zweites Mal. Und Ken, jetzt überirdisch tollkühn oder bar allen Wirklichkeitssinns, wich einen Schritt zurück und verneinte ein zweites Mal, noch verzweifelter brüllend als zuvor. Beide schrien jetzt, bis der vielleicht Siebzehnjährige die Nerven verlor und abdrückte. Und keine Kugel kam, nur ein trockenes Klicken, diesmal das Klicken einer Ladehemmung. Und er nochmals drückte. Und wieder kein Schuss das Magazin verließ.

Mehr Adrenalin konnte nicht schwappen. Ein solcher Stress beflügelte nicht mehr, er produzierte nur noch Todesangst. Zudem war klar, dass es sich um Amateure handelte. Die schneller als Profis die Balance verlieren, schneller unheilbare Fehler begehen. Nach dem zweimaligen Versuch, den Fotografen halbtot zu schießen, fingen die drei Raubritter an, sich gegenseitig anzubrüllen. Lautstarke Schuldzuweisungen für das Fiasko. Bis meine beiden Bewacher aufsprangen, den potentiellen Killer an der Schulter packten und zum Wagen zerrten, Kens Wagen. Und fluchtartig davonjagten. Der Spuk, etwa drei Minuten lang, war zu Ende. Ken sah wie vom Galgen geholt aus, wie einer, der eine Hinrichtung überlebt hatte.

Trotzdem, wir verloren keine Zeit, dankten dem rührigen Alten und machten uns zu Fuß auf zur nächsten Polizeistation, in *Kliptown*, dem Nachbarslum. Man reagierte sofort. Vier Polizisten, mit gezogener Waffe an den Fenstern ihrer zwei vergitterten Autos, durchkämmten die Umgebung des Überfalls, die Squattercamps. Mit uns als Wegweiser im Fond. Die vier Beamten inszenierten die Show, um Ken und mir, den zwei Weißen, einen Gefallen zu tun. Wir wussten alle, dass nicht die geringste Chance bestand, das Diebesgut wiederzufinden. Wie üblich kam eine solche Ware umgehend in einen *body shop*. So nannten sie hier die illegalen Garagen, in denen im Eilverfahren die Karosserie (in unserem Fall die eines Hondas) in ihre Einzelteile zerlegt und per Stück – Räder, Sitze, Radio, Getriebe, Türen, Motorhaube, Motor, Scheibenwischer etc. – verschachert wurde. Kens Filmrollen (die Ernte des Tages), sein Adressbuch und den Schlüsselbund werden sie wohl weggeworfen haben. Meine sündteure Lederjacke wohl nicht. Aber wir hatten unser Leben. Und die Story. Und ein Gefühl von maßloser Ohnmacht.

Am nächsten Tag waren wir wieder in Form, wir brauchten keinen Ruhetag, informierten nicht einmal *GEO* über den Zwischenfall. (Die Redaktion erfuhr davon über die Zeitungen.) Wir wollten keine Mahnreden hören, wir wollten den *rush*, den Hochbetrieb. Uns hetzte ein geradezu neurotisches Verlangen nach Intensität. Ein Junkie spritzt sich solche Gefühle und Reporter tauchen dort auf, wo die Wirklichkeit wehtut, wo sie auf brachiale Weise etwas preisgibt, was wir wissen wollten. Vielleicht ist das ein bisschen pervers. Aber so ist es.

Wir gingen nach Alexandra, einem Wirrwarr aus Armseligkeit, Gestank und Zukunftslosigkeit. Am Tag zuvor hieß es laut Radionachrichten, dass über das Wochenende elf Leute in der Gegend ums Leben gekommen waren. Gewaltsam, unfreiwillig, eher jung. »Beirut« nannten sie den Stadtteil, in Erinnerung an den libanesischen Bürgerkrieg und die zerschossene Hauptstadt.

Unser Besuch verlief glimpflich. Obwohl Ken bei jedem fünften Eck auf ein Massaker verwies, das hier stattgefunden hatte. Leichen als Orientierungspunkte. Wüste Schlachten zwischen der *Inkatha Freedom Party* (die Zulu-Partei) und dem *ANC* fanden hier statt. Den Rest erledigten Banden, denen das Chaos nur zupass kam. Sogar die Kanaldeckel fehlten. Was transportierbar war, wurde demontiert. Mittendrin fraßen Kühe von einem Abfallhaufen, darüber ein Poster: »Das Blut Jesu reinigt dich von allen Sünden.« Klar, ohne Blut kam hier keiner aus, auch kein Erlöser. Blut als Währung, als Visitenkarte. Ein Geisteskranker rannte mit gellendem Freudengeschrei zum nächsten (stacheldrahtumzingelten) Shop, nachdem ich ihm das Geld für zwei Flaschen Bier gegeben hatte. Auf meine Frage, was er wollte, hatte er geantwortet: »I want life.« An diesem Ort irre zu werden klang logisch, ja, irgendwie gesund.

Von diesem Quadratkilometer war alles verschwunden, was ein Menschenleben reich macht: Respekt, Schulen, Sauberkeit, Wohnungen, gerade Häuser, der Staat, Vergnügen, Caféterrassen, ein Gefühl von Zugehörigkeit. Wir hielten uns im Schatten eines *Casspir* mit sechs Mann Besatzung. Der gepanzerte Truppentransporter der südafrikanischen Armee schien hier die einzige Autorität. Auch er war überzogen mit Stacheldraht. In diesem Land musste man tatsächlich jedes Teil festzurren. Damit kein anderer es davontrug.

Hier die letzte Szene, der wir entkamen. Noch eine Adrenalinkeule. Dass sie auf einem Friedhof niederging, entbehrte nicht einer gewissen Ironie: Wir erkundigten uns frühmorgens beim *Soweto Council* nach den Beerdigungen, die für den Tag geplant waren. Der zuständige Angestellte schrieb ein paar Grabnummern auf, wo in der nächsten Stunde Leute bestattet würden. Und händigte uns Kopien mehrerer Totenscheine aus, auf denen auch die Todesursache stand: »Unnatural cause«, ins Unmissverständliche übersetzt: gewaltsames Ende. Der Mann meinte noch: »Don't go, it's too dangerous!« Das war der falsche Satz, denn er klang wie eine Einladung.

Wir hatten uns für den *Avalon cemetery* entschieden, den größten im Lande und – was sonst? – den gefährlichsten. Kein Weißer lag hier. Die Stadtverwaltung musste sich alle Jahre wieder um weitere »extensions« kümmern. Damit auf dem neuen Land die neuen Leichen – die eineinhalb Millionen Quadratmeter waren schon überfüllt – zur letzten Ruhe kommen konnten. Aber eine letzte Ruhe (wir würden es bald wissen) gab es auch hier nicht. An einem der Eingänge, an denen wir vorbeikamen, stand ein Lieferwagen mit der Aufschrift »Fresh meat«, Frischfleisch. Ein Metzger-Mercedes, wir lachten. Für diesen Samstag das letzte Mal.

Die vielen verwahrlosten Gräber, rechts und links. Mit den Toten schienen sie so nachlässig umzugehen wie mit den Lebenden. Instinktiv fuhren wir aufs Gelände und parkten den Leihwagen nicht weit von der angegebenen Stelle. Busse trafen ein, Privatautos, die Leichenwagen, die Prozessionen. Für Afrikaner sind Beerdigungen normalerweise ein beliebtes Ereignis, meist heiter und beschwingt. In Südafrika, während der Apartheid, waren sie jedoch Ausdruck politischen Widerstands gewesen. Jetzt aber, in der Übergangszeit, boten sie Gelegenheit, sich untereinander zu bekämpfen. Angetrieben vom Hass auf den politischen Gegner und dem – noch immer – Hass auf den Weißen Mann, den Ausbund des Unterdrückers.

Über zwei Dutzend Gräber lagen offen. Eins neben dem anderen. Vor manchem der zwei Meter tiefen Löcher standen Baldachine mit Blumen und Teppichen. Die Angehörigen drängelten, Pastoren leierten den üblichen Sermon, viele der Anwesenden sangen mit erhobenen Fäusten. Ken machte diskret Fotos. Keiner lächelte, wir waren ganz offensichtlich nicht willkommen. Dennoch, ich kam mit mehreren Leuten ins Gespräch, auch mit dem Vater des Jungen, der bei dem Versuch, ein Auto zu stehlen, erschossen worden war. Von einem weißen Polizisten. Die Familie kochte, selbstverständlich verstand sie den Tod des Kindes als Exekution, vollzogen von einem Rassisten. Daneben stand das Grab eines Mannes, der bei einer Schlägerei ums Leben gekommen war. Dahinter wurde um einen getrauert, den sein Mörder mit einem *Knobkierrie*, dem etwa siebzig Zentimeter langen Schlagstock, schädeltot geprügelt hatte. Motiv unbekannt, vielleicht politisch, vielleicht aus reiner Habsucht. (Der Knüppel war in diesen Jahren als Totschläger Nummer eins im Land berüchtigt.)

Wir waren vielleicht zwanzig Minuten vor Ort, als sich die Ereignisse überschlugen. Aus dem Nichts rasten sieben Autos heran, bremsten knallhart und umkreisten dreimal, viermal die panisch in verschiedene Richtungen stiebenden Trauergäste. Und verschwanden wieder so abrupt, wie sie gekommen waren, noch immer die geballten Fäuste aus den Fenstern gestreckt. Unter den Schreienden erkannte ich plötzlich Kens Stimme, drehte mich in seine Richtung und sah circa fünfzehn Meter entfernt ein Handgemenge, Männer, die wohl nichts von dem heranbrausenden Schreckkommando mitbekommen hatten. Hörte wieder Ken schreien: »Help me, help me, I am just working here.« Als ich losrannte, sah ich, wie einer der Umstehenden auf den Fotografen einboxte, sah, wie Ken zu Boden ging, keine Schuhlänge von der frisch geschaufelten Grube entfernt. Ich brauchte drei Sekunden, dann riss ich den potentiellen Totschläger am rechten Arm zurück. Und erkannte – es wurde immer grotesker – das Gesicht von Philip, einem vielleicht 25-Jährigen, mit dem ich kurz zuvor gesprochen hatte. Er war der einzige gewesen, der uns wohlgesonnen schien, ja, mir zugeflüstert hatte: »Feel free, don't worry.« Wie sich nun zeigte: eine Finte, um uns einzulullen.

Wir wären nicht davongekommen, wenn nicht drei junge Kerle mitgeholfen hätten, den scheinheiligen Hasser zu neutralisieren. Und wenn nicht andere ihre Hände entgegengestreckt hätten, um Ken aus dem Grab zu zerren. Reserviert für eine tödlich verunglückte Mutter.

Doch die Stimmung blieb extrem gespannt. Unverhohlen wurden wir nun aufgefordert, den Friedhof zu verlassen. Keiner könne hier für unsere Sicherheit garantieren. Meine Erklärungen, dass wir für eine deutsche Zeitschrift arbeiten würden, interessierten sie nicht, glaubten sie nicht. »Go, go, you belong to the oppressive regime, you are white, you go, you go!« Ein älterer Herr hatte Nachsicht mit uns und verwies auf die baldige Beerdigung eines PAC-Mitglieds, ebenfalls erschossen von der Polizei. »Die beseitigen euch auf der Stelle.«

Die letzte Information reichte uns, denn rabiater als der PAC (*Pan Africanist Congress*) konnte keiner von seiner Verachtung singen. Die Politik des Ausgleichs galt ihren Mitgliedern als Verrat, auch deshalb hatten sie sich von Mandelas ANC abgespalten. Wir rannten los, über die Gräber direkt auf unser Auto zu. Wir wollten leben und nicht lebend begraben werden. Irgendwie müssen wir komisch ausgesehen haben. Aber wir standen unter Schock und ein eleganter Abgang war augenblicklich unsere geringste Sorge. Trotzdem, ein Hauch von Poesie kam in diesen strapaziösen Vormittag. Von fern hörte ich das Tuten einer Eisenbahn, ich blickte auf und der wunderschöne *Blue Train*, in dem ich vor nicht langer Zeit eine wahrlich romantische Nacht verbracht hatte, zog am Horizont vorbei, Richtung Kapstadt. Jäh wurden mir wieder die Gegensätze bewusst. Was für ein starkes, buntes Land, was für eine Schönheit in ihm! Und was für ein Irrsinn, was für eine Unversöhnlichkeit.

Wir fuhren nach Hause, kifften und Monica legte kalte Umschläge auf Kens verbeulte Schultern. Während er seine Friedhofstaub-verdreckten Kameras reinigte. Noch im K.o.-Gehen wollte er sie nicht loslassen. Er war eben besessen.

Nachwort

An einem Apriltag, nur Wochen später, nachdem ich zum letzten Mal mit Ken gearbeitet hatte, befand ich mich in meiner Pariser Wohnung. Nicht allein, Besuch war gekommen. Eine iranische Freundin hatte feinen Stoff mitgebracht und drehte gerade anmutig zwei Joints. Und erzählte nebenbei. Als politischer Flüchtling hatte sie einiges zu berichten. Bis gleichzeitig, eher überraschend, das Telefon läutete und ein Fax kam. Ich hob ab – auch befremdlich, weil ich sonst nie in Anwesenheit anderer telefoniere – und eine französische Journalistin sagte ziemlich genau das, was auf dem Fax stand, das mir Hans Brand, ein feiner Kollege aus Südafrika, im selben Atemzug schickte: »Ken Oosterbroek ist heute Nachmittag in Thokoza, östlich von Johannesburg, erschossen worden.«

Ich habe weder den französischen noch den deutschen Text verstanden. Er kam in meinem Hirn an und machte keinen Sinn. Gehört – aber nicht zu begreifen. Gelesen – aber nicht zu dechiffrieren. Wie eine Bombe, die in die Erde schlug und dort als Blindgänger steckenblieb. Aber ich geriet in das, was die Franzosen einen »état second« nennen, einen *zweiten Zustand*, eine Art Trance. Fast traumwandlerisch ging ich anschließend mit Shirin zum Essen, ohne ein Wort über die Nachricht zu verlieren. Irgendwann muss ihr mein seltsamer Gesichtsausdruck aufgefallen sein und sie wollte wissen, was »los sei«. Nichts war los, nur einer weit weg war jetzt tot und ich saß in einem thailändischen Restaurant. Dann riss ich mich zusammen und wir plauderten. Über leichte, belanglose Dinge.

Ken hatte es geahnt. Jetzt war es soweit.

Zehn Tage vor diesem 18. April war er zum dritten Mal zum »Fotografen des Jahres« Südafrikas gewählt worden. Und für seine Bilder, die er zu unserer ersten Reportage geliefert hatte, war er in Amsterdam mit einem *World Press Photo Award* ausgezeichnet worden. Und in acht Tagen sollten die ersten freien Wahlen stattfinden. Und Mandela Präsident werden.

Erledigt hatte den Zweiunddreißigjährigen ein Mitglied der *National Peace Keeping Force*, jener zum Teil aus Ex-Kriminellen zusammengestellten Truppe, die hastig und dürftig trainiert für Ruhe und Frieden im Land sorgen sollte.

Auch wahr: Nicht Mordlust trieb den Täter, sondern mangelnde Nervenstärke. In der berüchtigten *Khumalo Street* war es wieder zu Auseinandersetzungen zwischen dem ANC und Inkatha-Zulus gekommen. Fast der gesamte *Bang Bang Club* war angerückt. Und die Fotografen gerieten ins Kreuzfeuer der anderen, der verfeindeten Parteien. Und in die Salven der Soldaten. Von denen einer plötzlich kopflos durch die Gegend zu ballern begann. Bis Greg Marinovich schwer verwundet umfiel. Und Ken tödlich getroffen, direkt neben seiner Leica M6. »Friendly fire«, nennen Militärs ein solches Ende. Weil ein »Freund« feuerte und nicht der Gegner.

Der Tag kam, vielleicht eine Woche danach, an dem die Nachricht bei mir eintraf. Mich traf. Ich saß gerade in einem Kino. Und ich ließ sie zu, spürte sie zum ersten Mal. Wie so oft war ein Kinosaal der Ort, an dem ich – seit meiner Kindheit – versuchte, mit den heftigeren Verwundungen fertig zu werden. Auch dann, wenn ein Film lief, der nichts mit dem Auslöser der Schmerzen zu tun hatte. Wichtig nur: dass es dunkel war und keiner sah, wie ich zu heulen anfing.

Und jedes Mal – ganze Monate lang – kam mir in diesen heimlichen Stunden eine Lieblingsszene in den Sinn. Bisweilen, ach, unergründliches Menschenherz, beruhigte mich die Erinnerung an sie, bisweilen schlitterte ich tiefer. Der so harmlose Vorfall war an jenem Samstag passiert, an dem wir vom Avalon-Friedhof geflüchtet waren und bei Ken zu Hause saßen. Und er – der haltlos Leidenschaftliche – trotz lädierter Schulterblätter seine Kameras zerlegte und entstaubte.

Irgendwann hatte ich ihn dabei fotografiert. Ungesehen, diskret, kein Ton war zu hören. Wie ich es immer in bewegenden Momenten tue: jemanden (oder die Welt) nur mit meinen Augen abzulichten.

Sorgfältig habe ich das Bild abgespeichert, so als wüsste ich, dass ich noch tausend Mal an ihn denken würde. An ihn, Ken, und an ihn, diesen Augenblick, den so unspektakulären: Ein Mann sitzt an einem Küchentisch und in den Händen hält er sein Leben.

IM ANGESICHT DES TODES

Die Aufnahme zeigte das Gesicht eines Mannes, den eine Hand streichelte. Das Gesicht lag auf einem Kopfkissen und sah jung und verwüstet aus. Der Text darunter: »Aids-Patient in Thailand.« Sonst nichts. Das Bild war in einem amerikanischen Magazin abgedruckt. Ich rief umgehend den Fotografen James Nachtway in New York an und fragte ihn nach dem Ort, wo das Foto entstanden war: in einem buddhistischen Kloster, zwei Zugstunden von Bangkok entfernt.

Kurz darauf kam ich dort an, als Reporter. Zu spät, natürlich. Der Mann war bereits tot. Die Hand, erfuhr ich, gehörte Christina, einer jungen Frau aus Europa. Sie war inzwischen abgereist. Sie hatte hier gearbeitet. Ich hätte ihr gern einen Satz von Jean Cocteau geschenkt: »Es gibt keine Liebe, nur Beweise der Liebe.« Ein trockener Satz, der das Betroffenheitsgestammel von Handlungen unterscheidet, die Wärme und Nähe erzeugen.

Jahre später bin ich wieder im Kloster *Prabat Nampu*. Nicht als Reporter, sondern als »volunteer«, Freiwilliger, als einer, der das *Aids Hospice* ein paar Wochen verkraftet, wie andere vor mir: als Handlanger und Hilfskraft. Die Mittel sind knapp. Jeder, der Windeln wechseln kann und ein oder zwei Tote pro Tag aushält, ist willkommen.

Verschiedene Motive drängten zu dem Entschluss. Im Süden Sudans hatte eine kanadische Ärztin auf meine Frage, warum sie sich Bürgerkrieg und Malaria zumute, geantwortet: »Es wurde Zeit, dass ich etwas zurückgebe.« Diese Reaktion passt zu jemandem, der in einer Luxusnation wohnt. So eine leise, penetrante Stimme in uns kommt da zu Wort, die zum Teilen auffordert. Nicht gleich alles, aber etwas, das schon.

Zweiter Beweggrund: schiere Dankbarkeit. Bin ich doch – wie viele andere – ein Davongekommener, einer, der nicht für jede Leichtsinnigkeit mit dem Tode bestraft wurde. Nicht gleich leiden und sterben musste für den erstbesten Akt von »unsafe sex«. Ein Glück, das mir so wenig zusteht wie dem Glücklosen sein Unheil.

Drittens: Ich bin Reporter, sprich, ich nehme nicht ungern die Mühsal des Lebens auf mich, wenn ich dafür in Bereiche komme, die Intensität und Vehemenz versprechen. Sie dürfen mir ruhig zusetzen, aber am Ende will ich belohnt werden. Mit einem tieferen, einem reicheren Blick auf die Welt.

Und noch ein Impuls ließ mich zurückkommen: mein Zynismus. Ich will wissen, ob sie hier noch immer mit dem Treibstoff arbeiten, den der leitende Abt damals erwähnte: »Compassion«, so eine buddhistische Ausgabe von Anteilnahme, von Anteil-Nehmen an einem, dem es dreckig geht. Oder ob die Entertainment-Nutten schon angeklopft haben. Damit aus dem Dritte-Welt-Laden endlich ein Geschäft wird, sagen wir, ein *Big-Brother-Big-Aids*-Format bereits im Gespräch ist:

Wer röchelt am dramatischsten?
Wer verreckt als erster?
Welche Promi-Dumpfbacke kann am schnellsten auf ihre Würde verzichten?
Wer kann noch ficken?
Wer fliegt zuerst hinaus?

Von alldem nichts. Als ich an einem Montagmorgen das Gelände betrete, hat sich an der Anmut nichts verändert.

Das Kloster liegt noch immer am Fuß einer dicht bewaldeten Hügelkette, ein paar Kilometer außerhalb der Stadt Lopburi. Flachbauten mit hellgrünen Dächern stehen zwischen Akasia-Bäumen und Bougainvillea-Sträuchern. Von einem der Gipfel blickt eine weiße Buddhastatue. Ein Hund liegt in der Sonne, Vögel schwirren, von irgendwoher kommt ein verdächtiges Husten. Stille.

Als erster Mensch läuft mir Mister Thawin über den Weg, der *cremation man*. Er verbrennt hier seit Jahren die Leichen. Er trägt noch immer sein Walkie-Talkie am Gürtel. Er muss erreichbar sein, denn Tote riechen in der Hitze schneller. Thawins Arbeitsplatz scheint gesichert. Dass ich ihm zuerst begegne, wie sinnig. Als begänne am Tor ein Crashkurs in Sachen Buddhismus: Mache dir keine Illusionen, wer hier landet, muss sterben.

Problemlose Anmeldung. In Thailand lächeln sie, wenn sie einen Fremden sehen. Nur ein Formular mit Namen und hiesiger Anschrift ausfüllen. Dazu die Bitte, ein Blatt zu lesen, auf dem die »regulations« stehen, Auszüge: Achte auf deine Sprache, sei dir der »Gefahr eines Wortes« bewusst. Keine Gewalt, auch keine verbale, gegen Mensch und Tier. Keine Drogen, kein Alkohol, keine Zigaretten, kein Sex auf dem Gelände. Das Kloster übernimmt keine Verantwortung für etwaige Verletzungen und Infektionen. Respektiere den Glauben jedes Patienten, jeder Versuch, ihn zu ändern, ist untersagt.

Hilfreich wäre, sich auf die Stunde vorzubereiten, in der man den Raum mit den Aids-Kranken betritt: Erdgeschoss, ein Mittelgang, links und rechts die knapp vierzig Betten. Wer hier liegt, liegt im Endstadium. Vor dem Ausgang stehen die gestapelten, noch leeren Särge. Jeder sieht sie jeden Tag, jeder weiß, dass keiner davonkommt.

Von den Krankenschwestern, die bei meinem ersten Aufenthalt hier gearbeitet haben, sind alle weg. Nicht verstorben, aber erschöpft von den Zumutungen, denen auf Dauer die wenigsten standhalten. »Golf« – Thais lieben

Kosenamen – begrüßt mich scheu, die neue Oberschwester reicht Mundschutz und die *Anan Balm-Creme*. Das ist ein Augenblick wunderbaren Einverständnisses. Frage irgendeinen, der Tage und Nächte im Bett liegt, was er sich am innigsten wünscht, und er wird antworten: »Eine Massage.« Weil sie ein Wohlgefühl verbreitet, weil sie die Blutzirkulation in dem verkümmernden Leib stimuliert, weil der Mensch spürt, dass ein anderer sich seiner annimmt.

Das ist ein besonderer Moment. Denn alle Patienten, die noch die Kraft haben, schauen auf den Neuen. Mit Sympathie und Zurückhaltung. Sympathie, weil sie wissen, dass die meisten Fremden kommen, um Tätigkeiten zu verrichten, die ihnen gut tun. Zurückhaltung, weil sie auch wissen, wie sie aussehen, schon erfahren haben, dass sie oft Schrecken und Widerwillen auslösen. Zuletzt: Jemanden berühren, meist nur die bloße Haut, ist ein intimer Vorgang. Er bleibt es, selbst wenn er medizinisch gerechtfertigt ist.

Niu hat Nachsicht mit mir und lächelt herüber. Als ich auf ihn zugehe, heben zwei andere bereits die Arme, sie wollen sich anmelden. In *Prabat Nampu* muss keiner nach Arbeit suchen, sie wartet vierundzwanzig Stunden am Tag auf ihn.

Niu hat Charme. Während ich seine Beine einreibe, klärt mich der Achtundzwanzigjährige auf. Seine Art, uns zu entspannen: »I am ladyboy«, sagt er nonchalant. So heißen in Thailand jene Männer, die lieber als Frauen auf der Welt wären. Viele verbringen ihr Leben als Transvestiten, viele werden Transsexuelle und lassen sich operieren. Niu fasst mit Stolz an seinen Kunstbusen: »Hat mich 47 000 Bath gekostet.« (Knapp 1200 Euro.) Fürs »cutting«, so nennt er das, fürs Entfernen seines Geschlechts, hatte er kein Geld mehr. Auch kam die Krankheit.

Ladyboys gehören zu den Gefährdetsten im Land, die meisten verdingen sich als Prostituierte. Was ihnen eher leichtfällt, denn – die Massage zieht sich, Niu sucht listig nach Worten – die neugeborenen »Frauen« müssen sich immer wieder bestätigen, dass sie als Frauen begehrt werden. Jeder hungrige Blick auf sie, jeder Beischlaf ist ein Beweis für ihre jetzt so andere Existenz. Auf die Frage, wie er es mit dem Einsatz von Kondomen gehalten hat, entkommt dem hübschen Zwitter ein abschätziges: »Don't like.«

Niu will niemanden belasten, auch nicht sich selbst. Er glaubt noch nicht an den Tod. Auch wenn sein Leib täglich am Tropf hängt. Seine Haut wurde bisher von (sichtbaren) Verwüstungen verschont. Den Verlust von fünfzehn Kilo Fleisch will er nicht sehen.

Drei Betten hinter Niu liegt Huang. Sie hat sich vorher nicht gemeldet, sie kann nicht mehr. Aber Nuden, eine der Schwestern, deutet auf sie. Huang liegt auf dem Rücken, abgezehrt wie ein verhungernder Vogel, ihre abgewinkelten Arme und Beine ragen wie schmutzig-graue Hölzer in die Luft. Als sie mein Gesicht wahrnimmt, bewegt sie den Zeigefinger langsam Richtung linke Schläfe. Das wird unsere Geste für die nächsten Wochen, sie ist stumm und bestimmt: »Bitte, eine Kopfmassage.« Mit 133 Zentimeter Körpergröße wurde die 61-Jährige eingeliefert. Jeden Tag scheint sie zu schrumpfen. In ihrer Krankenakte ist unter »Wie infiziert« der dritte Kreis angekreuzt. Weder ungeschützter Sex noch eine dreckige Heroinnadel, dafür: »Unbekannt«. Weiter unten steht: »Nach dem Tode niemanden verständigen.« Der Satz kann verschieden interpretiert werden: Huang hat keine Verwandten oder die Familie will nichts wissen von ihr. Möglich auch: Die Kranke schämt sich ihres Zustands und keiner soll davon erfahren.

Sacht über die Stirn des Vogelgesichts streichen. Später über Wangen, Kinn, den Nacken. Herausfinden, wie viel Druck Wohlbefinden verschafft und wo der Schmerz anfängt. Ungeschriebenes Gesetz: Eine Massage dauert mindestens 45 Minuten. So haben beide Seiten Zeit, sich aufeinander einzustellen. Keine AOK-Knete mit Stoppuhr, dafür sich beharrlich und ausdauernd auf einen Körperteil nach dem anderen konzentrieren. Irgendwann zahlt die winzige Ex-Schneiderin mit dem Besten, was ein Masseur verlangen kann: Sie schläft ein.

Wie verschieden Aids seine Opfer zurichtet. Manche haben einen ansehnlichen Körper und sind todkrank, manche sehen aus, als träten sie in den nächsten zehn Minuten ab und leben länger als die Ansehnlichen. Der Tod scheint launisch. Auch wahr: Manche Gesichter werden schöner, je näher sie dem Tod kommen. Die Augen wirken größer, klarer, eindeutiger. Ist das ein Zeichen von Einverständnis?

Ein paar Schritte von den Krankenbetten entfernt steht ein kleiner Kiosk, mit Kühlschrank. Daneben ein paar Bänke im Schatten. Nach zwei Patienten, nach zwei Massagen ist eine Pause fällig. Um eine eiskalte Flasche Limonade an das schweißgebadete Gesicht zu drücken. Im Sommer ist Regenzeit in Thailand, das Thermometer zeigt 37 Grad, die Luftfeuchtigkeit liegt meist über 85 Prozent.

Ich lerne Mali kennen, eine junge Japanerin aus Yokohama. Sie hat *Vergleichende Literaturwissenschaften* studiert und arbeitet ebenfalls als Hilfsmasseurin und Putzfrau im Kloster. Ich werde sie später diskret beobachten und etwas Wichtiges von ihr lernen. Jetzt aber verführt sie zu schallendem Gelächter, weil sie wissen will, ob es stimmt, was sie in einer japanischen Zeitung über die Werbestrategien der *Deutschen Bahn* gelesen hat: »Wer sich als frisch vermähltes Paar vor dem Eingang eines Bahnhofs küsst, darf umsonst fahren.« Mali wird eine besondere Erfahrung. Oft strahlt sie Heiterkeit aus, so eine bedächtige Power, so etwas gleichschwebend Starkes, das sich nicht irritieren lässt.

Gefasst einatmen und die dreißig Meter zurückeilen, an den Särgen vorbei, und mit keiner Pore dem Geruch des Elends ausweichen können: einer Mischung aus Urin und Fäkalien, aus Erbrochenem und Darmwinden, die wie träge Stinkbomben von einer Ecke zur anderen wabern. Dazu das Stöhnen, die Hustenanfälle, die Schreie nach Hilfe, die Stimmen der Träumenden, das Stammeln der Schwermütigen, die Monologe der wirr gewordenen Einsamen. Ich schließe die Augen, will eine Ahnung bekommen vom Leben und Sterben hier, Tag für Tag, monatelang, jahrelang. Der Versuch scheitert, man braucht jedes Gramm Energie, um es mit der Gegenwart aufzunehmen.

Ich komme zur rechten Zeit. Eo, Nuden und Oy, die drei Krankenschwestern, waschen gerade Patienten und reinigen die Betten. Nuden hat sich vorgenommen, keinen Fremden zu schonen, sie zeigt auf Supanchai, der unübersehbar in seinen Exkrementen liegt. Wie vor zwei Stunden, wie wohl in zwei Stunden wieder. Ihr Kopfnicken soll mich ermuntern. Ich zucke und beschließe, einen Tag Anlauf zu nehmen. Auch war ich nie Vater, nie Pfleger, habe keinen Schimmer von Windeln-Aufmachen und Windeln-Zumachen, mutmaße auch, dass es uns allen hilft, wenn man sich erst an ein anonymes Gesicht (meines) gewöhnt. Stellt sich doch wieder die Frage nach der Intimität. Was denkt so ein Mensch, wenn ein Unbekannter ihn auspackt, ihn so hilflos erlebt, ihn an den privatesten Stellen anfasst?

Ein Zwischenfall kommt mir zu Hilfe: Ein Patient fällt aus dem Bett, das Seitengitter gab nach. Es gibt ein sonderbares Geräusch, wenn ein Knochengerüst auf einem Steinboden landet. Es klirrt, ähnlich Glasröhrchen, die nicht brechen. Ich hieve das Skelett zurück. Das lenkt ab, ab sofort kümmert sich Oy um Supanchai. Ich bekomme den Tag Schonfrist.

Am späten Nachmittag massiere ich Gampa, deren Körper zu einem großen Fötus geschmolzen ist. Sie ist vierundzwanzig und ihr Gesicht sieht aus wie vierzehn. »Sexworker«, steht in ihrer Akte, das Mädchen hat sich auf dem Straßenstrich den Virus geholt. Da Thai-Männer gern betrunken der schnellen Liebe nachgehen, scheint oft nicht der Wille vorhanden, nach einem Präservativ zu greifen. Ein Ring aus Schorf rahmt Gampas Gesicht. Schwarze Kruste wuchert über die Ohren, über die Wangen, kriecht unaufhaltsam Richtung Augen.

Nach der Stunde umarmt mich Gampa – ich denke aus Dankbarkeit – und drückt ihre Finger auf meinen Rücken. Verstanden: Schon dankbar, aber vorher wäre noch eine Rückenmassage fällig. Es wird die letzte in ihrem Leben. Nach dieser Nacht wird Gampa tot sein.

Fröhlicher nächster Vormittag. Mit Einblicken in schwärzesten Humor. Fünf Ladyboys sitzen zusammen und schminken einander, zupfen sich die Augenbrauen, tragen Lidschatten auf, stecken sich eine Blume hinters Ohr. Diese Sehnsucht nach Schönsein, sie macht zweifellos resistenter. Ich frage, ob in der vergangenen Nacht jemand gestorben sei. (Gampa hat noch zwei Stunden.) Nein, niemand. Dann zeigt Hamna, schon lachend, auf das offensichtlichste Wrack unter ihnen und sagt jubelnd: »Doch, er!«. Jetzt freudiges, krächzendes Gehüstel von allen, auch vom Wrack.

Im Laufe des frühen Abends singt jemand im Radio »Happy birthday to you«, und einer der Patienten schmettert: »Happy deathday to you!« Fürchterlich krank sein und noch immer geistreich, man kann nur staunen und lernen.

Gespräch mit dem fünfzigjährigen Abt Alongkot Tikkapanyo. Er verfügt wie stets über diese spektakuläre Konzentration. Er spricht, wenn er spricht, und er hört zu, wenn er zuhört. Die Geschichte dieses Klosters begann mit einer Niederlage: Der damalige Ingenieur wird von einer Frau verlassen und beschließt, sein Leben zu ruinieren. Er wird Säufer und fängt an, durch Bangkoks Bars zu wanken.

Da Tikkapanyo zu jenen Männern zählt, die ganze Sachen machen, setzt er sich grundsätzlich – nach den Touren – alkoholblöd ans Steuer seines Wagens. Er übersteht (leichtverletzt) vier Unfälle, nach dem fünften kommt er mit schwer verbeultem Körper in einem Krankenhaus-Bett zur Besinnung. Jetzt ist Zeit nachzudenken. Und er entscheidet sich wieder für einen radikalen Ausweg. Er zieht die orangefarbene Robe eines buddhistischen Mönchs über, will alles hergeben, will meditieren, will »sein Herz waschen«.

Knapp sechs Jahre, sagt er, saß er »friedlich allein« in einer Höhle, bettelte, kontemplierte, meditierte, versuchte zu vergessen. Und erinnerte sich eines Tages an das erste Gebot Buddhas, das Gebot des Mitgefühls, begreift, dass in einer Grotte hocken der Welt nicht weiterhilft. Er verlässt die Einsamkeit, wandert zurück nach Bangkok, geht in die Hospitäler und erzählt vom Wunder der Meditation und ihren phantastischen Nachwirkungen für alle, die leiden. Zufällig gerät er in einen stickigen Abstellraum, in dem seltsam entstellte Kranke siechen. Nie zuvor hat er das Wort »Aids« gehört. Als der erste dieser Verstoßenen in seinen Armen stirbt, reift ein Plan in ihm. Im Herbst 1991 zimmert er aus dem heruntergekommenen Tempel *Prabat Nampu* ein erstes Nothilfe-Lager. Andere Mönche kommen hinzu und helfen mit. Einige erliegen bald selbst dem hinterhältigen Erreger.

Mit acht Patienten fing es an, heute sind es zweihundert. Ein paar Tausend stehen auf der Warteliste. Wer noch gehen und selbst für sich sorgen kann, lebt in sauberen Baracken, mit Nasszelle und kleiner Veranda. Keiner wird hier gerettet, aber jeder soll eine Umgebung vorfinden, in der er in »Frieden und Würde« sterben kann. Nie hört man Tikkapanyo das Wort »Moral« aussprechen, nie ist Aids eine Strafe, immer nur ein Unglück. Auch züngelt er nicht versessen gegen Sex und Drogen. Wenn er mahnt, dann zu Umsicht und Hilfsbereitschaft. Das Unternehmen lebt von Spenden, seit Langem tingelt der Chef übers Land und appelliert an jedermanns Großzügigkeit. Begleitet wird er dabei von der »Aids-Band«, der wohl einzigen Musikgruppe der Welt, deren Mitglieder alle von der Immunschwäche befallen sind.

Der Abt zeigt noch ein paar Fotos von den Aktivitäten vor Ort. Am aberwitzigsten der Blick auf ein paar Männer, die mit Windeln um die Hüften und einem Sarg über den Schultern um die Wette stolpern. Um nach dem Rennen einen Preis zu gewinnen. Andenken an die immer zum Neujahrsfest stattfindenden *Aids-Olympics*. Die brutale Ironie funktioniert nur, weil die Idee zu den makabren Spielen aus den eigenen Reihen kam. Absurdes Theater als Sterbehilfe, als rabiates Mittel, die eigene Todesangst zu schwächen. Um nicht irre zu werden bei dem Gedanken an ein nahes Ende.

Noch immer scheint der Ort wie unter Quarantäne zu stehen, noch immer gelten nicht die Faustregeln des Neoliberalismus, noch immer bleiben die Aufrufe zu Habgier und Protz außer Kraft.

Die Tage vergehen. Am zehnten bin ich zweieinhalb Kilo leichter, die Hitze, die Schweißströme, der permanente Anblick von denen, die achtundvierzig Stunden lang abkratzen, bevor sie sterben dürfen. Meine Haut bedecken rote und weiße Pusteln, die Krätze plagt, ein gemeiner Juckreiz nervt. Das sind die Momente, in denen ich verstohlen zu Mali blicke. Um Beharrlichkeit zu bewundern. Weil sich die Japanerin mit unfehlbarer Aufmerksamkeit um die spindeldürren, wie von rissigem Pergamentpapier überzogenen Extremitäten der Kranken kümmert. Sie ist »da«, vollkommen anwesend.

Teil der Politik des Hauses ist auch, dass Besucher aus ganz Thailand durch das Krankenhaus geführt werden. Der Schock soll aufwecken, die gräulichen Bilder sollen zu einem anderen Verhalten motivieren. Viele Soldaten befinden sich unter den Neugierigen, gut so, dieser Berufsstand gilt als besonders zutraulich zu Prostituierten. Und als besonders heldenhaft ignorant beim Verweigern entsprechender Schutzmaßnahmen.

Eines Tages kommt es zum Eklat. Eine Gruppe amerikanischer Baptisten geht durch die Reihen. Vor Chatree bleiben sie stehen. Ich nähere mich diskret und beobachte den Chef der Truppe, wie er auf den Dämmernden einredet. Sofort fällt die ölige Selbstgefälligkeit auf, mit der jene sich gebärden, die täglich mit Gott verkehren. Die Prediger gehören zu dem immer wieder auftauchenden Missionarsgesindel, das sich hier über die Malträtierten beugt und fragt: »Hast du schon mal von Jesus Christus reden gehört?« Man weiß nicht, was schwerer wiegt: ihr Idiotismus oder ihre Erbarmungslosigkeit. Da mag einer aus dem letzten Loch ächzen, sie, die Großgrundbesitzer ewiger Wahrheiten, umzingeln sein Bett und schwadronieren (auf Englisch!) von ihrem Wunderheiler, dem »Gottessohn vom Heiligen Land«.

Ich bin froh, dass ich diesmal Zeuge bin. Ich verweise die Wichtigtuer auf die Statuten, wiederhole wörtlich den Passus – »Respektiere den Glauben jedes Patienten, jeder Versuch, ihn zu ändern, ist untersagt« – und kündige an, sogleich die Klosterleitung zu informieren, sollte der Schwachsinn nicht augenblicklich aufhören. Sie trollen sich. Man kann nur mit Genugtuung zur Kenntnis nehmen, dass alle Versuche christlicher Rechthaber, ihre allein selig machenden Weisheiten den Thais einzubläuen, von gleichbleibend geringem Erfolg begleitet werden.

Ein belgischer Arzt arbeitet in *Prabat Nampu*, seit über zwei Jahren. Warum er durchhält? Ohne Gehalt, ohne Absicherung? Yves bleibt vage, erwähnt sein nagendes Gewissen, weiß, dass es keinen Vorgänger gab und so bald keinen Nachfolger geben wird. So mancher kam, um nach kurzer Zeit wieder abzurauschen. Ärzte wollen Leben retten, nicht ihren Patienten beim Sterben zuschauen. Der 45-Jährige kann auf eine Tuberkulose und schwere Melancholie-Schübe zurückblicken. Er nimmt *Prozac*. Die Arbeit hier fordert und wirkt zu gleicher Zeit, so meint er wörtlich, »wie ein High«: Weil sie zu innigsten Empfindungen führt. Weil Einsichten auf einen warten, denen man sonst nirgendwo begegnen würde. Hier passiert das Gegenteil von virtuell, von spaßig, von lauwarm.

Yves verabreicht Antibiotika, bekämpft mit den vorhandenen Mitteln die sogenannten »opportunistischen Infektionen«, die über den immunschwachen Körper herfallen. Droht jemand vor Schmerz in den Irrsinn zu gehen, verabreicht er heimlich ein Morphiumzäpfchen. Wenn vorhanden. Heimlich, da das Hospiz kein Krankenhaus ist, somit die Lizenz für schwere Betäubungsmittel fehlt. Der Arzt lobt die holländischen und deutschen Freiwilligen, die ihn – auch still und unauffällig – mit dem Medikament versorgen.

Der Arzt hat Erfahrung, oft sieht er, wenn es zu Ende geht. Eines Vormittags holt er mich an ein Bett und bittet, »die Sterbende zu begleiten«. Auch das hier eiserne Grundregel: Keiner soll allein sein beim Weggehen. Ganz praktisch: einfach dasitzen, die Hand nehmen und Zeit haben. Taweens Hände sind bereits kalt und blutleer. Aber die 28-Jährige – laut Unterlagen von ihrem Ehemann angesteckt – atmet noch. Sie schläft mit halb geschlossenen Augen. Dazwischen Pausen, dann ein Ruck und wieder springt das Herz an. Eine halbe Stunde lang der immer gleiche Rhythmus, dann plötzlich ein Gurgeln, zwei, drei Konvulsionen des Körpers, Stille. »Einen schönen Tod« nennen sie das hier. Weil ohne Bewusstsein, ohne Schreie, ohne den Wunsch, am Leben zu bleiben. Dennoch, sterben neben einem Wildfremden, ist das schön? Aber vielleicht wiegt doch, dass *ein* Mensch da war, dass *einer* Anteil nimmt, wenn man für immer verschwindet.

Andere Patienten haben mehr Glück. Wie der freundliche Paipun, der sich nach jeder frischen Windel mit dem *Wai* bedankt, dem Händefalten vor dem Gesicht. Als ich heute vorbeikomme, umarmt eine Frau seinen nackten, zerschundenen Oberkörper. Wir begrüßen uns, sie sagt: »Ich bin sein Freund.« Das ist ein guter Satz. Nicht seine

Freundin, sagt sie, nicht seine Frau, einfach: sein Freund. Als ob Sajee von Henry Millers Bemerkung wüsste: »Freundschaft ist etwas jenseits von Liebe«. Die junge Frau versteckt ihre Augen hinter einer Sonnenbrille, wendet sich manchmal diskret ab.

Da mag einer tausend Mal an die Wiedergeburt glauben, tausend Mal an ein Nirwana und seinen ewigen Frieden. Aber jetzt stirbt einer, der geliebt wird. Der ein Freund ist. Diesen Schmerz beschwichtigt in diesen Stunden nichts, keine Religion, keine Philosophie, keine Sprache, nichts.

Jeden Tag bin ich bei Noy, auch heute, am letzten. Er mag es, meinen Bizeps zu betasten, ich mag sein skeptisches Grinsen. Der ehemalige Gemüsehändler hat gerade eine wuchernde Krätze hinter sich, die Haut blättert. Unübersehbar sein hellrosa Penis, den Pilze, Herpes und eine Horde Bakterien heimsuchen. Am zermürbendsten: Den 33-Jährigen treibt nichts mehr an, seit einer Woche knebelt ihn eine stumm machende Depression.

Ich soll mit ihm spazieren gehen, so der Arzt, damit die Lebensgeister zurückkehren. Nicht leicht, seine Freude wiederzufinden, wenn einer gleichzeitig zusehen muss, wie ihm täglich der Leib abhanden kommt. Wir fangen an: Die volle Windel wegziehen, säubern, den Körper im Bett aufsetzen, Pause, ihn auf beide Füße stellen. Nun der Augenblick, in dem Noy dasteht und zu Boden blickt. Als müsse er darüber nachdenken, ob sein Leben diese Strapaze noch wert ist. Still ist es gerade und Noy scheint sehr einsam.

Ich lege die rechte Hand auf seinen Nacken und der Kranke tippelt los, Richtung Toilette. Noy grinst jetzt, er hat sich entschieden. Mit nur einem Stopp schafft er die zehn Meter zum Bad. Ich greife ihm unter die Achseln und setze ihn auf die Klobrille. Noy unternimmt einen schwachen Versuch, mich abzudrängen, ein Gefühl von Scham holt ihn wohl ein. Ich bleibe, zu groß die Gefahr, dass sein eckiger Hintern in die Schüssel rutscht. Noy entleert sich, mehrere Durchgänge, selbst der Stuhl ist eine infame Anstrengung. Anschließend den Todkranken hochheben, ihn waschen, ihn trocknen, ihm ein Handtuch umbinden, zuletzt gemeinsam hinausgehen, Schritt für Schritt. Bis wir die Terrasse erreichen. Noy dreht sich langsam um die eigene Achse, grinst wieder, bleibt stehen und sieht stumm und verwundert auf die Hügel, die Bäume, den Himmel, diese verdammte schöne Welt.

PIPER

Andreas Altmann
Das Scheißleben meines Vaters, das Scheißleben meiner Mutter und meine eigene Scheißjugend

256 Seiten. Gebunden

Eine Kindheit der Nachkriegszeit im idyllischen Wallfahrtsort Altötting. Doch die Geschichte, die Andreas Altmann erzählt, handelt weder von Gnade noch von Wundern, sondern von brutaler Gewalt und Schrecken ohne Ende. Schonungslos blickt Altmann zurück: auf einen Vater, der als psychisches Wrack aus dem Krieg kommt und den Sohn bis zur Bewusstlosigkeit prügelt, auf eine Mutter, die zu schwach ist, um den Sohn zu schützen, und auf ein Kind, das um sein Überleben kämpft. Erst als Jugendlichem gelingt Altmann die Flucht. Die schreckliche Erfahrung aber kann ihn nicht brechen. Sie wird vielmehr der Schlüssel für ein Leben jenseits des Opferstatus. Ein Leben, in dem er seine Bestimmung als Reporter findet: »Hätte ich eine liebliche Kindheit verbracht, ich hätte nie zu schreiben begonnen, nie die Welt umrundet ...«

PIPER

Andreas Altmann
Gebrauchsanweisung für die Welt

224 Seiten. Gebunden

Moderne Raubritter in Mittelamerika. Gepökelter Schafskopf zum Frühstück in Timbuktu. Materialmüde Hängebrücken. Hitze, Durchfall, Fieber, Angst. Aber eben auch: die Zartheit eines Abends in Kabul. Die Freude beim Überlisten eines Grenzbeamten. Der Herzschlag des Zugfahrens. Shakespeare und Clapton in Nowosibirsk. Eine Liebelei in der Wüste. Das Spätnachmittagslicht über dem Sinai … Kaum jemand hat sich dem Zauber und den Härten fremder Länder so ausgeliefert wie Andreas Altmann. Sein Buch ist eine große, wilde, bisweilen verzweifelte Liebeserklärung an das Reisen in die Welt.

»Das Buch ist ein Appell, aufzubrechen und eigene Abenteuer zu erleben, ein hinreißendes Plädoyer für Freundlichkeit, Neugierde, Achtsamkeit, Chuzpe, Herzensbildung, Eleganz.«
Frankfurter Allgemeine Sonntagszeitung